»Ich hab' die Stadt Berlin regiert …«

MARTIN OTTO

»Ich hab' die Stadt Berlin regiert ...«

Ulrich Biel, ein stiller Stratege auf der Weltbühne

be.bra verlag

Herausgegeben von der Stiftung Exilmuseum Berlin

Der besondere Dank des Autors gilt Daniel Koerfer,
der dieses Buch wie niemand sonst begleitet hat.

Bibliografische Information der Deutschen Nationalbibliothek
Die Deutsche Nationalbibliothek verzeichnet diese Publikation
in der Deutschen Nationalbibliografie; detaillierte bibliografische
Daten sind im Internet über http://dnb.d-nb.de abrufbar.

© be.bra verlag GmbH
Berlin-Brandenburg, 2022
KulturBrauerei Haus 2
Schönhauser Allee 37, 10435 Berlin
post@bebraverlag.de
Lektorat: Gabriele Dietz, Berlin
Personenregister: Alexander Goller, Vorbach
Umschlag: typegerecht, Berlin (Foto: Wolfgang Albrecht)
Satzbild: Friedrich, Berlin
Schrift: DTL Paradox 10/14 pt
Druck und Bindung: Finidr, Český Těšín
ISBN 978-3-89809-205-0

www.bebraverlag.de

Inhalt

Vorwort

Ulrich Biel: Mein geheimnisvoller Freund

Der Name Ulrich Biel ist heute tief versunken im Brunnen der Geschichte und mittlerweile gänzlich unbekannt. Mit ihm versunken sind die Geschichte und das Wirken des Mannes, der als jüdischer Remigrant in amerikanischer Uniform über den Strand der Normandie nach Berlin zurückkehrte. Auf dem Weg dorthin, noch bevor der Kanonendonner verstummt war, suchte er den damals 69-jährigen Konrad Adenauer in Rhöndorf auf und »entdeckte« ihn für die Nachkriegspolitik der Alliierten. In den Folgejahren des heraufziehenden Kalten Krieges im Viermächte-Berlin agierte Biel als rechte Hand der amerikanischen Stadtkommandanten, besonders General Frank L. Howleys, und stieg binnen kurzer Zeit zum wichtigsten Strippenzieher im Hintergrund auf. Tatsächlich verstand er es, zu allen relevanten Gruppierungen und Führungspersönlichkeiten in diesem seltsamen politischen Biotop an der Spree Verbindungen zu knüpfen, zugleich aber stets unbeirrt und unerschrocken als Vorkämpfer für westliche Werte, für Freiheit, Demokratie und Marktwirtschaft einzutreten.

Ulrich Biel war und blieb zeitlebens ein Mann, der die große Bühne scheute, dem Publicity und medialer Beifall nichts bedeuteten, der aber genau wusste, wie er seine Karten auszuspielen hatte, um die gewünschte – und damit zugleich die größtmögliche – Wirkung zu erzielen. Dass der Berliner SPD-Bürgermeister Otto Ostrowski wegen seiner Kungelei mit der stalinistischen SED sein Amt verlor, war nicht zuletzt Biels Wirken zu verdanken – auch die Förderung der außergewöhnlichen Persönlichkeit Ernst Reuter. Dass die Luftbrücke nach mühsamen Anfängen tatsächlich »gebaut« wurde, dass sie also nicht an westlicher Skepsis und Mutlosigkeit scheiterte, war nicht nur das Verdienst des amerikanischen Militärgouverneurs Lucius D. Clay und seines West-Berliner

Partners Ernst Reuter, sondern auch von Ulrich Biel, war dieser sich nach dem Ende des Weltkrieges der Gefahr, die von den von Sowjets für die ganze Stadt ausging, nur zu bewusst.

Mein Gedanke, dass diesem Mann tatsächlich eine fundierte Würdigung gebührt, geht zurück auf ein Erlebnis im Frühjahr 2007. Ausgangspunkt war eine Begegnung in Schloss Bellevue anlässlich der ersten Verleihung des »Richard von Weizsäcker Distinguished Fellowships« der American Academy an den Präsidenten der Weltbank, James D. Wolfensohn. Der Beginn der Veranstaltung zog sich ungewöhnlich in die Länge, da man noch auf einen Ehrengast wartete – auf Kofi Annan, den ehemaligen Generalsekretär der Vereinten Nationen und Friedensnobelpreisträger. Der Mantel der Geschichte wehte uns alle an, als er schließlich in ungemeiner Schlichtheit erschien. Während des ungeduldigen allgemeinen Wartens entdeckte ich Patrick Bahners von der *Frankfurter Allgemeinen Zeitung* und begrüßte ihn mit dem Satz: »In diesem Jahr ist Konrad Adenauer vierzig Jahre tot und Ulrich Biel hätte 100. Geburtstag.« »Adenauer, ja, das weiß ich, aber wer ist Ulrich Biel? Und was hat das eine mit dem anderen zu tun?«, entgegnete Bahners. Meinem kurzen Bericht über den frühen Besuch Biels als amerikanischer Captain in Rhöndorf im April 1945, also noch vor Ende des Zweiten Weltkrieges, folgte im Mai 2007 ein halbseitiges Porträt von Biel in der *FAZ*. Der Autor war Martin Otto, dem auch das vorliegende Werk zu verdanken ist.

Lange Zeit war mir das politische »Vorleben« meines Nachbarn, Mentors und Freundes Ulrich Biel gänzlich unbekannt gewesen. Schlagartig wurde mein Interesse dafür geweckt durch die Begegnung von Ulrich Biel und Heinz Berggruen, deren Zeuge ich wurde. Berggruen, ebenfalls geborener Berliner, führten seine Wege des Exils über Dänemark in die USA, um dann, ebenfalls als Angehöriger der amerikanischen Armee, nach Deutschland zurückzukehren. In München schrieb Berggruen 1945 neben Autoren wie Hans Habe und Erich Kästner für die gerade gegründete *Neue Zeitung*. Chefredakteur war der legendäre Hans Wallenberg, der viele Jahre später ebenfalls in seine Heimatstadt Berlin zurückkehrte. Nach dem Fall der Mauer, im Sommer 1990, besuchte Heinz Berggruen, den ich seit den 1960er Jahren als ungemein versierten und erfolgreichen Kunsthändler mit Hauptsitz in Paris kannte, überraschend die Villa Grisebach, um sich zu informieren, »was in seiner Stadt los sei«. Fünf Jahre später kam es zur Gründung des einzigartigen Museum Berggruen in der Charlottenburger Schlossstraße.

Biel, der sich grundsätzlich für alles interessierte, was Berlin Impulse verleihen würde, ging gern auf meinen Vorschlag ein, dass sich beide Herren einmal kennenlernen sollten. Bei diesem Mittagessen befragte Biel seinen Gesprächspartner, geschult durch seine anwaltliche Tätigkeit, zu dessen Rolle und Wirken nach dem Zweiten Weltkrieg. Nach zwanzig Minuten ergriff Heinz Berggruen seinerseits die Initiative, da es ihn zusehends irritierte, so unerwartet gründlich examiniert zu werden: »Nachdem Sie jetzt alles über mich erfahren haben – was haben Sie denn eigentlich nach Ihrer Rückkehr 1945 nach Deutschland gemacht?« Biels pfeilschnelle Antwort: »Die Stadt Berlin regiert« – eine Bemerkung, die sich auf die Zeit von 1945 bis 1949 bezog, als er Chef des Political Affairs Committee der Amerikaner war. Als ich nach diesem eher distanzierten Zusammentreffen der beiden ehemaligen Emigranten den 83-jährigen Biel zum Taxi begleitete, blickte er mich leicht triumphierend an und sagte: »Ich habe es richtig gemacht, ich bin in meine Heimat zurückgekehrt. Ihr Freund ist heimatlos geblieben.«

Dieser Satz von Biel ließ mich nicht mehr los. Nach seinem Tod 1996, der sich 2021 zum 25. Mal jährt, habe ich nach Möglichkeiten gesucht, ihn mit Substanz zu füllen. Deshalb danke ich dem Juristen und Historiker Martin Otto, der sich auf die schwierige Spurensuche gemacht hat, um mehr und Genaueres über das Wirken Ulrich Biels als verborgener Akteur der Weltgeschichte in dramatischen Zeitläuften in Erfahrung zu bringen. Eine Biografie über den diskreten Menschen Ulrich Biel zu verfassen, ist nur mit größter Geduld und Beharrlichkeit zu bewerkstelligen. In seiner wichtigsten Zeit war Biel auf politischen Gebieten tätig, in die heute nur Geheimdienstakten aus Ost-Berlin und Moskau und den USA – überwiegend nicht mehr auffindbar – mehr Licht bringen würden. Martin Otto mit seiner anhaltenden Lust auf Erkundungen, seiner Freude über vielfältige, oft winzige Quellenfunde ist das Kunststück gelungen, anhand vieler Puzzleteile Ulrich Biel aus dem Dunkel der Geschichte heraustreten zu lassen und für uns erfahrbar zu machen.

Für mich hatte Ulrich Biel tatsächlich immer etwas Geheimnisvolles. Nach der Begrüßung durch seine Lebensgefährtin Marion Gräfin Yorck, der Witwe des nach dem Attentat auf Adolf Hitler am 20. Juli 1944 ermordeten Peter Graf

Yorck von Wartenburg, empfing er, Gentleman vom Scheitel bis zur Sohle, zu jeder Zeit im grauen Anzug mit Weste, seinen Gast im lichtdurchfluteten Südzimmer seines Dahlemer Hauses. Nach einer Tour d'Horizon, die anfänglich meist etwas spröde verlief, entstand zwischen uns eine für Ulrich Biel ungewöhnliche Atmosphäre der Herzlichkeit, Wärme und Anteilnahme, zunächst für die Arbeit der Galerie Pels-Leusden. Dann, als ich mit Berliner Kollegen 1982 die Kunsthandelsmesse ORANGERIE im Schloss Charlottenburg aus der Taufe hob, am Tag nach der Eröffnung ein frühes, überfallartiges Telefonat mit der Frage: »Wann, lieber Herr Schultz, gründen Sie ein Sotheby's in Berlin?« Möglicherweise war das der erste Anstoß für die Gründung der Villa Grisebach in der Fasanenstraße. Ulrich Biel hatte für die Kunst Feuer gefangen. Ein wenig melancholisch bemerkte er: »Schade, dass wir uns erst so spät kennengelernt haben. Ich glaube, ich wäre ein großer Sammler geworden.«

So hat er dann die Anfänge der Villa Grisebach freundschaftlich, aber auch mit anwaltlichem Rat, Klugheit und Geschick begleitet. Wen er mochte, für den entwickelte er eine wohltuende Fürsorge. In seinen Sonntagsrunden in Dahlem genoss er es sichtlich, stets die Gesprächsfäden in der Hand zu halten und die ihn interessierenden Themen klug zu setzen. Ich erlebte immer wieder, wie Politiker, Intendanten und Wirtschaftsgrößen ihm ihre Aufwartung machten, um von ihm zu erfahren, wobei sie später merkten, wie viel Biel ihnen selbst entlockt hatte. Seine tägliche Lektüre waren neben dem *Tagesspiegel* die *FAZ*, die *Neue Zürcher Zeitung* und der *Economist*. Es verging kein Tag, an dem sein weltumspannendes Netzwerk nicht telefonisch in Betrieb gesetzt wurde. In seinem Nachruf im *Tagesspiegel* schrieb Hermann Rudolph: »… die graue Eminenz Ulrich Biel, eine lebendige Botschaft dessen, was Berlin einmal gewesen ist«. Für die *Neue Zürcher Zeitung* war er ein »feinfühliger Herr von sprühendem Witz und nüchterner Selbstironie« und in der *Welt am Sonntag* hat Ernst Cramer ihn »einen der Stillen der Weltbühne« genannt. Dass ein aus seiner Heimat Vertriebener ein Jahrzehnt später die entscheidende Rolle bei der Wiedergewinnung der Freiheit Berlins gespielt hat, ist eine bewegende Tatsache, die unvergessen bleiben muss.

Bernd Schultz
Berlin, Herbst 2021

Mein Leben, ein Leben ist es kaum,
Ich gehe dahin als wie im Traum.

Prolog

Ein historisches »Interview«:
Ulrich Biel und Konrad Adenauer in Rhöndorf

Es war ein verspätetes Ostergeschenk. Am 16. April 1945, zwei Wochen nach Ostermontag, hatte der amerikanische Offizier sein Ziel erreicht: Zennigsweg 8 a, Rhöndorf, Post Königswinter, Siegkreis, eine alte Winzergemeinde auf der Rheinseite gegenüber Bonn, vor dem Krieg ein beliebter Wohn- und Kurort. Von seiner Garnison in Verdun in Lothringen hatte der Captain (Hauptmann) in einem Willys MB, dem legendären Jeep, über 300 Kilometer bei schlechten Straßenverhältnissen zurückgelegt: von der Maas an den Rhein, aus dem seit letztem Sommer befreiten Frankreich in das immer noch nicht vollständig besiegte Deutsche Reich. Es herrschte noch Krieg und Deutschland war feindliches Territorium; auch wo bereits die Waffen schwiegen, kam es zu vereinzelten Gefechten. Das Haus im Zennigsweg, weiß verputzt, drei Stockwerke, war erst 1937 in einem alten Weinberg erbaut worden. Zum Zeitpunkt des Richtfestes war der amerikanische Hauptmann im fernen New York gerade dreißig Jahre alt geworden. Erbaut und bewohnt wurde das Haus von Konrad Adenauer, dem ehemaligen Oberbürgermeister von Köln, der 1933 von den Nationalsozialisten aus dem Amt vertrieben worden war, und einem Teil seiner Familie, bei Kriegsende insgesamt 18 Personen.

Rhöndorf liegt am Fuße des Siebengebirges in einer Postkartenlandschaft, vom Krieg lange verschont. Zehn Kilometer rheinaufwärts, in Remagen, hatten die Amerikaner am 7. März 1945 den Rhein überquert. Ab dem 11. März wurde Rhöndorf von amerikanischer Artillerie beschossen, in den Wäldern wurden Schützengräben ausgehoben und zwischenzeitlich lag der Zennigsweg zwischen den Fronten. Am 16. März wurden in Rhöndorf die Kämpfe eingestellt. Amerikanische Panzer rollten die Rheinpromenade Richtung Köln entlang. Im

Konrad Adenauers Haus in Rhöndorf, im Hintergrund der Drachenfels

fast völlig zerstörten und weitgehend entvölkerten Köln wurde noch gekämpft. Vor der nicht minder zerstörten Reichshauptstadt Berlin stand die Rote Armee. Hitler hatte seit Wochen seinen Führerbunker nicht verlassen, faktisch war der Krieg verloren, doch die Wehrmacht hatte noch nicht kapituliert.

Amerikanische Offiziere hatten den Zennigsweg bereits am 16. März aufgesucht, da sie klären sollten, ob Adenauer grundsätzlich bereit wäre, wieder Oberbürgermeister von Köln zu werden. Sein Name stand in den Weißen Listen der Amerikaner über politisch unbelastetes Personal dank des Alphabets meist an erster Stelle. Der 69 Jahre alte Adenauer erfreute sich, anders als seine von der Gestapohaft und einem Selbstmordversuch gezeichnete Ehefrau Gussie, die im März 1948 sterben sollte, guter Gesundheit und zeigte Interesse, wieder politisch aktiv zu werden. Später wird der amerikanische Captain berichten, dass dieser auf ihn »einen fast jugendlichen Eindruck« gemacht hatte. Schon am 20. März hatte Adenauer in Köln Gespräche mit dem amerikanischen Kommandanten John Knox Patterson geführt. Noch vor dem ersten Friedensostern in Rhöndorf war der Oberbürgermeister a.D. mit den Amerikanern im

Gespräch und besaß den offiziellen, allerdings nicht klar definierten Status eines »Advisors«. Ein öffentliches Amt lehnte Adenauer ab, solange der Krieg noch nicht zu Ende war. Drei seiner Söhne dienten in der Wehrmacht und er wollte sie vor Repressalien des bis zuletzt rachsüchtigen NS-Regimes schützen. Auch die Krankheit seiner Frau wird bei dieser Zurückhaltung eine Rolle gespielt haben. Aber der Besuch amerikanischer Offiziere war in diesen Wochen zwischen Krieg und Frieden in Rhöndorf nichts Ungewöhnliches.

Captain Ulrich Edward Biel, der am 16. April 1945 den Zennigsweg aufsuchte, stand mit den amerikanischen Stellen in Köln in keiner Verbindung. Zwar gehörte auch Biel zu der 3. US-Armee unter dem Kommando von General George Smith Patton. Sie hatte die Hauptlast der Invasion in der Normandie getragen und an der Ardennenoffensive teilgenommen, am 12. September 1944 hatten Teile der Einheit unter General Omar Bradley mit dem Aachener Stadtteil Kornelimünster als erste amerikanische Soldaten Deutschland erreicht. Ein großer Teil der Armee, darunter Biels 12. Heeresgruppe, hatte Ende 1944 in Frankreich Quartier bezogen, etwa in Barbizon südlich von Paris, später in Verdun.

Biel gehörte nicht zur kämpfenden Truppe, sondern zur US Army Intelligence, einem militärischen Geheimdienst. Seit er in Genf studiert hatte, sprach er fließend Französisch. In Frankreich war er am 11. Juni fünf Tage nach der Landung der alliierten Streitkräfte in der Normandie am 6. Juni eingetroffen und hatte den Marschbefehl, in den Dörfern und Kleinstädten der französischen Provinz die politische Lage zu erkunden. Eine keineswegs ungefährliche Reise über die Grenze nach Rhöndorf gehörte eigentlich nicht dazu. Vielleicht war die Entscheidung zu dem Besuch in Deutschland spontan gefallen. Biels »Commander-in-Chief«, der amerikanische Präsident Franklin Delano Roosevelt, war am 12. April 1945 überraschend gestorben. An der grundsätzlichen Ausrichtung der amerikanischen Politik sollte auch sein Nachfolger, der zunächst kaum bekannte Harry S. Truman, erst einmal wenig ändern. Im militärischen Zweckbündnis der USA mit der Sowjetunion sollten allerdings schon bald nach dem Krieg die Karten neu gemischt werden. Derlei weltpolitische Fragen liegen gewöhnlich außerhalb der Kompetenz eines Hauptmanns. Captain Biel jedoch hatte offensichtlich in Rhöndorf etwas vor. Der Besuch bei Konrad Adenauer war für ihn fast so etwas wie ein Heimspiel.

Ulrich Edward Biel war Berliner und als Ulrich Eduard Bielschowsky, Sohn assimilierter jüdischer Eltern, am 17. Mai 1907 in Charlottenburg geboren worden. Von 1926 bis 1928 hatte er in Bonn Jura studiert. Zumindest die nähere Umgebung, das Siebengebirge und den Rhein, kannte er. 1933 hatte er geschrieben: »Die Umgebung der Stadt gibt ihm besonders viel. Er wird sein Leben lang Erinnerungen besitzen an den romanischen Doppelbau der Kirche zu Schwarzrheindorf, an Balthasar Neumanns Schöpfung in Brühl, an die Ruine von Heisterbach und an das weit abgelegene Benediktinerkloster Maria Laach. Jedes Rebental des Rheins, jede der kleinen Rheinstädte, das Siebengebirge und die Eifel fordern zum Besuch auf.«

Konrad Adenauer, der zum Zeitpunkt seiner Begegnung mit Biel selbst erst wenige Monate zuvor in Maria Laach Zuflucht gefunden und von 1895 bis 1897 ebenfalls in Bonn studiert hatte, war zur Studentenzeit des jetzigen Captain in Bonn eine bekannte Persönlichkeit gewesen. Seit 1917 Oberbürgermeister von Köln, erreichte er damals einen ersten Höhepunkt seines Ansehens und wurde »König von Köln« oder gar des Rheinlands genannt. Als Vorsitzender des preußischen Staatsrats reichte seine Bedeutung auch formal über die eines Bürgermeisters hinaus. Nach dem Scheitern des zweiten Kabinetts Hans Luther wurde er im Sommer 1926 als künftiger Reichskanzler gehandelt – angeblich war die Ernennungsurkunde vom Reichspräsidenten bereits unterzeichnet worden. Auch wenn schließlich ein anderer Zentrumspolitiker aus Köln, Wilhelm Marx, Kanzler wurde: Bereits zu diesem Zeitpunkt muss Adenauer den Jurastudenten Ulrich Bielschowsky beeindruckt haben.

Von Hause aus pflegte Bielschowsky familiäre und freundschaftliche Beziehungen zu dem Verleger Hermann Ullstein und dessen Verlag, die auch Eva Bernhard einschlossen, die gleichaltrige Tochter von Georg Bernhard, dem Chefredakteur der *Vossischen Zeitung*. Dadurch war es ihm als Student und später Rechtsreferendar möglich, für die angesehene »Tante Voss« zu schreiben. Sein letzter Artikel vom 21. Januar 1933 befasste sich auch mit Konrad Adenauer und dem ehemaligen Reichskanzler Heinrich Brüning. Beide waren Absolventen der Bonner Universität und Mitglieder in katholischen Studentenverbindungen. Als junger Journalist schrieb Bielschowsky dazu: »Die politische Mission des rheinischen Katholizismus bei der Entwicklung Deutschlands zur Demokratie in den letzten achtzig Jahren brachte es, nachdem man

Köln ausschaltete und das Preußentum hier bewusst nach Westdeutschland vordrang, nicht zufällig mit sich, dass die katholischen Verbindungen Heimstätten des besten politischen Denkens wurden. Von hier kommt Brüning, von hier kommt Adenauer […] Bei den starken studentischen Traditionen vermochte der Radikalismus nicht so starke Erfolge zu erzielen wie an anderen Universitäten.«

Bielschowsky hielt Adenauer damals für einen der wichtigsten Politiker des Deutschen Reichs. Darauf, dass nur neun Tage nach dem Erscheinen, am 30. Januar 1933 Adolf Hitler zum Reichskanzler ernannt werden sollte, gab es in dem gesamten Artikel keinen Hinweis. Zwölf Jahre später, Jahre, in denen nicht nur das Leben von Ulrich Bielschowsky auf den Kopf gestellt worden war, hatte der nunmehrige amerikanische Staatsbürger Ulrich Biel als Offizier der amerikanischen Armee erstmals die Gelegenheit, Adenauer persönlich zu treffen.

Biels Muttersprache war Deutsch und die meisten amerikanischen Offiziere beherrschten die Sprache der Besiegten nicht. Biel brauchte keinen Dolmetscher, um sich verständlich zu machen. Adenauers Englischkenntnisse waren nicht sonderlich gut, für das deutsche Bürgertum damals nicht ungewöhnlich. Biel aber konnte in der auf Deutsch geführten Unterhaltung auch auf sprachliche Nuancen und Anspielungen eingehen, zumal er eine den Durchschnitt des amerikanischen Offizierskorps, auch nach Maßstäben der »Intelligence«, weit überragende europäische Bildung und Kenntnisse der Verhältnisse in Deutschland besaß. Das war auch atmosphärisch hilfreich. Über zwei Tage hinweg, zwölf Stunden lang, vom 16. bis zum 17. April, sollte das »Interview«, so die offizielle Bezeichnung für das Gespräch, dauern. Obwohl Adenauer sich bereits im April 1945 über amerikanisches Desinteresse nicht beklagen konnte, ist in seinem recht verlässlich geführten Tageskalender kein anderes privates Gespräch von dieser Länge vermerkt.

Formal war es kein Treffen auf Augenhöhe. Auch wenn Adenauer ein überzeugter Gegner des Nationalsozialismus war, blieb es doch ein Gespräch zwischen Sieger und Besiegtem. Dabei hat Biel seinen Vorteil der Gesprächshoheit nicht ausgespielt. Er hörte Adenauer in erster Linie zu. Der zweitägige Besuch hinterließ bei diesem einen so nachhaltigen Eindruck, dass er ihn im ersten, 1965 erschienenen Band seiner *Erinnerungen* prominent gleich zu Beginn erwähnte: »Nach einigen Tagen suchte mich ein amerikanischer Offizier, ein deutscher jüdischer Emigrant, der meinen Namen kannte, auf, um zu sehen, ob ich noch am Leben sei. Wenige Tage darauf kamen amerikanische Offiziere, die mich aufforderten, nach Köln zu dem dortigen Kommandanten zu kommen und die Verwaltung der Stadt zu übernehmen.«

Biel selbst hat diese Passage später ausdrücklich auf sich bezogen. Das ist auch plausibel. Vieles an dem Zitat ist aber falsch. Dabei hatte Adenauer in den *Erinnerungen* sprachlich so wenig dem Zufall überlassen, dass Heinrich Böll im *Spiegel* über eine stilistische »Sprachwüste« spottete. Umso mehr fällt angesichts einer fast buchhalterischen Penibilität die offensichtliche Unrichtigkeit auf, die allerdings nicht die einzige in den *Erinnerungen* ist. Adenauer hatte die Besuche amerikanischer Offiziere durcheinandergebracht, durch die Anonymisierung der Beteiligten jedoch ging die Verwechslung unter. Hatte der bei der Niederschrift immerhin 88-jährige Altkanzler die Daten oder die Personen verwechselt? Ulrich Biel war jedenfalls nicht der erste amerikanische Offizier, dem Adenauer 1945 begegnete. Die genauen Gründe für Adenauers falsche Angabe lassen sich nicht mehr klären – vielleicht hat er sich tatsächlich einfach nicht richtig erinnert.

Zwischen Adenauer und Biel war es allerdings nicht bei der zweitägigen Unterhaltung geblieben. In den folgenden Monaten und Jahren standen sie in regelmäßigem Austausch. So sind zwei an Biel gerichtete Briefe Adenauers vom 8. Dezember 1948 und 18. Januar 1949 überliefert. Adenauers finanzpolitischer Berater Robert Pferdmenges führte zu diesem Zeitpunkt mit Biel Gespräche über einen europäischen Wirtschaftsraum. Adenauers Briefe an Biel bezogen auch die allgemeine politische Entwicklung ein, so die Wahlen zur ersten West-Berliner Stadtverordnetenversammlung vom 5. Dezember 1948, bei der die SPD unter Ernst Reuter ihr bis heute bestes Landtagswahlergebnis von 64,5 Prozent erreicht hatte: »Mit dem Ausgang der Wahlen in Berlin bin ich, was die CDU angeht, sehr wenig zufrieden.«

Auf dem ersten Bundesparteitag der CDU vom 20. bis zum 22. Oktober 1950 in Goslar ist ein Foto entstanden, auf dem Biel neben Adenauer, gerade zum ersten Bundesvorsitzenden der CDU gewählt, sitzt. Zwei Jahre später sollte Ulrich Biel bei seiner Zulassung als Rechtsanwalt gegenüber dem Berliner Justizsenator Adenauer ausdrücklich an erster Stelle als Referenz benennen. Die beiden

Ulrich Biel, Konrad Adenauer und Felix Hurdes (Generalsekretär ÖVP, österreichischer Bundesminister für Unterricht) auf dem ersten Bundesparteitag der CDU 1950 in Goslar

hatten in einer bewegten Zeit wichtiger politischer Weichenstellungen eine so enge Beziehung, dass es doch überrascht, dass Adenauer in seinen Memoiren den Namen Biel nicht nennt. Auch enge politische Weggefährten Adenauers wie Heinrich Krone hatten in ständigem Austausch mit Biel gestanden.

Ein »deutscher jüdischer Emigrant« war Ulrich Biel allerdings. Er war in einer assimilierten jüdischen Familie des Berliner Neuen Westens aufgewachsen, in einer Seitenstraße des Kurfürstendamms. Das Milieu seiner Kindheit hätte Theodor Fontane trefflich beschreiben können. Was nicht nur seiner Familie ab dem Jahr 1933 widerfuhr, hätten bis dahin nur wenige für möglich gehalten. War Ulrich Bielschowsky Anfang 1933 noch ein Rechtsreferendar und gelegentlicher Kolumnist der *Vossischen Zeitung*, der eine glänzende berufliche Zukunft als Rechtsanwalt, im Verlagswesen oder im Journalismus vor sich zu haben schien, hatte er am Ende des Jahres ohne eigenes Zutun seine gesamte berufliche Existenz verloren. 1934 war ihm dank guter Beziehungen und des kleinen Familienvermögens, aber auch mit Glück die Emigration in die USA gelungen. Mehrere Jahre hatte er sich unter teilweise prekären Bedingungen in Manhattan durchgeschlagen. Seine Kenntnisse des deutschen Rechts, einschließlich eines 1934 in Bonn erworbenen Doktortitels, und seine deutsche Gymnasialbildung, die er als *primus omnium* abgeschlossen hatte, waren dort wenig wert. Das sollte sich erst ändern, als die USA einen Krieg gegen jenes Deutsche Reich zu führen begannen, das von dem Emigranten Bielschowsky 1934 noch die Reichsfluchtsteuer kassieren wollte. Als amerikanischer Bürger, in amerikanischer Uniform und unter dem neuen Namen Ulrich Edward Biel kehrte er nach Europa zurück, zunächst 1943 nach England. Am 11. Juni 1944 betrat er mit der Küste der Normandie wieder das europäische Festland und erreichte im August 1944 Paris. Die erste Nacht auf deutschem Boden nach über zehn Jahren verbrachte er im September 1944 im Aachener Stadtteil Kornelimünster im dortigen Kloster. Zu diesem Zeitpunkt war Konrad Adenauer, der nach dem 20. Juli 1944 von der Gestapo verhaftet worden war, noch im Messelager Köln inhaftiert.

Über sein »Interview« mit Adenauer verfasste Biel ein vierseitiges Memorandum. Gleich eingangs betonte er, dass der eigentlich verharmlosende Begriff Interview in diesem Fall »quite correct« war, »because Dr. Adenauer went out of his way to be as cooperative and informative as one has any right to expect from a man with such an important past and potential future«.

Von »Dr. Adenauer« schrieb Biel konsequent, was angesichts der hohen Wertschätzung, die deutschen Universitäten in den USA immer noch entgegengebracht wurde, verständlich war. Dass Adenauer lediglich zur Wiedereröffnung der Kölner Universität 1919 mehrere Ehrendoktorwürden erhalten hatte, ein wie im Falle Biels ordentlich erworbener deutscher Doktortitel auf dem amerikanischen Arbeitsmarkt dagegen nur geringen Wert besaß, stand auf einem anderen Blatt. Er war zu Recht davon ausgegangen, dass den Adressaten seines Memorandums ein ehemaliger deutscher Oberbürgermeister, selbst einer so wichtigen Stadt wie Köln, wenig imponieren würde.

Biel erläuterte Adenauers überregionale Bedeutung, etwa mit dem Hinweis auf den Vorsitz im Preußischen Staatsrat; zweimal wäre er beinahe »Chancellor of the Reich« geworden, hätte jedoch in beiden Fällen aus Heimatverbundenheit, »close attachement to the Rhineland«, das Amt ausgeschlagen. Tatsächlich war Adenauer sogar dreimal als Reichskanzler im Gespräch gewesen, nämlich

1921, 1926 und 1928, aber darauf kam es nicht an. In einer Zeit, in der alles Wissen nur analog verfügbar war und nur mit einem gewissen physischen Aufwand gewonnen werden konnte, waren Biels Hinweise wertvolle Informationen, die in den USA kaum zu beschaffen gewesen wären. Wichtig war die politische Zuverlässigkeit von Adenauer, Nationalsozialisten wollten die Amerikaner beim Neuaufbau nicht berücksichtigen. Biel verwies auf Adenauers Haft und führte mit dem gerade erst am 28. März eingesetzten amtierenden Bürgermeister von Frankfurt am Main geschickt einen Gewährsmann für diesen ein, der bereits das Vertrauen der Amerikaner besaß. Wilhelm Hollbach, ein ehemaliger Redakteur der *Frankfurter Zeitung*, kannte Adenauer aus Köln, da er selbst dort bis 1930 Stadtverordneter der linksliberalen DDP gewesen war. Der neue Frankfurter Bürgermeister Hollbach habe Adenauer ohne Zögern als einzigen »non-Nazi representative for the whole of western Germany« bezeichnet, schrieb Biel.

Ein weiteres Problem für die Amerikaner war, dass nicht nur »non-Nazis« kaum ohne weiteres zu finden waren, sondern auch die gesamte jüngere Generation, ohnehin durch den Krieg dezimiert, unter dem Generalverdacht der politischen Belastung stand. Also musste auch auf Persönlichkeiten älterer Jahrgänge zurückgegriffen werden. Adenauer, so fuhr Biel in seinem Memorandum fort, sei trotz seines Alters »about 67 or 68« (tatsächlich war Adenauer bereits im 70. Lebensjahr) im Vollbesitz seiner geistigen Kräfte, zudem fehle ihm nicht die für einen politischen Führer notwendige Härte. Mit amerikanischen Besatzungstruppen habe er bereits Erfahrung. Auch wenn er nicht gut Englisch spreche (»he is apologetic because he does not know how to speak English«), sei während der Rheinlandbesetzung nach dem Ersten Weltkrieg seine Zusammenarbeit mit amerikanischen Soldaten wie dem kommandierenden General Henry Tureman Allen nie durch »lingustic difficulties« getrübt gewesen. Diesen ersten Kontakt mit den Amerikanern erwähnte Biel ebenso wie Adenauers Angst um seine Söhne, aus dieser Angst heraus halte er sich zunächst als anonymer »Advisor« im Hintergrund. Immerhin war auf Adenauers Empfehlung der bis 1933 amtierende Kölner Beigeordnete Willi Suth, als Ehemann von Schwester Lilli Adenauers Schwager, bereits am 16. März 1945 zum provisorischen Leiter der Stadtverwaltung ernannt worden. Unmissverständlich betonte Biel aber, Adenauer sei »more interested in national and regional politics than in the city of Cologne«, folglich behandelte ihre Unterhaltung »more or less, the political and administrative overall picture of Germany, with particular emphasis on western Germany«.

»Western Germany« war im April 1945 nicht mehr als eine geografische Bezeichnung. Das Deutsche Reich hatte noch nicht kapituliert, die 1943/44 von der alliierten European Advisory Commission (EAC) in London fixierten und in Jalta bestätigten Besatzungszonen existierten lediglich auf dem Papier. Allerdings hatten die USA, Großbritannien und die Sowjetunion im Herbst 1944 auf zwei Konferenzen in London zwei Zonenprotokolle unterzeichnet, die unter anderem bereits die Westgrenze der künftigen sowjetischen Zone, die spätere deutsch-deutsche Grenze, präzise fixierten:

»The territory of Germany [...] situated to the East of a line drawn from the point on Lubeck Bay where the frontiers of Schleswig-Holstein and Mecklenberg meet, along the western frontier of Mecklenberg to the frontier of the province of Hanover, thence, along the eastern frontier of Brunswick; thence along the western frontier of Anhalt; the western frontier of the Prussian province of Saxony and the western frontier of Thuringia to where the latter meets the Bavarian frontier; thence eastwards along the northern frontier of Bavaria to the 1937 Czechoslovakian frontier, will be occupied by the armed forces of the U.S.S.R.«

Dies waren die Grenzen, von denen Biel ausging, als er in dem Protokoll des Gesprächs wiederholt von »western Germany« schrieb. Sie waren amerikanischen Offizieren geläufig. Nicht geläufig war ihnen, dass Adenauer eine besondere Bindung an das Rheinland, an den deutschen Westen auszeichnete, bis hin zu einem nicht ganz glücklichen Sympathisieren mit den rheinischen Separatisten 1919 und 1923 und einer Rheinischen Republik innerhalb des Deutschen Reichs. Das aber war Biel, der sich schon als Student näher mit Adenauer beschäftigt hatte, durchaus bekannt. Er wusste auch, dass diese Sympathie Adenauer in der Weimarer Republik von Politikern wie Gustav Stresemann vorgeworfen worden war. Adenauers erkennbare Westbindung war es allerdings, die ihn für Biel interessant machte – mit ihm in einer führenden Position ließ sich möglicherweise zumindest der Westen des Deutschen Reichs vor dem Zugriff der Sowjetunion bewahren. Biel kannte die Situation in Frankreich, wo es eine starke – durch die Résistance politisch aufgewertete – kommunistische Partei gab, mit der von Moskau aus, ohne Rücksicht auf idealistische Genossen, agitiert und operiert werden konnte. Für Italien galt Ähnliches. Auch die strategisch wichtigen Staaten Finnland und Griechenland lagen im Visier der Sowjetunion, auch die kommunistischen Parteien dort wurden aus Moskau unterstützt und beeinflusst. Ohnehin war absehbar, dass die stalinistische Sowjetunion den verlustreichen Krieg mit Territorialgewinnen abschließen und den osteuropäischen Staatengürtel von der Ostsee bis zum Schwarzen Meer besetzen würde, dazu Teile von Österreich und Deutschland. Auf jeden Fall wollte Biel verhindern, dass ein Gesamtdeutschland unter gesamtalliierter Verwaltung zu einem Trojanischen Pferd der Sowjetunion, zu deren Brückenkopf zum Atlantik würde.

Insgesamt hatte das »Interview« in seiner protokollierten Fassung zwei Schwerpunkte: »denazification« und »decentralization«. Hinsichtlich der notwendigen Entnazifizierung wurde Adenauer als Befürworter eines sehr strengen Vorgehens gegen ehemalige Parteigenossen gezeichnet. Auch wenn es »absolut unmöglich« (»absolutely impossible«) sei, gegen Mitglieder sämtlicher NS-Organisationen vorzugehen, richtete sich sein Verdikt jedoch auch gegen »all non-Nazis and not-ardent sympazizers who profited economically since 1933«. Adenauer kritisierte allerdings uneinheitliche Verfahren der Entnazifizierung innerhalb einer Zone, verwies auf Unterschiede etwa zwischen Köln und dem Siegkreis und eine keineswegs desinformierte deutsche Bevölkerung (»better informed about Military Government practices than is generally supposed«), die er über nationalsozialistische Grausamkeiten aufklären wollte (»giving first publicity to all the atrocities, which occured during the last decade and which, in his opinion, are still not believed by a great part of the German people«), aber als »Advisor« auch in die Entnazifizierung einbeziehen wollte. In Bezug auf die Dezentralisation verwies Adenauer, ganz preußischer Verwaltungsmann, der er ja war, auf eine geplante Verwaltungsreform vor 1933 und eine Stärkung der Selbstverwaltung. Mit den Bezügen auf die preußische Politik vor 1933 ging jedoch eine vehemente Ablehnung Berlins einher: »Dr. Adenauer is vitally interested in strengthening all influences in Germany which were, so he speaks, against Berlin. He has his own plan of a future German Bundesstaat, which is of no interest here.«

Alle Äußerungen Adenauers, die gegen einen Zentralstaat, eine zentrale Verwaltung in Berlin gerichtet waren, wurden sorgfältig durch Biel protokolliert. Hätten ihm diese Äußerungen nicht in sein Konzept gepasst, er hätte sie problemlos unter den Tisch fallen lassen können. Aber Biel war an dem ehemaligen Kölner Oberbürgermeister, der ganz für den Westen Deutschlands stand, interessiert und versuchte, seine Vorgesetzten ebenfalls für diesen »Dr. Adenauer« einzunehmen. Um aus ihm keine Kölner Lokalgröße zu machen, musste ein globaler Rahmen gespannt werden. Adenauer kenne etwa Papst Pius XII. »most intimately« und er stehe nicht für falsche Milde gegenüber den noch nicht endgültig besiegten Nationalsozialisten, die er im Gegenteil am liebsten ohne Nachsicht aus dem öffentlichen Leben verbannen wolle. Dieses Verdikt schloss auch Vertreter der Wirtschaft ein, die »smart enough« gewesen waren, der NSDAP gar nicht erst beizutreten. Von dem Pragmatismus auch in der Frage der Entnazifizierung, der Adenauer – und nicht nur ihn – später auf diesem Gebiet auszeichnen sollte, war in Biels Memorandum wenig zu bemerken. So etwas hätten die amerikanischen Vorgesetzten auch nicht lesen wollen.

Adenauer hatte nachhaltig negative Erfahrungen mit den Nationalsozialisten gemacht: Sie hatten ihn abgesetzt, verfolgt und mehrfach verhaftet, zudem seine Frau in einen Selbstmordversuch getrieben. Als überzeugter Anhänger der katholischen Soziallehre war er kein Advokat des Kapitalismus oder des freien Marktes. Als Oberbürgermeister hatte er sich intensiv für die Kommunalwirtschaft eingesetzt. Andererseits hatte er, wenn auch insgesamt eher glücklos, mit Aktien spekuliert, im Aufsichtsrat der Deutschen Bank gesessen und nicht nur zur Braunkohledynastie Silverberg beste Beziehungen unterhalten. Aber auf die Haltung Adenauers zu wirtschaftspolitischen Fragen kam es nicht an. Politische Entscheidungen auf diesem Gebiet lagen zunächst außerhalb der Kompetenz jedes deutschen Politikers.

Vielleicht ging es Biel besonders darum, zu betonen, dass »Dr. Adenauer« weder zu den Nationalsozialisten noch zu der von den Alliierten misstrauisch betrachteten deutschen Schwerindustrie Verbindungen unterhielt. Er schilderte ihn als gut katholisch, sogar mit besten Beziehungen bis zum Heiligen Vater, für politische Ideologien nicht anfällig, als Föderalist (im amerikanischen Kontext besonders positiv), Rheinländer, Westdeutschen, Gegner eines Zentralstaates, im konkreten Fall auch einer zentralen Verwaltung der Siegermächte in Berlin, skeptisch gegenüber Preußen und damit wohl auch gegenüber dem

*Konrad Adenauer 1945
in Rhöndorf*

deutschen Militarismus. Alle im »Interview« geäußerten Standpunkte konnten allein wegen der Länge nicht protokolliert werden. Adenauers Ansichten zur Sowjetunion und zum Kommunismus waren sicher auch Gegenstand des Gesprächs, doch sie schriftlich festzuhalten, erschien Biel nicht opportun, denn noch war die Sowjetunion ein Verbündeter der Amerikaner. Biel hatte ein ehrliches Interesse daran, dass sein Gegenüber in Zukunft eine wichtige Rolle spielen würde. Was nicht im Bericht auftaucht: Mit Adenauer, so das Kalkül, sollte es leichter möglich sein, zumindest einen Teil des besiegten Deutschlands vom Machtbereich der Sowjetunion fernzuhalten. Über die deutsche Nachkriegsordnung waren sich die Alliierten im April 1945 aber noch nicht einig, abgesehen davon, dass das Deutsche Reich noch gar nicht vollständig in ihrer Gewalt war.

Es wäre naiv zu glauben, dass Biel eine Fahrt von mehreren hundert Kilometern nur unternommen hatte, um mit einem politischen Idol seiner Studentenzeit zu plaudern. Heinrich Brüning, den er 1933 auf eine Stufe mit Adenauer gestellt hatte, dem er allerdings in Abneigung verbunden war, hatte Biel hingehalten, als dieser Ende 1945 um ein Treffen bat, obwohl der ehemalige Reichskanzler, der noch politischen Ehrgeiz besaß, sicher auch viel zu erzählen gehabt hätte. Die Idee, Adenauer persönlich für ein intensives »Interview« auf-zusuchen, war Biels ganz eigene. Er erinnerte sich 1988 in einem Gespräch mit dem Journalisten Rainer G. Ott: »Der Gedanke kam eigentlich von mir, nicht dass mir überhaupt jemand gesagt hat, suchen Sie Dr. Adenauer auf, aber mir war der Name aus meiner Bonner Zeit und auch aus der Berliner Zeit geläufig als jemand, der eben ein großes politisches Gewicht hatte […]«

Doch es widerspräche jeder militärischen Logik, dass ein Offizier diese Reise ohne Wissen seiner Vorgesetzten, ohne konkreten Auftrag unternommen hätte. Auch bei der Verbreitung des Memorandums, adressiert an »Colonel D. P. Page«, wurde der Dienstweg penibel eingehalten. Ein Alleingang sieht anders aus. Um ein konkretes Amt, eine konkrete Aufgabe für Adenauer war es bei dem »Interview« aber ausdrücklich nicht gegangen. Biel handelte als Offizier der »Intelligence«, der seinen Vorgesetzen eine souveräne Einschätzung von Adenauer präsentierte. Er hielt ihn für einen der führenden deutschen Politi-ker und warnte davor, dessen Potential als »political advisor«, möglicherweise begrenzt auf das enge Köln, zu verschwenden. Dafür sei Adenauer »too big a man«, er sollte in der künftigen deutschen Politik eine wichtige Rolle spielen. Allerdings lag eine eigenständige deutsche Politik spätestens mit dem 8. Mai 1945 jenseits aller realistischen Vorstellungen. Das Memorandum endete mit einem konkreten Vorschlag: »It is proposed that we introduce Dr. Adenauer, as a first step in making use of him, to Mr. Robert Murphy in his capacity as political advisor to the Supreme Commander.«

Biel war, wie er 1988 ausführte, früh skeptisch, was das Bündnis mit der Sowjetunion anging, und deshalb auf der Suche nach unbelasteten Politikern, die einen antikommunistischen Kurs unterstützen könnten: »Ich gestehe, für mich ist es in einem sehr frühen Zeitpunkt klar gewesen, dass man sich mit den Sowjets nicht verständigen kann.«

In der amerikanischen Armee war Biel nicht der einzige antikommunistische Offizier. In der 12. Heeresgruppe dachte insbesondere Oberst Frank Leo Howley ähnlich. Er wurde 1903 in einer irischen Familie in New Jersey geboren und war nur vier Jahre älter als Biel. Auch Howley gehörte zur »Intelligence«, auch er war kein Berufssoldat und praktizierender Katholik. Biel, evangelisch getauft und erzogen, war eine kulturkämpferische Attitüde, eine damals auch bei weniger frommen Protestanten verbreitete antikatholische Mentalität, fremd, dazu war

*Frank L. Howley als Oberst,
zwischen 1945 und 1949, 1947–
1949 amerikanischer Stadtkommandant, während der Blockade
zum Brigadegeneral befördert*

er viel zu sehr geprägt durch seine schlesischen Wurzeln und das Zusammen-
leben von Protestanten, Katholiken und Juden dort. Mit einer führenden Rolle
eines katholischen Politikers in einem konfessionell heterogenen Westdeutschland hatten weder Howley noch er Probleme, vielmehr schätzten sie die katholische Kirche als antikommunistischen Machtfaktor. Bereits 1933 hatte der spätere Captain Biel über die »politische Mission des rheinischen Katholizismus
bei der Entwicklung Deutschlands zur Demokratie« geschrieben und dessen
positive Rolle im Kampf gegen politische Radikalisierung betont. Howley war
nicht in erster Linie Antikommunist, sondern Antitotalitarist. In Berlin sollte
er 1946 als »Commanding General« im amerikanischen Sektor von Berlin die
evangelische Kirche ohne Rücksicht auf ihre sogar von der Sowjetunion respek-
tierte Personalautonomie zwingen, NS-freundliche Deutsche Christen aus dem
Pfarramt zu entfernen. Er war vorurteilsfrei und gehörte als Katholik selbst zu
einer in den USA manchmal argwöhnisch betrachteten Minderheit. Den Antisemitismus, den es auch im amerikanischen Offizierskorps gab, teilte er nicht.
Howley war ein konservativer Republikaner, der die Sowjetunion kritischer sah
als unter der Roosevelt-Administration üblich.

Biel und Howley waren zusammen in England ausgebildet worden, hatten sich dort kennen- und schätzen gelernt und waren eigentlich für den Einsatz in Frankreich vorgesehen. Beide sprachen Französisch und hatten an französischsprachigen Universitäten studiert, Howley an der Sorbonne, Biel an der Universität Genf. Howley wurde in Frankreich, zunächst in Barbizon, im Wald von Fontainebleau, bald der wichtigste Vorgesetzte von Biel. Die beiden Männer fanden politisch zueinander. Howley sah in Deutschland, nicht in Frankreich, den Schlüssel für die Zukunft des Kontinents und er hielt es für einen Fehler, dass die USA der Sowjetunion den prestigeträchtigen ersten Zugriff auf die Reichshauptstadt überlassen hatten. Diese Haltung gefiel Biel, der wusste, dass ein besonderes Interesse an Berlin in der amerikanischen Armee nicht selbstverständlich war. Noch bevor die Amerikaner die Brücke von Remagen überquert hatten, schmiedeten Biel und Howley in Barbizon und Verdun Pläne für ein Deutschland nach dem Krieg. Vermutlich entstand dabei der Plan, Adenauer aufzusuchen. In Frankreich hatten beide erlebt, wie die französischen Kommunisten auf eine Vereinigung mit den Sozialisten drängten, um die Spaltung der französischen Arbeiterbewegung seit dem Parteitag von Tours 1920, ein Menetekel der französischen Linken, zu überwinden, in Wirklichkeit aber auf eine Majorisierung revisionistischer Strömungen zielten. Biel und Howley führten eine Männerfreundschaft im Kalten Krieg. Beide Männer sollten gemeinsam an seiner Geschichte schreiben.

Captain Ulrich Biel war am Nachmittag des 17. April 1945 von Rhöndorf wieder nach Verdun aufgebrochen. Sechs Tage später, am 23. April, verfasste er, formal für Colonel Douglas J. Page, das Memorandum über sein »Interview«. Die wichtigste Botschaft: »Dr. Adenauer« ist zu bedeutend für das Rathaus einer westdeutschen Großstadt. Auch mit dem schwer fassbaren Posten eines »Advisors« sollte er nicht abgespeist werden. Biel pries seinen Vorgesetzten gegenüber Adenauer als bedeutenden Mann, politisch unbelastet und im Grunde mit den gleichen Gegnern wie die USA: Nationalsozialismus, deutsche Großindustrie, Zentralstaat, preußischer Militarismus. Die vehemente Ablehnung des Kommunismus, die Adenauer für Biel zusätzlich interessant gemacht hatte, wurde nur am Rande erwähnt; immerhin war Stalin noch ein wichtiger Verbündeter. Das Adenauer besonders am Herzen liegende Verhältnis zu Frankreich war zwar Gegenstand des Gesprächs, kam im Memorandum aber nur beiläufig vor. Das Verhältnis der Amerikaner zu Charles de Gaulle war ambivalent und für den französischen Anspruch, zu den Siegermächten zu gehören, hatten viele Amerikaner wenig Verständnis, obwohl sie in Jalta dem britischen Drängen nachgegeben und eingewilligt hatten, Frankreich den Status einer vierten Siegermacht mit einer eigenen Besatzungszone zuzugestehen. Auch auf das Verhältnis Adenauers zum rheinischen Separatismus war Biel nicht eingegangen.

Der weitere Weg seines Memorandums ist schwer nachzuverfolgen. Ein Exemplar verblieb bei ihm. Auf sich gestellt, konnten Biel und Howley Adenauer kaum fördern, zudem war der April 1945 auch noch nicht der richtige Zeitpunkt. Biel hatte Adenauer nicht »entdeckt«, aber sehr gezielt auf ihn als möglichen führenden Politiker in einem künftigen westdeutschen Gebiet hingewiesen. Mit Biels Memorandum betrat Adenauer die Bühne der amerikanischen Deutschlandpolitik und damit auch der Weltpolitik. Wer will, kann hier zudem eine der frühesten Verschriftlichungen der Idee einer westdeutschen Staatsgründung entdecken. Biel wusste, dass sich diese Frage noch lange nicht stellen würde, und Adenauer seinerseits war bei dem Interview noch von einem Fortbestand Preußens ausgegangen. In seinem Interesse für seine Geburtsstadt Berlin unterschied sich Biel zudem grundlegend von Adenauer. Auch deswegen musste er, gemeinsam mit Howley, unbedingt weiter nach Berlin. Das »Interview« mit Adenauer war für ihn nur eine Durchgangs- oder Zwischenstation.

In amerikanischer Uniform: Von Barbizon nach Berlin

Biels Reise nach Berlin begann zwei Monate später, im Jui 1945. Die deutsche Wehrmacht hatte am 8. Mai kapituliert, das Deutsche Reich war vollständig besiegt und besetzt. Hitler hatte sich am 30. April umgebracht. Konrad Adenauer war seit dem 4. Mai wieder Oberbürgermeister von Köln. Berlin war seit dem 2. Mai vollständig von der Roten Armee besetzt, aber Amerikaner und Briten sollten jeweils einen eigenen Sektor erhalten, die Franzosen später ebenfalls. Oberst Frank Howley wurde beauftragt, mit einem Vorauskommando Unterkünfte für die amerikanischen Truppen zu organisieren. Biel gehörte zu seinen engsten Mitarbeitern; beide einte ein pragmatisches Vorgehen, um amerikanische Interessen gegen sowjetische Ansprüche durchzusetzen. Tatsächlich waren Howley, Biel und Lucius D. Clay damit in der amerikanischen Armee zunächst noch Ausnahmen. Sie riskierten früh einen Konflikt mit der Sowjetunion. Allerdings verlangten sie auch nicht mehr als das, was tatsächlich vereinbart worden war.

Mit der »Berliner Deklaration« vom 5. Juni 1945 übernahmen die Siegermächte zunächst gemeinsam die oberste Regierungsgewalt im Deutschen Reich – Deutschland hörte damit endgültig auf, als souveräner Staat zu existieren. Kurz darauf brach Howley zusammen mit Biel, 500 Soldaten und 120 Fahrzeugen nach Berlin auf. Nach einer Zwischenstation in Halle an der Saale ging es am 17. Juni 1945 über die Autobahn in die ehemalige Reichshauptstadt. Die Sowjetunion wollte zunächst nur eine viel kleinere Anzahl von amerikanischen Soldaten nach Berlin lassen. Howley machte sich deshalb zunächst nur mit der gerade erlaubten Zahl, 37 Offizieren, 175 Mannschaften und Unteroffizieren, auf den weiteren Weg. Biel war dabei. Die Einreise nach Berlin gestaltete sich jedoch schwierig. Erst am 30. Juni erhielt Howley, der zwischenzeitlich mit Biel wieder nach Halle hatte zurückkehren müssen, den neuerlichen Marschbefehl. Am 1. Juli 1945 erreichten die amerikanischen Truppen die Stadt. Wie sich die Sowjetunion den westalliierten Streitkräften gegenüber weiter verhalten würde, wusste niemand genau. Die amerikanischen Soldaten hatten zunächst keine Unterkünfte. Howley und sein Vorauskommando bildeten mit ihren Fahrzeugen eine Wagenburg im Grunewald. Die erste Nacht, die Ulrich Biel wieder in seiner Geburtsstadt verbrachte, fand unter den Bedingungen eines Feldlagers statt.

Und doch hatte Biel am 1. Juli 1945 endlich sein Ziel erreicht. Er war wieder in Berlin. Hier wartete kein Politiker wie Adenauer, zu dem bereits im Vorfeld Tuchfühlung aufgenommen werden konnte. Dies hätte die Rote Armee nicht zugelassen. In Berlin waren die Verhältnisse anders als in Köln. Auch hier gab es zwar seit dem 19. Mai einen Magistrat, an dessen Spitze Oberbürgermeister Arthur Werner stand, ein parteiloser Architekt. Ihm gehörten mit dem Gesundheitsstadtrat Ferdinand Sauerbruch und dem Baustadtrat Hans Scharoun glanzvolle Namen an, die Mehrheit des Magistrats waren jedoch Mitglieder der erst vor wenigen Wochen wieder zugelassenen KPD. Das entsprach den Vorgaben des KPD-Funktionärs Walter Ulbrichts, der schon seit dem 30. April mit einer Gruppe moskautreuer Kommunisten in Berlin war und den

Why Army Wives Will Sail

Honeymoon, 5s Beer, the Old Home, Etc.

By ALICE DAVIDSON

All over the city today there were apartment living rooms crowded with trunks and stacked with clothing and food ,as the wives of Army officers and one enlisted man, informed that they could go to Europe in mid-April to join their husbands, gathered an 18-months' supply for living.

For some of the women, the trip via Army transport meant a great new adventure, for some it meant the resumption of "regular Army" living which was interrupted by the war, and for still others it would be a return to their native Europe.

Mrs. Mary J. Polasek, wife of the only enlisted man from the New York area who applied for his wife's passage across, said her husband, Pvt. Ulric J. Polasek, had obtained a small apartment for them near the Army post office at Neubiberg, Germany, where he is stationed. He asked her to bring along a stove and refrigerator, but she is settling for smaller things like a toaster and a radio.

The Polaseks were married in Reno last June, and she has been working here in a dress shop, where, incidentally, the other clerks are consumed with excitement over her going. She lives at 319 E. 75th St.

Night Club Beer 5 Cents

In a recent letter, her husband wrote about the opening of a GI night club, "a swell place and we will go when you arrive. They serve wine at 20 cents a glass, brandy at 10 cents, and beer for 5 cents."

Maj. Frank D. Rossborough, of 151 Eighth Av., was at home on a 45-day furlough when his wife Rose, 46, a native of Bavaria, Germany, got the news. For her it was especially good because during his three years overseas she

CAPT. and MRS. ULRICH BIELL

Mrs. Kadiga Biell, 32, of 121 W. 77th St., wife of Capt. Ulrich E. Biell, is the daughter of Frank Wedekind, famous German playwright. She is the author of two children's books, one of which went unpublished in Germany because it didn't feature Hitler Youth.

She came to the U. S. in 1938 and was married later that year, to the captain, who also is German-born. "Some of the people over there won't be too glad to see me." she said of her trip to Berlin. "I'm really rather scared about going back."

»Why Army Wives Will Sail«: New York Evening Post, Ausgabe vom 27. März 1946; Untertitel »Germany was her home«

Amerikanischer Truppentransport nach Berlin 1945 auf der Autobahn zwischen Helmstedt und Berlin

Neuaufbau in enger Abstimmung mit der sowjetischen Militäradministration in Deutschland (SMAD) steuerte. An der Spitze der deutschen Zivilverwaltung einer Stadt könne gerne ein parteiloser Bürgerlicher »mit Doktortitel« stehen, doch die entscheidenden Positionen müssten in der Hand der KPD sein, lautete Ulbrichts Devise. Wörtlich sagte er zu den kommunistischen Funktionären, wie von Wolfgang Leonhard überliefert: »Es muss demokratisch aussehen, aber wir müssen alles in den Händen behalten.«

Es waren jetzt Offiziere wie Biel, die auf amerikanischer Seite geeignetes politisches Personal für die Verwaltung der West-Sektoren finden mussten. Geeignet hieß nach den Vorstellungen der USA: politisch unbelastet, ohne nennenswerte NS-Verstrickung. Nach den Vorstellungen von Biel und Howley waren eine antikommunistische Haltung und Misstrauen gegenüber der Sowjetunion weitere Kriterien. Der Kontakt zu Adenauer war zwar nicht gänzlich abgerissen, aber Biel konzentrierte sich jetzt klar auf Berlin. Die enge Zusammenarbeit mit dem Katholiken Howley zeigte sich in einer besonderen Aufmerksamkeit für katholische Einrichtungen wie dem Gymnasium Canisius-

Kolleg und eine enge Zusammenarbeit mit katholischen Persönlichkeiten wie dem Jesuitenpater Heinrich Klein.

Die gesellschaftliche Kraft mit dem stärksten antikommunistischen Potential in Berlin war aber nicht die katholische Kirche, sondern die SPD. Wichtigste Gesprächspartner waren daher Kurt Schumacher und ab dem November 1946 Ernst Reuter, wobei Biel insbesondere zu Reuter ein echtes Vertrauensverhältnis entwickelte. Biel beschränkte sich sehr rasch nicht mehr auf das Zuhören und Verfassen von Memoranden, sondern begann aktiv die Politik mitzugestalten. »Monatelang« habe ihn Reuter jeden Morgen zu einem Frühstück aufgesucht, bei dem »alle wichtigen Fragen durchgeknautscht« worden seien, auch während der Berliner Blockade, erinnerte er sich 1975 in einem Gespräch mit der *Welt am Sonntag*. Die politische Schnittmenge zwischen dem Rheinländer Adenauer und dem Wahlberliner Reuter war die enge Bindung an die Westmächte – will man sie an einer Person festmachen, war es Ulrich Biel. Die Zeit von Biels größtem Einfluss in Berlin war eng mit Frank L. Howley verknüpft, insbesondere als dieser dort OMGUS-Direktor (Office of the Military Government of the United States in Germany) und ab dem 1. Dezember 1947 amerikanischer Stadtkommandant war. Vor Howley hatten die Stadtkommandanten häufig gewechselt, sodass der Einfluss von Biel und Howley auch vorher schon größer war, als es die rein formale Betrachtung ihrer Position vermuten lässt. Howleys Amtszeit als Stadtkommandant endete am 1. September 1949. Im gleichen Jahr verließ Biel vorerst Berlin.

Frank Howley kehrte 1949/50 in die USA zurück und schied aus der Armee aus. Er besuchte jedoch immer wieder Berlin, so etwa 1954, als er einen Ehrendoktor der mit US-Geldern gegründeten Freien Universität Berlin erhielt. Am 12. Mai 1974 sprach Howley in der Berliner Kongresshalle zum 25. Jubiläum des Endes der Berliner Blockade und warnte vor der Sowjetunion und dem Kommunismus. Gut möglich, dass es bei diesem Berlin-Aufenthalt auch zu einem Wiedersehen mit Biel kam.

Im Frühjahr 1975 knüpfte Ulrich Biel an seine dreißig Jahre zurückliegende erste Begegnung mit Adenauer an. Adenauer war seit acht Jahren nicht mehr am Leben, für 1976 stand die Feier seines hundertsten Geburtstages bevor. Biel war seit 1954 wieder deutscher Staatsbürger und lebte in einem Haus in Dahlem, seit 1971 saß er für die CDU im Berliner Abgeordnetenhaus. Im Hauptberuf war er jetzt Rechtsanwalt und Notar, Berufspolitiker hatte er nie werden wollen. Bei den Wahlen zum Abgeordnetenhaus am 2. März 1975 war er gerade wiedergewählt worden. Am 7. Mai besuchten ihn der Geschichtsstudent Rainer Wagner und der Pressefotograf Wolfgang Albrecht, zwei Mitarbeiter der *Welt am Sonntag*. Biel bewirtete seine Gäste mit Whisky. Wie im April 1945 hatte er, diesmal als Gastgeber, selbst das Gespräch initiiert.

Die *Welt am Sonntag* leistete sich damals einen Berliner Lokalteil, in dem von 1974 bis 1976 die Serie *Prominente von einst – so leben sie heute* erschien. Hier wurde Biel nun in einem Artikel im Mai 1975 zum Entdecker von Konrad Adenauer stilisiert. In der Bundesrepublik genoss Adenauer das Ansehen des unumstrittenen, fast schon verklärten Gründungsvaters, in West-Berlin war man zurückhaltender mit dieser Einschätzung. Wirklich beliebt war der erste Bundeskanzler hier nie gewesen, nach dem Mauerbau 1961 hatte er die einge- mauerte westliche Stadthälfte viel zu spät besucht. Als 1967 der Kaiserdamm in Charlottenburg in Adenauerdamm umbenannt wurde, musste dies inner- halb kürzester Zeit wieder zurückgenommen werden. Dabei stellte der Berli- ner Senat auch unter dem Sozialdemokraten Klaus Schütz letztlich Adenauers Politik nie in Frage. Die Anwesenheit der alliierten Truppen in West-Berlin war immer die *Conditio sine qua non* für die Existenz der Teilstadt. Doch hatte sich seit dem Viermächteabkommen 1971 und der sozialdemokratischen Entspan- nungspolitik unter Willy Brandt das politische Klima geändert. Dass sich ein Berliner Politiker offen seiner guten Beziehung zu Konrad Adenauer rühmte, war 1975 noch ungewöhnlicher als in den Jahren davor.

Genau das aber tat Ulrich Biel in dem *Welt am Sonntag*-Interview. Vielleicht hätte er sich, der damals relativ enge Beziehungen zu dem Verleger Axel Sprin- ger unterhielt, einen etwas repräsentativeren Rahmen für seine Ausführungen gewünscht. Die *Welt am Sonntag* wurde in Berlin kaum gelesen und Biel hatte unmissverständlich deutlich gemacht (»Ich bin keine Gestalt von gestern. Lie- ber rede ich über aktuelle politische Fragen als über Vergangenes.«), dass er sich nicht als »Prominenter von einst« fühlte. Der Artikel war am Pfingstsonntag, dem 18. Mai 1975 erschienen, mit der etwas reißerischen und nicht ganz kor- rekten Überschrift: »1945: Ein Berliner in US-Uniform ›entdeckte‹ Konrad Ade- nauer. Auf eigene Faust fuhr Dr. Biel zu dem späteren Bundeskanzler und sprach mit ihm in Rhöndorf.« Dazu Ulrich Biel: »Als ich Konrad Adenauer am 16. und 17. April 1945 in seinem Haus in Rhöndorf besuchte, war er so alt, wie ich es

Blick auf das zerstörte Reichstagsgebäude und das Brandenburger Tor, linker Bildrand das Sowjetische Ehrenmal; der Große Tiergarten fast baumlos

heute bin. Trotzdem stand er erst am Anfang einer neuen politischen Karriere.«

Biel hatte sich auf das Gespräch gut vorbereitet, Notizen gemacht und auch eine Abschrift des Memorandums, das er jetzt Bericht nannte, bereitgelegt. Das beeindruckte den Interviewer Rainer Wagner: »Er gibt ihn mir zu lesen. Mich verblüfft, mit welcher Weitsicht Biel in seiner Empfehlung die große nationale Rolle, die Adenauer einmal für die Bundesrepublik Deutschland spielen sollte, schon 1945 vorwegnahm. Vergnügt genießt der Anwalt mein Erstaunen.«

Wahrscheinlich war Rainer Wagner der erste deutsche Zivilist, der den Bericht zu lesen bekam. Als damaligen Adressaten bezeichnete er in seinem Artikel den amerikanischen Diplomaten Robert Daniel Murphy, den außenpolitischen Berater von General Dwight D. Eisenhower, 1945 amerikanischer Oberbefehlshaber in Europa. Aus dem Memorandum ging der genaue Empfänger nicht hervor, doch bekannt ist, dass Murphy und Biel zusammengearbeitet hatten. In dem Gespräch mit dem *Welt am Sonntag*-Journalisten durfte sich Biel ausführlich über seine Begegnung mit Adenauer äußern: »Vom ersten Augenblick unserer Begegnung hatte ich das sichere Gefühl: Das ist der Mann für Deutschland. Es war sehr schnell ein guter Kontakt zwischen uns da. Adenauer machte einen sehr jugendlichen Eindruck. Trotz seiner großen Sympathie für Frankreich war ihm klar, dass die wichtigsten politischen Entscheidungen in Zukunft zwischen Amerika und Russland fallen würden. Er war kein Utopist, sondern wusste, dass politisches Handeln zwar Elemente der Zukunft und der Vergangenheit einschließt, aber eine absolute Gegenwartsbezogenheit verlangt. Bei keinem anderen deutschen Politiker, den ich in den folgenden Jahrzehnten kennengelernt habe, fand ich eine so nahtlose Kombination von Überzeugung und politischem Handeln.«

Im Sommer 1988 hat Biel noch einmal Journalisten für ein Interview empfangen. Diesmal waren es die Rundfunkjournalisten Rainer G. Ott und Peter Niggl, deren Sendung *Die rechte Hand. Geschichten aus der Berliner Nachkriegsgeschichte* am 28. März 1989 in der Senderreihe *Studio 3* des *Sender Freies Berlin* ausgestrahlt wurde. Auch in diesem Gespräch nahm die Begegnung mit Adenauer vom April 1945 großen Raum ein. Nicht immer erinnerte Biel sich richtig. Zum Zeitpunkt seines im Datum korrekt genannten »Interviews« hatte Adenauer noch nicht »seine Erlebnisse mit den Engländern in Köln gehabt«, die britischen Soldaten waren erst ab dem 21. Juni 1945 in Köln eingezogen. Nicht »um den 1. August« 1945 war er mit Howley und seinem »detachement« nach Berlin gekommen, sondern bereits am 1. Juli. Das waren echte Erinnerungslücken. Was aber niemandem auffiel: Zum Teil hatte Biel ähnliche Wendungen, sorgfältig durch Tonbandaufnahmen dokumentiert, gebraucht, wie dreizehn Jahre zuvor schon gegenüber der *Welt am Sonntag*. Die »erste Nacht wieder auf deutschem Boden« in Kornelimünster, die Feststellung, dass Adenauer »der richtige Mann für Deutschland« (1975) oder »für größere Aufgaben wohl geeignet« (1988) sei, seine »starke« (1975) oder »absolute Realitätsbezogenheit« (1988). Auch die Ausführungen zu seinen »Sonntagsrunden« und ihren Besuchern überschnitten sich 1975 und 1988 erkennbar. Offenbar hat Biel für das Radioporträt aus alten Unterlagen zitiert.

Nur einen einzigen anderen deutschen Politiker stellte Biel 1975 und 1988 auf eine Stufe mit Adenauer, nämlich Ernst Reuter: »Reuter war, obwohl er von ganz anderen Positionen herkam, Adenauer am ähnlichsten. Was für Adenauer der christliche Glaube als Fundament des Handelns war, wurde für Reuter sein erstaunlicher humanistischer Fundus. Für Berlin gab es keinen besseren Mann. Das Zeug zum Kanzler hätte auch er gehabt.« Auch diese Aussage von 1975 modifizierte Biel 1988 nur geringfügig: »Beide, Adenauer und Reuter, die ich ganz bewusst hier in einem Atem nenne, wohlwissend, dass der eine es geschafft hat, Bundeskanzler zu werden, nicht zuletzt laut des Umstandes, dass er sehr alt geworden ist, während der andere verhältnismäßig jung gestorben ist und deswegen nicht zu diesem politischen Ziel gekommen ist, das er sich vielleicht erträumt hatte.«

Hatte Adenauer, unmissverständlich auch gegenüber Biel, nicht erst im April 1945 seinem negativen Verhältnis zu Berlin Ausdruck verliehen, war Ernst Reuter vielleicht der SPD-Politiker mit der größten Sympathie für Adenauers Politik der Westbindung und der Gründung eines westdeutschen Staates. Er nahm, etwa bei der Währungsreform, Konflikte mit seiner Partei auf sich, um den Westteil Berlins möglichst eng an die Westzonen und die Bundesrepublik – und die USA – zu binden. Vielleicht mit keinem anderen Sozialdemokraten war die außenpolitische Schnittmenge Adenauers so groß. Doch Ernst Reuter schien zum Zeitpunkt des Interviews 1975 fast noch mehr der Vergangenheit anzugehören als Konrad Adenauer. Dabei lebten damals noch sehr viele Berliner, die Erinnerungen an den 1953 im Alter von gerade einmal 64 Jahren verstorbenen Regierenden Bürgermeister besaßen. Viele Berliner Politiker hatten noch persönlich mit ihm zusammengearbeitet, an der Spitze der Regierende Bürgermeister Klaus Schütz und der SPD-Bundesvorsitzende Willy Brandt. Doch im öffentlichen Gedächtnis war Reuter erstaunlich wenig präsent. Konrad Adenauer dagegen galt acht Jahre nach seinem Tod als der Gründer der Bundesrepublik Deutschland. Auch einstige Gegner zollten seinen kontroversen Entscheidungen für Westbindung, Marktwirtschaft und Wiederbewaffnung Respekt. Die sozialdemokratisch geführte Bundesregierung unter Helmut Schmidt setzte wie ihre Vorgängerinnen in vielen Punkten auf Kontinuität zur Politik Adenauers. Dass 1975 eine mögliche Wiedervereinigung Deutschlands in der Bundesrepublik zunehmend aus dem Blickfeld zu geraten begann, begünstigte sogar das positive Adenauerbild. Mit der Entspannungspolitik verblasste eine Kritik, die Adenauer mangelnden Einsatz für die deutsche Einheit vorhielt.

Ein sichtbares politisches Vermächtnis war mit Ernst Reuter nicht verbunden. Zwar gehörte er zur ersten Generation der Ministerpräsidenten der Bundesrepublik, aber die Rolle des Landesvaters oder politischen Machers nahm er im kollektiven Gedächtnis nicht ein. Um als Gesicht des Wiederaufbaus und des Wirtschaftswunders, das mit Verzögerung auch in West-Berlin einsetzte, wahrgenommen zu werden, war er zu früh gestorben. Vor allem Willy Brandt prägte in der Erinnerung die Aufbaujahre. In den ersten Nachkriegsjahren war Reuter nur bedingt an der exekutiven Politik beteiligt gewesen. Erst im November 1946 war er, 1921 kurzzeitig Generalsekretär der KPD und 1922 zur SPD zurückgekehrt, aus dem türkischen Exil nach Berlin gekommen und amtierte zunächst als Stadtrat für Verkehr und Versorgungsbetriebe des damals noch für Gesamtberlin zuständigen Magistrats. Seine Wahl zum Oberbürgermeister am 24. Juni 1947 war am Veto der Sowjetunion gescheitert – für die Sowjets war er ein Renegat. Erst am 7. Dezember 1948, in Folge der Wahl, mit deren Ausgang Adenauer wegen des Ergebnisses der CDU von gerade einmal 19,4 Prozent »nicht zufrieden« war, und der Spaltung der Stadt während der Blockade, konnte er zum Oberbürgermeister der westlichen Stadthälfte, am 18. Januar 1951 dann zum Regierenden Bürgermeister von West-Berlin gewählt werden.

Mit der Erinnerung an Ernst Reuter verbunden war mehr seine unvergessliche Rede vor dem zerstörten Reichstagsgebäude mit dem berühmten Appell an die »Völker der Welt«, die Berliner im Kampf um die von den Sowjets bedrohte Freiheit nicht im Stich zu lassen. Doch mit seiner eigentlichen Regierungsarbeit hatte er trotz seines unbestrittenen Charismas selbst mit der von ihm unterzeichneten Verfassung von 1950 keinen bleibenden Eindruck hinterlassen. Zu sehr wurde er als Mann der Krise und der Ausnahme wahrgenommen, nicht als Gestalter der alltäglichen Politik sondern als ein Handelnder des Kalten Krieges. Die große Mehrheit der West-Berliner war mit Reuter in der Ablehnung der Politik der Sowjetunion und der Dankbarkeit für die Unterstützung der Amerikaner einig. Alle anderen Fragen der Innenpolitik waren dem untergeordnet. Ein bedingungsloser Gefolgsmann Adenauers war Reuter nicht, den Westteil Berlins hätte er gern als eigenständiges Bundesland in die Bundesrepublik integriert gesehen. Darin war er aber sowohl von Adenauer wie auch von den Alliierten nicht unterstützt worden.

Ernst Reuter nach seiner Wahl zum Stadtrat und Leiter des Dezernats für Verkehr und Versorgungsbetriebe am 29. Oktober 1946

Der Kalte Krieg und damit die Zeit des größten politischen Einflusses von Ulrich Biel war 1975, als er mit der *Welt am Sonntag* sprach, negativ besetzt, die siebziger Jahre standen im Zeichen der Entspannungspolitik. Gerade West-Berlin hatte das Viermächteabkommen von 1971 etwas von der lang ersehnten Normalität gebracht. Tatsächlich war in West-Berlin aber weiterhin wenig normal. Die Halbstadt stand unverändert und bis zur Wiedervereinigung 1990 unter der Befehlsgewalt der Alliierten, und trotz demokratischer Wahlen wurde sie nur bedingt von Repräsentanten ihrer Einwohner regiert. Da es aber eine komfortable Besatzung war mit vielen Freiheiten, darunter auch vom Wehrdienst, und sich das alltägliche Leben von dem in der Bundesrepublik nicht grundlegend unterschied, wurde das gerne verdrängt. Zu den Paradoxa West-Berlins gehörte auch, dass mit der Ablehnung der sowjetischen Politik und des Kommunismus der Wunsch nach einer Wiedervereinigung der Stadthälften immer betont wurde. Einer Wiedervereinigung an sich hätten sich aber weder die Sowjetunion noch die DDR widersetzt, wenn dadurch der Westteil vollständig in ihren Machtbereich eingegliedert worden wäre. Militärische Pläne für eine Wiedervereinigung nach den Spielregeln der

DDR bestanden bis 1989. Die überwältigende Mehrheit der West-Berliner zog jedoch ein Leben nach den Besatzungsbedingungen der westlichen Alliierten der realen Unfreiheit in Ost-Berlin und der DDR vor, auch um den Preis der Teilung der Stadt. Und weil die Alliierten letztlich immer als aufgeklärte Besatzer handelten, hatten viele West-Berliner zunehmend keine Vorstellung davon, unter welchen Schwierigkeiten und Mühen sich Politiker wie Ernst Reuter mit Unterstützung von Offizieren wie Ulrich Biel für eine Stabilisierung der Verhältnisse eingesetzt hatten.

Geteilt, gespalten und umkämpft: Schlüsselstadt Berlin

Es war kompliziert. Zunächst war ab dem 2. Mai 1945 ganz Berlin von der Roten Armee besetzt worden, erst Anfang Juli kamen die Briten und Amerikaner, darunter als einer der Ersten Ulrich Biel, im August schließlich die Franzosen. Abgesehen vom Saarland, das von den Siegermächten zum teilautonomen Protektorat unter französischer Kontrolle erklärt wurde, und Kuriosa wie Kehl am Rhein und Helgoland, war das verbliebene Deutschland in vier Besatzungszonen aufgeteilt. Bis eben auf Berlin, das wegen seiner Hauptstadtrolle als ein Deutschland im Kleinen in vier Sektoren geteilt, aber von allen Alliierten gemeinsam verwaltet werden sollte und dabei wie eine Insel in der sowjetischen Besatzungszone lag. Ähnlich war die Situation in Österreich, das ebenfalls in vier Besetzungszonen aufgeteilt war und dessen Hauptstadt Wien, auch ganz von einer sowjetischen Besatzungszone umgeben, zu keiner Zone gehörte, sondern in vier Sektoren geteilt war. Ein gewichtiger Unterschied bestand allerdings: In Wien gehörte der erste Bezirk Innere Stadt zu keinem Sektor, sondern wurde von den Alliierten abwechselnd verwaltet.

In Berlin gehörte der in seiner Bedeutung vergleichbare erste Bezirk Mitte vollständig zum sowjetischen Sektor – ein taktischer Fehler der Westalliierten und bezeichnend für ihre geringen Kenntnisse der lokalen Verhältnisse, aber auch für eine gewisse Naivität gegenüber der Sowjetunion. Ulrich Biel äußerte sich im Rückblick 1975 deutlich und sehr kritisch dazu: »Ich habe es im November 1944 sehr bedauert, als bei der Aufteilung Berlins in London die Entscheidung fiel, dass das politische Herzstück Berlins, nämlich Berlin-Mitte, in den sowjetischen Sektor fällt, und dass diese Mitte nicht, wie in Wien, zum Besatzungsgebiet aller Besatzungsmächte gemacht wurde.«

Ab dem 17. Mai 1945 bestand ein vom sowjetischen Stadtkommandanten ernannter Gesamtberliner Magistrat, dem mehrheitlich Kommunisten, aber auch bürgerliche Politiker angehörten. Parteien gab es zunächst nicht, aber bereits am 10. Juni hatte die Sowjetische Militäradministration »antifaschistische, demokratische Parteien« zugelassen und damit ihre westlichen Alliierten unter Zugzwang gesetzt. Am 11. Juli tagte zum ersten Mal die Alliierte Kommandantur von Berlin, zunächst noch ohne die Franzosen, die erst nach der Potsdamer Konferenz dazukamen. Am 20. Oktober 1946 fanden die ersten Gesamtberliner Wahlen zu einer Stadtverordnetenversammlung statt. Doch bereits im Vorfeld war es zu Meinungsverschiedenheiten zwischen den Alliierten gekommen. Seit dem 30. April 1945 befand sich die aus Moskau eingeflogene kommunistische »Gruppe Ulbricht« in Berlin, die mit Unterstützung der Sowjetunion auf eine Vereinigung der Arbeiterparteien KPD und SPD hinarbeitete.

In der Zeit vom Einzug der Amerikaner im Juli 1945 bis zum Ende der Luftbrücke im September 1949 war Ulrich Biel an den meisten politischen Entscheidungen der amerikanischen Besatzungsmacht in Berlin unmittelbar beteiligt. Konrad Adenauer lebte in Rhöndorf in der britischen Zone und wurde in dieser Zeit in erster Linie als Parteipolitiker wahrgenommen. Er baute unter großem persönlichem Einsatz die CDU auf. Ab September 1948 war er bis zur Verkündung des Grundgesetzes am 23. Mai 1949 Vorsitzender des Parlamentarischen Rates in Bonn, aber noch stand nicht fest, dass er eine führende Rolle in dem westdeutschen Staat spielen sollte, dessen Gründung sich abzeichnete. Viele Beobachter hielten ihn mit seinen damals schon 73 Jahren schlichtweg für zu alt und rechneten bei den bereits absehbaren Wahlen in den Westzonen mit einem Sieg der SPD unter ihrem charismatischen, von den Verfolgungen durch die Nazis schwer gezeichneten Vorsitzenden Kurt Schumacher. Auch Ulrich Biel stand mit Schumacher in Kontakt. 1946 übernachtete Schumacher bei einem Besuch in Berlin sogar in seiner Dienstvilla. Biel, formal aus der US Army ausgeschieden, war in der amerikanischen Zivilverwaltung OMGUS Referent für politische Parteien; dafür hatte er sich wohl selbst empfohlen – mit tatkräftiger Unterstützung von Frank L. Howley. Biel war der wichtigste Ansprechpartner der OMGUS für deutsche Politiker, die sich in der sowjetischen Besatzungszone oder im Ostsektor von Berlin immer stärker eingeengt und bedrängt fühlten. Viele Gesprächspartner bestellte er in seine Dienstvilla in der Zehlendorfer Milinowskistraße. Er galt damals als eine Persönlichkeit, die eher respektiert als beliebt war.

Biel unterstützte Anfang 1946 auf vielfältige Weise Berliner Sozialdemokraten, um die von der Sowjetischen Militäradministration in Deutschland energisch vorangetriebene Zwangsvereinigung der SPD mit der KPD abzuwenden, was am Ende bekanntlich nicht gelang. Am 20./21. April 1946 wurde auf dem Doppelparteitag von KPD und SPD im Ost-Berliner Admiralspalast die Vereinigung und Gründung der Sozialistischen Einheitspartei (SED) beschlossen. Für Kurt Schumacher waren die von Stalin gesteuerten Kommunisten »rotlackierte Nazis«, eine Zusammenarbeit mit ihnen kam für Sozialdemokraten im Westen nicht in Frage. Biel sah das wohl ähnlich. Er war es, der 1947 die Initiative ergriff, um einen demokratisch gewählten sozialdemokratischen Oberbürgermeister von Berlin, Otto Ostrowski, abzusetzen, weil dieser immer offener für eine Kooperation mit der kommunistischen SED eintrat und hinter den Kulissen eigenmächtig vertrauensselige Verhandlungen mit deren Repräsentanten führte.

Es ist nicht zu hoch gegriffen, in Ulrich Biel einen der politischen Architekten von West-Berlin zu sehen, das ja tatsächlich eine Insel der Freiheit und Demokratie inmitten der Unfreiheit war, wobei das letzte Wort immer die Alliierten hatten. Die Zusammenarbeit von Biel mit dem katholischen Antikommunisten Frank Howley, vom 1. Dezember 1947 bis zum 1. September 1949 amerikanischer Stadtkommandant von Berlin, war dabei fast symbiotisch. 1948 notierte Howley in seinem Tagebuch: »Biel is German-trained, German-born and he thinks as a German.«

Biel schrieb Howley Reden für ein deutsches Publikum, etwa 1948 zur Eröffnung der mit großzügigen amerikanischen Spenden im Westteil der Stadt errichteten Freien Universität. Wie kein zweiter Amerikaner kannte er die Verhältnisse in Deutschland und insbesondere in Berlin.

Irgendwann muss Biel seinen Vorgesetzten allerdings unheimlich geworden sein. Er hatte, wie auch Howley, von dem sicherheitspolitischen Vakuum profitiert, das nach dem Tod von Präsident Roosevelt entstanden war, und dies geschickt genutzt, um seinen Einflussbereich auszuweiten und zugleich antikommunistische Weichenstellungen zu fördern und selbst vorzunehmen. Sehr rasch hatte er in einer viel höheren Gewichtsklasse als jeder andere amerikanische Hauptmann geboxt. Allerdings verfügte er dabei über den Rückhalt des Freundes und späteren Stadtkommandanten Howley, der seine antikommunistische und antisowjetische Linie vollständig unterstützt, dabei wohl schon früh die Teilung der Stadt um der Freiheit der einen Stadthälfte willen billigend in Kauf genommen hatte. Die Teilung Berlins lässt sich weniger an einem exakten Datum festmachen, als es im Rückblick Jahrzehnte später erscheint. Wahrscheinlich markiert die Spaltung der Stadtverordnetenversammlung mit dem von kommunistischen Störern und Schlägern provozierten Auszug der nicht der SED angehörenden Stadtverordneten am 6. September 1948 aus dem Neuen Stadthaus im sowjetischen Sektor den »Point of no return«, ab dem beide Stadthälften endgültig auseinanderbrachen und für über vierzig Jahre getrennt wurden.

An allen Sitzungen der Stadtverordnetenversammlung hatten alliierte Offiziere als Beobachter teilgenommen, bei der letzten im sowjetischen Sektor im Neuen Stadthaus gehörte zu ihnen einmal mehr auch Ulrich Biel. Der fundamentale Bruch zwischen den Westalliierten und der Sowjetunion war längst sicht- und spürbar. Der Beginn eines Kalten Krieges zeichnete sich immer deutlicher ab – eines Krieges, von dem niemand wusste, ob und wann er in einen heißen umschlagen würde. Die politische Entwicklung im Sommer 1948 wirkte jedenfalls wie eine massive Bestätigung des antikommunistischen Kurses von Clay, Howley und Biel. Wie US-Militärgouverneur Clay hätte auch Biel als Antwort auf die von Stalin angeordnete Blockade West-Berlins eine militärische Konfrontation bevorzugt, jedenfalls erklärte er dies 1975 gegenüber der *Welt am Sonntag*: »Wenn es allein nach mir gegangen wäre, hätten wir uns zu Beginn der Blockade den freien Zugang nach Berlin mit einem massiven Truppeneinsatz bei Marienborn erzwungen. Die Luftbrücke war nur die zweitbeste Lösung.«

Aber US-Präsident Truman entschied sich dagegen. Er wollte, anders als seine Stabschefs in Washington, die ihm nachdrücklich zum Rückzug rieten, weil West-Berlin militärisch nicht zu halten sei, die Freiheit der eingeschlossenen Halbstadt retten, ohne jedoch den Befehl zum Einsatz von Atomwaffen geben zu müssen. Deshalb setzte er energisch auf das, was Clay, Reuter, Howley und Biel für die zweitbeste Lösung gehalten hatten: eine immer weiter intensivierte und ausgebaute Luftbrücke, die die Versorgung der weitgehend, aber keineswegs vollständig abgeschnürten halben Stadt West-Berlin aus der Luft über Wochen und Monate hinweg sicherstellte.

Trumans Kalkül ging auf – zum Preis einer sich vertiefenden politischen Teilung. Die militärischen Spannungen allerdings flauten nach dem Ende der Blockade im Mai 1949 spürbar ab – und die entschiedensten amerikanischen Freiheitskämpfer vor Ort verließen die Stadt. Clay hatte bereits drei Tage nach Beendigung der Blockade seinen Rücktritt eingereicht, war aus dem aktiven Dienst ausgeschieden und bei seiner Heimkehr in New York mit einer gigantischen Konfettiparade gefeiert worden. Nachdem sein wichtigster Unterstützer Frank L. Howley im August 1949 gleichfalls in die USA zurückgekehrt war, wurde Biel nach Hannover in die westdeutsche Provinz versetzt. Einige amerikanische Diplomaten hatten ihm unterstellt, Regierungschef eines westdeutschen Teilstaates werden zu wollen. Misstrauen erweckte, dass Biel, wenngleich in offizieller Mission, um sich mittlerweile einen Kreis von Angehörigen des Widerstands gegen den Nationalsozialismus, etwa des Kreisauer Kreises, versammelt und für diese Kontakt zum ehemaligen Reichskanzler Heinrich Brüning im amerikanischen Exil hergestellt hatte; auch seine Lebensgefährtin, die Juristin Marion Gräfin Yorck von Wartenburg, lernte Biel in diesem Umfeld kennen. Viele Amerikaner wussten nicht, was von diesen meist adeligen Deutschen zu halten war. Biel wurde verdächtigt, ausgerechnet mit den Überlebenden des deutschen Widerstandes »eine konservative Clique« zu unterstützen. Er wurde zunehmend als störend empfunden, je mehr sich die Amerikaner im Status quo einer geteilten Stadt einrichteten und seine Kenntnisse nicht mehr zu benötigen meinten. Auch ein gegen ihn gerichtetes, unterschwellig antisemitisches Ressentiment in Teilen des amerikanischen Offizierskorps und sein negatives Bild in der SED-nahen Presse, ebenfalls mit antisemitischen Ressentiments und falschen Verdächtigungen verknüpft, dürfen in ihrer Wirkung nicht unterschätzt werden. In jedem Fall hatten interne Kritiker mit ihren Kampagnen gegen ihn Erfolg, sobald Howley nicht mehr in Berlin war. Seit dem 19. November 1949 fungierte Biel in Hannover als amerikanischer Interessenvertreter bei der niedersächsischen Landesregierung. Er muss das wie einen Abstieg, eine Strafversetzung empfunden haben, denn in Berlin sah er weiterhin den Mittelpunkt seines Lebens und den Schlüsselort der politischen Auseinandersetzung, die er für ebenso unvermeidlich wie unausweichlich hielt.

Dennoch unterhielt Biel auch an seinem neuen Wirkungsort intensive Kontakte zu einflussreichen Berliner Politikern. Ernst Reuter etwa war häufig in Hannover bei ihm zu Gast. Allerdings hatte Biel mit der westdeutschen Staatsgründung und der von ihm schon 1945 favorisierten Wahl Konrad Adenauers zum Kanzler wenig zu tun, denn auch als er Anfang 1952 zur amerikanischen Hochkommission nach Bad Godesberg versetzt wurde, lebte der Kontakt zum neuen Bundeskanzler nicht mehr auf. Für den eigenwilligen und abgesehen von seinem Antikommunismus unberechenbaren Biel war im diplomatischen Dienst der USA auf Dauer kein Platz. Deutsche Beobachter mutmaßten, er sei »fallen gelassen« worden. Dass Biel nach dem Ende seiner Dienstzeit wieder nach Berlin zurückkehrte, erstaunte niemanden. Dass er, nachdem er 1952 mit 45 Jahren noch das zweite juristische Staatsexamen in Berlin abgelegt hatte, 1954 auf die amerikanische Staatsbürgerschaft verzichtete, um wieder Deutscher zu werden, war dagegen schon überraschend. Es war aber nur die Konsequenz seiner Lebensentscheidung zur Rückkehr nach Berlin, die Biel bereits vor seinem ersten Gespräch mit Adenauer getroffen hatte.

»Ich bin ein Berliner«: West-Berlin als Lebensform

Von seinen 89 Lebensjahren hat Ulrich Biel über 75 in Berlin verbracht. Die längste Abwesenheit war das unfreiwillige amerikanische Exil. Ansonsten hat er sich nur vor dem Krieg für einige Semester in Genf und Bonn, nach dem Krieg als amerikanischer Interessenvertreter in Hannover und Godesberg kurzzeitig aus der Stadt verabschiedet. Als er in den fünfziger Jahren zeitweilig in Frankfurt am Main arbeitete, blieb sein Lebensmittelpunkt trotzdem Berlin. Er hat ausschließlich im Westteil der Stadt gelebt, in den benachbarten Bezirken Charlottenburg, Wilmersdorf, Steglitz und Zehlendorf. Nur für kürzere Reisen hat er diese Welt verlassen. Das alte West-Berlin war sein Biotop. Kennedys berühmtes Wort, sein Ausruf bei seinem Berlin-Besuch 1963 auf dem Balkon des Schöneberger Rathauses, er sei als Bürger der freien Welt stolz darauf, ein Berliner zu sein, sprach Ulrich Biel aus dem Herzen. Der Teilstadt, deren politischer Architekt er war, ist er immer treu geblieben. Im Ostteil war er, wie er selbst freimütig einräumte, ausgesprochen selten. Auf dem Höhepunkt der Berlin-Krise bezog er 1958 sein Haus im Falkenried in Dahlem, das er den Rest seines Lebens bewohnte und in dem er schließlich auch sterben sollte. Biel hat als überzeugter Demokrat den Wert der Freiheit immer wieder betont. Auch das Bild des Brandenburger Tores als Symbol der deutschen Frage, das von den CDU-Politikern Heinrich Lummer und Richard von Weizsäcker und noch 1987 von US-Präsident Ronald Reagan aufgegriffen wurde, geht auf ihn zurück. Im September 1949 hatte er erstmals im *Vierteljahresbericht der amerikanischen Militärregierung* geschrieben: »Heute ist 170 Kilometer östlich der Westzonen das Brandenburger Tor – einst das Symbol kriegerischen Preußentums – das europäische Gegenstück zur Freiheitsstatue im Hafen von New York.«

Dieses Bild sollte Biel immer wieder verwenden, ob 1975 als Alterspräsident des Berliner Abgeordnetenhauses oder 1979 als Anwalt in einem Plädoyer für eine der Flugzeugentführung angeklagte Bürgerin der DDR. Fast noch wichtiger als die Verfassung von Berlin, an deren Entstehung er beteiligt war, oder das Grundgesetz der Bundesrepublik Deutschland war Ulrich Biel der Status von Berlin. Die »Gretchenfrage an die deutsche Nation« war für ihn: »Gehört West-Berlin zum Bund oder nicht?«

Dabei war er mehr »Statuspatriot« als »Verfassungspatriot«. Der Status West-Berlins unter dem Schutz der Westalliierten war für ihn die wichtigste Garantie für Frieden und Freiheit zumindest in einer Hälfte der Stadt, aber auch für Freiheit in einem Teil Europas. Diesen Status zu verteidigen war die Konstante seines politischen Lebens. Für die Besonderheiten dieses Status war Biel sensibel wie kein anderer Vertreter der Alliierten, denn Berlin war seine Heimatstadt. Als 1920 Groß-Berlin geschaffen wurde, gehörten zu der Stadt auch einige Exklaven, die ganz von der Provinz Brandenburg umgeben waren, sie lagen seit 1945 in der sowjetischen Besatzungszone. Die meisten waren unbewohnt, landwirtschaftlich genutzt und militärisch schwer zu verteidigen, darunter auch die größten, die Falkenhagener Wiesen des Bezirks Spandau im britischen, die Nuthewiesen und die Wüste Mark des Bezirks Zehlendorf im amerikanischen Sektor.

Das Brandenburger Tor von Westen, im Hintergrund ein sowjetisches Plakat von Josef Stalin

Die größte dauerhaft bewohnte Exklave war das von der Interzoneneisenbahn zerschnittene Steinstücken, das ebenfalls zu Zehlendorf gehörte, aber vollständig vom Potsdamer Stadtteil Griebnitzsee umgeben war; die Bebauungen gingen ineinander über. Vom eigentlichen West-Berlin war der Ort knapp einen Kilometer entfernt. Steinstücken war dörflich geprägt und ohne eigentliche Bedeutung für Berlin. Die Eisenbahnstrecke ohne Halt stand unter Verwaltung der sowjetischen Zone, die wenigen Einwohner hatten sich bis 1945 nach Potsdam orientiert. Aber Steinstücken gehörte zum Bezirk Zehlendorf und damit seit dem 1. Juli 1945 zum amerikanischen Sektor von Berlin. Die Amerikaner waren über dieses Territorium und seine Bewohner keineswegs glücklich. Die Sowjets hatten dagegen Interesse signalisiert und versuchten auch Fakten zu schaffen, etwa durch Einbeziehung Steinstückens in die Lebensmittelkarten ihrer Zone. Einzelne amerikanische Offiziere, darunter Oberst William Babcock, ein enger Mitarbeiter von Howley, konnten sich ein Entgegenkommen gegenüber der Sowjetunion und einen Verzicht auf Steinstücken durchaus vorstellen. Das alarmierte Biel. Der gesamte Bezirk Zehlendorf gehörte zum hart erkämpften amerikanischen Sektor, daher durfte seiner Meinung nach keine noch so kleine Fläche grundlos aufgegeben werden; im konkreten Fall ging es sogar um rechtmäßige Bürger des amerikanischen Sektors. Biel befürchtete, dass eine Aufgabe Steinstückens von den Sowjets als eine Einladung zu weiteren vergleichbaren Aktionen verstanden werden könnte, quasi eine Prämie für das Durchsetzen statuswidriger Tatsachen. Auf der Grundlage seiner juristischen Kenntnisse verfasste er 1947 ein Memorandum für General Clay, das seine Wirkung nicht verfehlte. Der befreundete Major Karl F. Mautner, ein gebürtiger Wiener, erinnerte sich 1993: »It [Steinstücken] was really saved for the west by Ulrich Biel and myself, I would say. There was a moment in the early days of the Kommandatura when this issue came up and the Steinstueckeners couldn't get ration cards from West Berlin. […] They had to walk a long stretch through East German territory to get to the city proper. Colonel Babcock, who was Howley's deputy, proposed to give Steinstuecken away. Biel wrote a letter, a memorandum, which went all the way up, stating that neither Babcock nor Howley nor General Clay could give Steinstuecken away because it was legally a part of West Berlin. That really prevailed. Then I followed up by pushing the city to giving them ration cards. We thus saved Steinstuecken until General Clay flew in helicopters and MPs and it became an official American sector enclave, supplied by a mini-airlift.«

Steinstücken, nach einem Gebietsaustausch infolge des Viermächteabkommens 1971 durch eine eingemauerte Straße mit dem Rest der Teilstadt verbunden, war nur eine der heute kaum nachvollziehbaren Besonderheiten, welche die politische Realität in West-Berlin ausmachten. Nicht selten war Ulrich Biel an der Behauptung und Verteidigung dieser für die Teilstadt so wichtigen Besonderheiten unmittelbar beteiligt.

West-Berlin war nicht nur das Biotop, in dem Ulrich Biel agierte, sondern ganz allgemein ein besonderer Lebensraum, den Nachgeborene heute vermutlich kaum mehr verstehen können. Auf der einen Seite gab es eine offizielle Rhetorik, die Normalität und Lebendigkeit der Teilstadt betonte – so das Fehlen einer Sperrstunde, das reiche kulturelle Leben, den Kurfürstendamm. Das alles war nicht falsch, aber eben nur die halbe Wahrheit. Die »Frontstadt West-Berlin« lag gleichermaßen an der Peripherie von West und Ost, war politisch

Für die Nachkriegsjahre typisches Schild im Berliner Stadtbild

verwundbar und zehrte von ihrer Vergangenheit als Reichshauptstadt. Viele Schreibtische, von denen einmal das Deutsche Reich verwaltet worden war, standen noch immer, doch wurde dort nur noch Kommunalpolitik betrieben. Dies zudem mit geliehenem Geld, nämlich Zuschüssen des Bundes, von denen die Millionenstadt ohne Umland immer stärker abhängig war. Das politische Personal war mit wenigen Ausnahmen drittklassig und bevorzugt mit sich selbst beschäftigt, die Verwaltung künstlich aufgebläht. Das fehlende Umland und die Insellage begünstigten eine gesellschaftliche Nivellierung. Für extravagante Freizeitgestaltung fehlten der Platz und die Möglichkeiten. Das kleinbürgerliche Milieu der zahlreichen Laubenkolonien färbte ab. Wer der Teilstadt nach Westdeutschland entkommen wollte, fand sich nicht selten ohne Rücksicht auf Einkommen, Automarke oder soziale Stellung im Kollektiv des Stauraums am Kontrollpunkt Dreilinden wieder.

Spitzenkräfte der Wirtschaft und Politik waren in West-Berlin kaum noch anzutreffen. Die Konzernzentralen hatten seit der Blockade der Teilstadt nach und nach den Rücken gekehrt und sichere Standorte in Westdeutschland errichtet. Nur wenige waren aus idealistischen Motiven nach West-Berlin gegangen wie der Verleger Axel Springer. Selbst die wenigen Unternehmen, die ihren Hauptsitz in Berlin behalten hatten – das bedeutendste war der Pharmakonzern Schering am Wedding –, hatten aufgrund der besonderen Gefährdung West-Berlins einen zweiten Firmensitz in Westdeutschland, Schering etwa in Bergkamen bei Dortmund. Einige traditionsreiche Unternehmen wie Siemens oder AEG hatten »verlängerte Werkbänke« in Berlin behalten, andere Firmen kleinere Dependancen zurückgelassen, um darüber an einen Teil der reichlich fließenden Subventionen zu gelangen. Aber die politischen und wirtschaftlichen Entscheidungen fielen jetzt anderswo. Viele Unternehmen waren nach dem Mauerbau ganz gegangen.

Die Bevölkerungszahl sank kontinuierlich, ihre rasch fortschreitende Überalterung schien unaufhaltsam. Trotzdem wurden immense Ausgaben für die Infrastruktur einer Weltstadt aufgewendet, etwa die nie fertiggestellte Stadtautobahn oder die großzügigen U-Bahnhöfe des Senatsbaudirektors Rainer G. Rümmler. Oft wohnte dem gewollt Großstädtischen etwas zutiefst Provinzielles inne. Dass die erste, 1958 eröffnete Strecke der Stadtautobahn vom Rathenauplatz zum Hohenzollerndamm führte, erklärten einige mit dem Arbeitsweg des zuständigen Bausenators Rolf Schwedler, eines betonverliebten Bauingenieurs von der SPD. Die Teilstadt war ein idealer Nährboden für Korruption und Abschreibungstricks, Denkmal dieser Zeit mit Symbolwert ist der so gigantomanische wie nutzlose »Steglitzer Kreisel«. All diese Phänomene waren auch anderswo bekannt und verbreitet, aber unter den besonderen Bedingungen einer subventionierten Inselstadt kulminierten sie in West-Berlin.

Die Alliierten mit ihren Paraden, ihren militärischen Übungen oder Pa- trouillen waren immer präsent, aber persönliche Kontakte zu Berlinern waren die Ausnahme. Auch wenn zahlreiche West-Berliner für die Alliierten arbeiteten, lebte man nebeneinanderher. Begegnungen beschränkten sich auf jährliche Ereignisse wie das Deutsch-Amerikanische Volksfest, bedingt auch Deutschen offenstehende Supermärkte wie den amerikanischen PX-Store in Dahlem oder das britische NAAFI in Charlottenburg, die viel gehörten Soldatensender *AFN* und *BFBS* (gegenüber den weniger zahlreichen Franzosen bestand die größere Sprachbarriere), die deutsch-amerikanische John-F.-Kennedy-Schule im Bezirk Zehlendorf und nicht zuletzt typische Aspekte des Nachtlebens einer Garnisonsstadt.

Geländewagen mit
alliierten Soldaten am
Gendarmenmarkt, 1945

Für die meisten West-Berliner hatten ihre Schutzmächte kein konkretes Gesicht. Die Stadtkommandanten nach 1950 kannte kaum jemand mit Namen und aus der Masse der Soldaten ragten nur wenige hervor oder erlangten gar Beliebtheit: Lucius D. Clay, der Architekt der Luftbrücke, Gail S. Halvorsen, der Rosinenbomberpilot, der bis in die achtziger Jahre beim Tag der Luftbrücke auf dem Flughafen Tempelhof Autogramme gab, in den letzten Jahren der Inselstadt auch noch der Discjockey und Air Force Sergeant Rik de Lisle, ein Moderator des *AFN* und später des *RIAS*, des *Rundfunks im Amerikanischen Sektor*, eines amerikanischen Rundfunksenders für deutsches Publikum – ein weiteres Kuriosum der Teilstadt. Die Mauer war eine Realität, mit der man sich abgefunden hatte, so wie man die günstigen Spirituosen im Intershop des Bahnhofs Friedrichstraße kaufte oder die Möglichkeit billiger Auslandsflüge vom Flughafen Schönefeld wahrnahm, der, an West-Berlin angrenzend, auf dem Territorium der DDR lag.

Diplomaten, von denen es in Ost- und West-Berlin nicht wenige gab, und Alliierte konnten die Mauer zu jeder Zeit überwinden, ebenso viele Besitzer ausländischer Pässe. Die deutschen West-Berliner konnten dies ab 1972 nach einer zunehmend formalisierten Prozedur in der nach Desinfektionsmittel riechenden Wartezimmeratmosphäre der *Büros für Besuchs- und Reiseangelegenheiten* auch, aber das Bild der Osthälfte der Stadt, das vom DDR-Fernsehen gezeichnet wurde, verlockte anders als in umgekehrter Richtung wenig zum Besuch; der Zwangsumtausch von zuletzt immerhin 25 DM pro Kopf und Tag, bei Tagesreisen zudem ein rigoros gehandhabter Zapfenstreich um Mitternacht (1982 um zwei Stunden verlängert) kamen hinzu. Warum der in Ost wie West gleichermaßen verehrte Udo Lindenberg 1973 in seinem *Mädchen aus Ost-Berlin* auf »Tagesschein«, ein Synonym für das Tagesvisum, »Nerverein« reimte, brauchte in West-Berlin niemandem erklärt zu werden.

Den komplizierten Status der Stadt versinnbildlichte lange die S-Bahn, die bis 1984 auch in West-Berlin unter Verwaltung der Deutschen Reichsbahn, der Staatsbahn der DDR, stand. Die Bahnhöfe und Züge verkamen zunehmend, aber bis in die siebziger Jahre war die »Schüttelbahn« ein funktionierendes und billiges Verkehrsmittel, vom offiziellen West-Berlin und der Mehrheit seiner Einwohner aus politischen Gründen boykottiert. In den sechziger Jahren wurden parallel zur S-Bahn an der Stadtautobahn Buslinien der senatseigenen BVG geführt, um Fahrgäste abspenstig zu machen. Die Bushaltestellen, zugig und unbeliebt, verschwanden in den Achtzigern wieder, nachdem die S-Bahn von der BVG übernommen worden war. In West-Berlin galt die D-Mark – aber das Grundgesetz nur bedingt. Die gesamte West-Berliner Normalität war eine Fiktion unter alliiertem Besatzungsrecht, wovon westdeutsche junge Männer profitierten, die in die demilitarisierte Teilstadt zogen, um den Wehrdienst in der ungeliebten Bundeswehr zu umgehen. Hausbesetzer und alternative Lebenswelten gab es auch in anderen Städten, doch in West-Berlin fanden sie ganz andere Möglichkeiten, die auch reichlich genutzt wurden. Mit den alliierten Verboten des privaten Waffenbesitzes oder der rechtsradikalen NPD konnten die allermeisten West-Berliner problemlos leben, genauso wie mit der Existenz der ausdrücklich geduldeten Kommunisten von der Sozialistische Einheitspartei West-Berlins (SEW), eines direkten Ablegers der Ost-Berliner SED. Dass die Berliner Polizei offiziell nur im Auftrag der Alliierten tätig sein durfte, fiel im Alltag nicht weiter auf. Auch bei Kritik an einzelnen Polizeieinsätzen wurden nie die Schutzmächte mit etwaigem Fehlverhalten in Verbindung gebracht, die sich aus der praktischen Polizeiarbeit heraushielten. Das formal weiter vorrangige Besatzungsrecht einschließlich fortgeltender Todesstrafe war den meisten West-Berlinern mangels praktischer Relevanz unbekannt und wurde erst in den achtziger Jahren von deutschen Politikern vorsichtig problematisiert. Den »behelfsmäßigen« Personalausweis besaß jeder in West-Berlin – von den lange nur peripher wahrgenommenen Gastarbeitern einmal abgesehen –, er zeitigte aber faktisch, auch bei Auslandsreisen, kaum praktische Folgen.

Dass die Verbündeten der Sieger von 1945 in West-Berlin als konsularische Vertretungen Militärmissionen, also eigentlich Gesandte bei den Stadtkommandanten, unterhielten, war ein weiteres verborgenes Kuriosum. Das waren auch die Halbruinen der Botschaften beim Deutschen Reich im Tiergartenviertel, oft allenfalls von einem Hausmeister bewohnt, die sich noch immer im Eigentum von Staaten wie dem mittlerweile von der Sowjetunion annektierten Estland befanden. Die Verbindungsoffiziere der Alliierten im Rathaus Schöneberg (manche Regierende Bürgermeister mieden sie, andere suchten sie täglich auf) und ihre Beobachter bei den Sitzungen des Abgeordnetenhauses verhielten sich unauffällig und wurden zur Kenntnis genommen wie die sowjetischen Soldaten mit ihren Ladas, die regelmäßig auf den Straßen West-Berlins zu sehen waren. Das Spandauer Kriegsverbrechergefängnis bis 1987 und die Alliierte Luftsicherheitszentrale im alten Kammergerichtsgebäude in der Potsdamer Straße im Bezirk Schöneberg waren die letzten beiden Orte, an denen alle vier Siegermächte anzutreffen waren, aber es waren aus West-Berliner Sicht ebenso Nicht-Orte wie das von der Roten Armee bewachte Sowjetische Ehrenmal nahe der Sektorengrenze im Tiergarten.

Die Normalisierung der Beziehungen zwischen Ost und West ab dem Viermächteabkommen 1971 war nur eine relative, denn nach Lesart der DDR war mit der Ratifizierung amtlich, dass West-Berlin kein konstitutiver Bestandteil der Bundesrepublik war. Das war zwar auch zuvor die Rechtslage gewesen, aber der Bundespräsident wurde seitdem nicht mehr in West-Berlin gewählt, der Bundestag führte hier keine Plenarsitzungen mehr durch und außer dem Umweltbundesamt 1974 wurden keine neuen Bundesbehörden in der Teilstadt mehr angesiedelt. Noch bei der Fußballeuropameisterschaft 1988 war West-Berlin, anders als bei der Weltmeisterschaft 1974, kein Spielort, um Protesten osteuropäischer Fußballverbände zuvorzukommen. Eine für die West-Berliner Mentalität konstitutive und lagerübergreifende Grundangst, dass irgendwann doch »die Russen kommen« oder die »Westdeutschen« die Teilstadt im Stich lassen, wurde durch all das nicht geringer. Zwar hatte das Viermächteabkommen nach westlicher Interpretation auch die Bindungen West-Berlins an den Bund bestätigt, doch das maßgebliche englische Wort »ties« wurde im Westen mit politischen Bindungen, im Osten aber mit Verkehrsanbindungen übersetzt.

Eigentlich hatte auch die DDR in Ost-Berlin keine Regierungsgewalt, stellte dies aber gerne anders dar. Die symbolischen Grenzposten zwischen Ost-Berlin und der DDR verschwanden 1977. Die Sowjetunion duldete dies, wie die Anwesenheit der Nationalen Volksarmee in der »Hauptstadt der DDR«, aber nicht in allen Fällen. So waren die Botschafter der USA, Großbritanniens und anderer westlicher Staaten mit Sitz und Residenz im Ostteil offiziell nicht »in der DDR«, sondern »bei der DDR« akkreditiert, der Oberbefehlshaber der sowjetischen Streitkräfte in der DDR residierte offiziell »in Deutschland«. Trotz wiederholter Wünsche aus der DDR wollte die Sowjetunion dies zu keinem Zeitpunkt ändern. Aber auch das Verteidigungsministerium der DDR hatte seinen Sitz in Strausberg im Bezirk Frankfurt an der Oder, wo der Viermächtestatus ganz sicher nicht galt. Aus heutiger Sicht scheinen diese Zeit und ihre Akteure unendlich weit entfernt.

Eine der wichtigsten Persönlichkeiten war dabei Ulrich Biel, ein Bewohner des Biotops West-Berlin, der dennoch mit vielem, was für die Teilstadt als typisch galt, nur wenig zu tun hatte. Dem Soziologen und Schriftsteller Nicolaus Sombart kam er »merkwürdigerweise sehr österreichisch« vor. Biel fuhr selten U-Bahn, besuchte als CDU-Lokalpolitiker keine Laubenkolonien (sein Kontrahent Harry Ristock von der SPD hielt dort förmlich Hof) und auch nicht das Olympiastadion (Hertha BSC war 1975 immerhin Vizemeister und spielte international). An Fußball interessierte ihn, auch wenn ihm als »Weddinger Abgeordneten« angeblich Hertha BSC »besonders am Herzen lag«, vornehmlich die Frage, ob »die Sowjets ein Mitspracherecht in einer Frage haben wie der, ob zum Beispiel eine Berliner Fußballmannschaft – sagen wir, Hertha BSC – in der Bundesliga mitspielen darf oder nicht«.

Nur einmal besuchte Biel mit Journalisten demonstrativ die Grüne Woche. In seinem etwas altmodisch anmutenden bürgerlichen Habitus – gut geschnittene graue Anzüge, gepflegter Schnurrbart, Goldrandbrille – hatte Biel weder mit

*Blick auf die zerstörte Kaiser-Wilhelm-
Gedächtniskirche, wie sie der in ihrer
Nähe aufgewachsene Ulrich Biel bei
seiner Ankunft in Berlin vorfand*

dem kleinbürgerlichen Antikommunismus der traditionellen Sozialdemokraten
noch mit der verlogenen Kumpelhaftigkeit einer personell überschaubaren
Stadtgesellschaft, in der jeder irgendwie jeden kannte, etwas zu tun; mit den
Alternativen aus Kreuzberg oder den Türken vom Wedding erst recht nicht, aber
auch nicht mit den zahlreichen Sumpfgewächsen der Korruption oder des
Nachtlebens. Das typische West-Berlin gab es ohnehin nicht. Es bestanden viele
Milieus nebeneinander. Nicht nur zwischen dem Polizeibeamten mit Eigenheim
in Rudow und den Studenten in der Wohngemeinschaft im gründerzeitlichen
Mietshaus in Schöneberg lagen Welten, auch wenn sie gleichermaßen etwa von
der Berlin-Zulage, einem aus Bundesmitteln finanzierten Zuschlag auf alle Einkommen, profitierten. Eine besondere Beziehung hatte Biel allerdings zum Kurfürstendamm, und diese war tiefer als bei vielen Berlinern. Hier wurde er geboren, hier war er aufgewachsen und hier hatte er bis zuletzt (Hausnummer 224)
sein Büro. Er war stolz, den Kurfürstendamm schon gekannt zu haben, als sich
auf seiner Mittelspur noch ein Reitweg in den Grunewald befand und die Häuser
Vorgärten besaßen. »Wenn ich bei mir hier im Büro aus dem Fenster sehe, auf
den Kurfürstendamm, dann entsinne ich mich doch sehr genau, dass in der

Mitte ein Reitweg war, und dass an der Ecke Joachimsthaler Straße, auch das sehe ich von meinem Bürofenster aus, ein Stein war, auf den die Damen stiegen, wenn sie sich auf dem Damensattel des Pferdes Platz machten. Auch meine Mutter.«

»Heimweh nach dem Kurfürstendamm« war für ihn kein harmloser Schlagertext, sondern einmal harte Realität gewesen. Und Biel besaß Zugang zu einer Welt, die es wie den Kurfürstendamm nur in West-Berlin gab, diese Stadt sogar erst am Leben hielt, der großen Mehrheit der West-Berliner aber verschlossen war: der Welt der Alliierten, zu der etwa die von ihm gerne besuchte Happy Hour im Harnack House, dem amerikanischen Offiziersklub in Dahlem, gehörte. Nicht selten scheiterte im Alltag eine Begegnung zwischen Schutzmächten und Beschützten bereits an der Sprachbarriere. Ulrich Biel konnte mit den Offizieren der Amerikaner und Briten nicht nur auf Englisch, sondern auch auf Augenhöhe, als ehemaliger Captain der US Army reden, und auch im Französischen formulierte er seit seiner Schul- und Studienzeit sicher. Kein anderer Politiker West-Berlins konnte so auftreten, mit einer Ausnahme: Willy Brandt, der in den Augen vieler Alliierter noch lange als der norwegische Offizier galt, der er tatsächlich einmal gewesen war, also Angehöriger einer formalen Siegermacht und damit vertrauenswürdig.

Mit dem nur wenig jüngeren Brandt, vaterlos aufgewachsen in einfachen Verhältnissen des Lübecker Arbeitermilieus, teilte Biel einige prägende Erfahrungen: die ersten journalistischen Gehversuche, die unfreiwillige Emigration, den Verlust von Heimat und Muttersprache, das mühsame Zurechtfinden im Exil. Dazu kamen weitere persönliche Parallelen wie eine gescheiterte »Exil-Ehe«, der Namenswechsel, der Erwerb einer neuen Staatsangehörigkeit, der Dienst in der Armee des Exillandes als Offizier, die Rückkehr in Uniform in das Heimatland, der Neubeginn als wiedereingebürgerter Deutscher. Und so rankten sich Gerüchte und Vermutungen um Willy Brandt wie um Ulrich Biel, verknüpft mit dem nur oberflächlich camouflierten Misstrauen, was diese eigentlich in ihrer Zeit im Exil getrieben hätten. Zum Teil wurden politische Intrigen damit aufgeladen. Bei Biel kam noch hinzu, dass er nicht nur an Intellekt und Bildung den Durchschnitt überragte und zudem auch nicht ganz unvermögend zu sein schien (im gleichheitsverliebten Deutschland und dem seiner vergangenen Bedeutung nachtrauernden West-Berlin ein doppeltes Problem), ohne Trauschein mit einer Adeligen zusammenlebte, auch durch die eigene Herkunft hervorgehoben war und gleichzeitig auf soziale Distanz, die einige Unnahbarkeit, andere Arroganz nannten, Wert legte. Das Charisma des an sich weit menschenscheueren Brandt fehlte ihm allerdings. Seine historischen Aperçus, sein pointierter Witz, seine nicht immer jedem zugängliche Ironie, aber auch eine Neigung zu Geheimnistuerei gepaart mit echter Neugier sorgten dafür, dass dieser Mann auffiel, auch wenn er es vielleicht nicht immer wollte und lieber im Hintergrund oder im Schatten geblieben wäre.

Nicht alle Aufmerksamkeit hatte unmittelbar mit Biel selbst zu tun. Seine jüdische Herkunft hat er nie betont, aber auch nie verschwiegen. Die große Mehrheit der West-Berliner wie auch aller anderen Deutschen kannte infolge des Holocaust kaum mehr Juden persönlich. Deren Bild war von in den Medien präsenten Überlebenden wie Heinz Galinski und Hans Rosenthal geprägt. Zwar darf der Antisemitismus, den es noch immer gab, nicht unterschätzt werden – der mit Biel befreundete Michael Fernholz, lange Jahre Vorstand der Deutschen Bank Berlin, erinnerte sich an Äußerungen eines Kollegen über den »Juden Biel«. Aber selbst die Mehrheit der wohlmeinenden West-Berliner assoziierte mit einer jüdischen Herkunft etwas Geheimnisvolles und Fremdes, auch wenn die so gerne kritisierten und tatsächlich omnipräsenten Zeitschriften des Axel Springer Verlages sich ehrlich für Versöhnung einsetzten. Die großbürgerliche Welt von *Berlin W*, der Biel entstammte, war etwas, von dem die meisten überhaupt keine Vorstellung mehr besaßen. Die Karikatur der »Wilmersdorfer Witwen« im Grips-Theater war nur ein verzerrtes und insoweit bezeichnendes Echo.

Darüber hinaus war West-Berlin ein Zentrum der Spionage. Die Geheimdienste der Westalliierten waren präsent, auch ihre östlichen Gegenüber, aber die meisten West-Berliner hatten kaum Vorstellungen von der Welt dieser Dienste. In Verbindung mit dem für Berliner ohnehin notorischen Gefühl, Mittelpunkt der Welt zu sein, neigten viele dazu, überall Spione zu sehen, bevorzugt dort, wo keine waren. Wer Biel kannte, wusste, dass er gute Beziehungen zu den Amerikanern unterhielt, sogar deren Uniform getragen hatte. Das war ein Nährboden für weitere Gerüchte, bis hin zu der Unterstellung, Biel sei selbst ein Geheimagent gewesen oder würde den Amerikanern noch immer Nachrichten zutragen. Nur eine Minderheit der West-Berliner sah dies zwar als verwerflich an, denn im Zweifel waren sie, die reale sowjetische Bedrohung und »die Zone« stets vor Augen, klar auf Seiten der Amerikaner oder zumindest gegen den »Osten«, doch geheimnisumwittert war dies allemal.

In jedem Fall ragte Ulrich Biel in mehrfacher Hinsicht aus dem kleinbürgerlichen West-Berliner Milieu heraus. Er entstammte einer weit entfernten Vergangenheit, die den meisten längst fremd geworden war, die sie überwiegend überhaupt nicht mehr kannten: der Welt des assimilierten Judentums und des großbürgerlichen Berliner Westens. Und er ragte heraus aus einer jüngeren Vergangenheit, die näher schien, weil sie noch immer gegenwärtig war: die unmittelbare Nachkriegszeit, die Zeit von Besatzung und Blockade. Vieles aus dieser Phase, die für die meisten auch Hunger und Kälte bedeutet hatte, war verdrängt und von jüngeren Erinnerungen an die sich verfestigende deutsche Teilung oder den Mauerbau überlagert worden. Nicht wenige West-Berliner zunehmend vorgerückten Alters erblickten in Biel noch immer zuerst den Besatzer, auch wenn sie die Politik der Amerikaner keineswegs pauschal ablehnten. Der älter gewordene Ulrich Biel in West-Berlin war ein lebendiges Gleichnis der Vergangenheit und Gegenwart der Teilstadt, ihrer Abhängigkeit von den USA wie ihres komplizierten Status. So wie das geteilte Berlin mit dem verschlossenen Brandenburger Tor nicht nur die Deutschen daran erinnerte, dass die deutsche Frage noch immer offen war, so erinnerte Ulrich Biel die West-Berliner daran, dass ihre Stadt noch immer weit von der Normalität entfernt war. Das hat er einerseits gern und freiwillig getan, etwa indem er Journalisten oder Politikern freundlich, aber bestimmt den besonderen Status der Stadt vor Augen hielt. Andererseits erinnerte er durch seine Präsenz und seine den meisten nur bruchstückhaft bekannte Biographie auch unfreiwillig daran. Aber nur die allerwenigsten wussten, dass Biel an der Ausformung des politischen Kuriosums West-Berlin einen nicht unerheblichen Anteil gehabt, sich sein Biotop förmlich selbst geschaffen hatte. Dabei hatte er nie im Vordergrund gestanden, sondern sich immer als ein »Schattenmann« im Hintergrund gehalten. Nicht alle Motive von Biel waren dabei politisch gewesen; wer mochte es ihm verdenken, dass er den Rest seines Lebens in der Stadt verbringen wollte, in der er geboren und aufgewachsen war? Die Geschichtsschreibung neigte eine Zeitlang dazu, die Rolle des Individuums in der Geschichte kleinzuschreiben. Als einen Großen der Geschichte hätte Biel niemand bezeichnet, er sich selbst wohl zuallerletzt. Aber was ist historische Größe? Bekannt ist die Definition des Historikers Jacob Burckhardt: »Sprichwörtlich heißt es: ›Kein Mensch ist unersetzlich.‹ – Aber die wenigen, die es eben doch sind, sind groß.«

Ulrich Biel soll nicht größer gemacht werden, als er war, aber ohne ihn wäre die Geschichte West-Berlins anders verlaufen. Möglicherweise ist er in einem Zeitfenster der Berliner Nachkriegsgeschichte tatsächlich unersetzlich gewesen. Eine Geschichte West-Berlins wäre jedenfalls ohne Ulrich Biel unvollständig. Will man das heute so ferne West-Berlin verstehen, muss man den »Schattenmann« Ulrich Biel aus seinem Schatten heraustreten lassen.

Wie Schatten huschen die Menschen hin,
Ein Schatten dazwischen ich selber bin.

Ein stiller Stratege
auf der Weltbühne

Vom Kurfürstendamm nach Manhattan:
Jugendjahre und erzwungene Emigration

Echte Berliner kamen früher aus Schlesien. Das galt auch für den Berliner
Rechtsanwalt Justizrat Dr. Richard Bielschowsky, geboren 1868 in Breslau. Sein
Vater Eduard Bielschowsky, 1826 geboren in Oels, gestorben 1893 in Breslau,
hatte die 17 Jahre jüngere Emma Heimann aus einer wohlhabenden Breslauer
Bankiersfamilie geheiratet. Richard Bielschowsky hatte auf dem Maria-Magda-
lenen-Gymnasium in Breslau Abitur gemacht und danach Rechtswissenschaf-
ten studiert. 1892 war er mit einer Dissertation über die rechtliche Natur der
Prämiengeschäfte in Breslau promoviert worden. Als Berliner Anwalt hatte er
eine Kanzlei in der Alexanderplatz-Passage in der Nähe von Stadtschloss und
Landgericht. Einer seiner besonderen Schwerpunkte war das Presserecht, insbesondere die Inseratverträge, zu denen er veröffentlichte und vor Fachpublikum
Vorträge hielt. Bielschowsky war dem Verlagshaus Ullstein verbunden.

Anders als seine jüdischen Eltern und Großeltern gehörte Richard Bielschowsky mit seiner Familie der evangelischen Kirche an, andere Familienmitglieder
definierten sich ausdrücklich als Juden. Es gab einige berühmte Verwandte, etwa
den Goetheforscher Albert Bielschowsky, den Augenarzt Alfred Bielschowsky,
Entdecker des »Bielschowsky-Tests« zur Bestimmung der Stärke des Schielens,
und den Psychiater Max Bielschowsky, Namenspatron der »Jansky-Bielschow-
sky-Krankheit«. Andere Familienmitglieder waren Direktoren bei der AEG.
Das Breslauer Privatbankhaus »Dobersch und Bielschowsky« unterhielt gute
Beziehungen zur AEG und der Familie Rathenau. Einem anderen Verwandten
gehörte das Warenhaus Bielschowsky am zentralen Markt in Breslau. Richard

Katalog des Leinenhauses Bielschowsky in Breslau

Bielschowskys Ehefrau Tilly, 1881 in Osnabrück als Mathilde Simon geboren, stammte aus der wohlhabenden, ursprünglich in den Niederlanden ansässigen jüdischen Familie Simon, ihr Vater war Fabrikant. Richard und Mathilde Bielschowsky wohnten in Charlottenburg, in der Rankestraße 25, einer Seitenstraße des Kurfürstendamms. Mathilde ritt auf dem Kurfürstendamm zu Pferde, im Damensattel. Unter den Freunden des Paares waren Emil Rathenau, Hermann Ullstein und Georg Bernhard, der Herausgeber der *Vossischen Zeitung*. Am 17. Mai 1907 kam ihr einziger Sohn zur Welt, der auf den Namen Ulrich Eduard in der Kaiser-Wilhelm-Gedächtniskirche evangelisch getauft wurde. 1951 blickte Ulrich Biel auf seine Eltern in knappen Worten zurück: »Mein Vater war ein angesehener Berliner Anwalt, meine Mutter Tochter des Kaufmanns und Fabrikbesitzers, Kommerzien- und Handelsgerichtsrats Max Simon.« Die elterliche Wohnung beschrieb er als »üblichen Haushalt des wohlhabenden Bürgertums mit antiken Möbeln, alten Bildern, Teppichen, Bildern und sehr viel Porzellan.«

Als am 1. August 1914 der Erste Weltkrieg begann, besuchte Ulrich die erste Charlottenburger Gemeindeschule für Knaben in der Sybelstraße. Der Vater war für den Kriegsdienst zu alt und wurde nicht eingezogen. Er praktizierte und veröffentlichte daher weiter als Anwalt, nunmehr unter anderem auch über die Auswirkungen des geltenden Kriegsrechts auf Anzeigenverträge. Ulrich wechselte 1917 auf das humanistische Joachim-Friedrich-Gymnasium in der Kaiserallee (heute Bundesallee) 1–12 im Gebäude des ehemaligen Joachimsthalschen Gymnasiums, das 1912 nach Templin verlegt worden war. Die Ferien verbrachte der Gymnasiast in Breslau bei Verwandten. Bei einem dieser Aufenthalte lernte er den Breslauer Sozialdemokraten Curt Swolinzky kennen, 1887 auf Rügen geboren, Stadtverordneter und kaufmännischer Angestellter im Warenhaus Bielschowsky. Als Ulrich gerade zwölf Jahre alt war, starb sein Vater am 8. Februar 1920 im Alter von 52 Jahren. Die engere Familie bestand seitdem nur aus Frauen, in der nahen Dörnbergstraße 6 lebte noch die betagte Großmutter mütterlicherseits. Beim Staatsakt für den von Rechtsradikalen ermordeten Außenminister Walther Rathenau am 12. Juli 1922 vor dem Berliner Reichstagsgebäude war der fünfzehnjährige Ulrich unter den Zuschauern. Ostern 1926 bestand er am Joachim-Friedrich-Gymnasium das Abitur als Jahrgangsbester (*primus omnium*) und durfte nach damaligem Usus die Abiturrede halten. Er wollte Rechtswissenschaft studieren, um Rechtsanwalt zu werden. Sein Vater war dabei ganz offensichtlich sein berufliches Vorbild.

Das erste Studiensemester verbrachte der Student Ulrich Bielschowsky in Genf. Ein Auslandssemester in der französischen Schweiz war beliebt, um Französischkenntnisse zu vertiefen. Zudem war Genf Sitz des Völkerbundes. Als die durch die Entspannungspolitik des deutschen Außenministers Gustav Stresemann vorbereitete Aufnahme des Deutschen Reichs in den Völkerbund im September 1926 stattfand, war Biel schon für das Wintersemester nach Bonn gewechselt. Dort bezog er eine Studentenbude am Reuterweg in der Südstadt. Der Jurastudent nutzte die Bonner Jahre, um Kontakte zu unterschiedlichen Milieus zu knüpfen, zu schlagenden Studentenverbindungen, deren Mitglieder aus preußischen Adelsfamilien wie Yorck und Moltke stammten, zu katholischen Studentenverbindungen, denen Zentrumspolitiker wie Konrad Adenauer und Heinrich Brüning als »Alte Herren« angehörten, aber auch zu Sozialdemokraten. Daneben beschäftigte er sich mit »Fragen der Geschichte und Soziologie« und unternahm »längere Reisen insbesondere nach den westeuropäischen und Mittelmeerländern«. Die »Eindrücke und die Ausbildung« in Bonn sollten auf ihn »nachhaltigsten Eindruck« machen. Im Januar 1933 stellte er fest: »Bonn war und ist der westeuropäische Beitrag zum Preußentum.«

1928 war Ulrich Bielschowsky nach Berlin an die Berliner Friedrich-Wilhelms-Universität zurückgekehrt, im Dezember 1929 bestand er das preußische Referendarexamen mit dem Prädikat »voll befriedigend« und begann zum 16. Januar 1930 am Kammergericht das Gerichtsreferendariat. Er wohnte in Charlottenburg in der Knesebeckstraße 43/44, später in der Kurfürstenstraße 119 zur Untermiete. 1930 unterbrach er sein Referendariat für ein halbes Jahr, um für die *Vossische Zeitung* zu arbeiten, zudem war er, wie er später formulierte, politischer Berater des Ullstein Verlags.

Am 30. Januar 1933 ernannte Reichspräsident Hindenburg Adolf Hitler zum Reichskanzler. Eine radikale Umgestaltung des Landes setzte ein, alle zentralen Freiheits- und Grundrechte wurden ausgeschaltet. Der Rassenwahn wurde konkrete Politik. Wenige Wochen vor der großen juristischen Staatsprüfung musste Ulrich Bielschowsky aufgrund eines Erlasses des preußischen Justizministers vom 14. August 1933 »in Ausführung des Gesetzes zur Wiederherstellung des Berufsbeamtentums im Bereich der Justizverwaltung vom 7. April 1933« endgültig »wegen nichtarischer Abstammung« aus dem Referendardienst ausscheiden. Auch eine Mitarbeit im Ullstein Verlag war nicht mehr möglich, die Inhaberfamilie Ullstein stand vor der Enteignung. Ein Onkel Bielschowskys, Gutsbesitzer in Schlesien, war bereits in einem KZ inhaftiert.

Ulrich Bielschowsky war ohne Einkommen und plante notgedrungen seine Emigration. Er wollte als »Interessenvertreter« deutschen Verlagen wie Ullstein, Rowohlt, der Deutschen Verlagsanstalt und Bruno Cassirer beim Markteinstieg in den USA helfen und Übersetzungsrechte an amerikanische Verlage verkaufen, also als Verlagsagent tätig werden. Im Januar 1934 verhandelte er zudem mit den Verlagen Mohr Siebeck in Tübingen und Gerhard Stalling in Oldenburg.

Das Deutsche Reich ließ seine unerwünschten Staatsbürger jedoch nicht einfach ausreisen. Von der Auswandererberatungsstelle wurde eine »Bescheinigung auf Grund der Richtlinie der Devisenbewirtschaftung vom 23. Juni 1932« benötigt, die erst nach Feststellung der berüchtigten Reichsfluchtsteuer ausgestellt wurde. Am 16. Januar 1934 betonte Bielschowskys Rechtsanwalt Albrecht Buschke gegenüber dem Landesfinanzamt Berlin, dass die in den USA angestrebte Tätigkeit »der deutschen Volkswirtschaft« zugutekomme, da »die Erträge aus dem Verkauf der Übersetzungsrechte nach Deutschland fließen« sollten, außerdem nütze sie »deutschen Belangen dadurch, dass durch sie die Kenntnis deutschen Geistesgutes im Ausland verbreitet wird«.

Der junge, nicht begüterte Ausreisewillige befand sich in einer unverschuldeten Zwickmühle. Das Deutsche Reich wollte vor der Auswanderung noch einmal kassieren, auf der anderen Seite besaßen die USA kein Interesse an vermögenslosen Einwanderern. Bielschowsky konnte immerhin 6.500 Reichsmark aufbringen, die ihm von Mutter und Tante geschenkt wurden, doch die amerikanischen Einwanderungsbehörden hielten diese Summe nicht für ausreichend, »um zu gewährleisten, dass der Antragsteller nicht aus Mangel an Existenzmitteln eines Tages der Öffentlichkeit zur Last fällt«. Weitere 3.000 Reichsmark konnten über ein Darlehen des Gynäkologen Ernst Gräfenberg aufgebracht werden, dessen geschiedene Frau eine Schwägerin von Hermann Ullstein war. Bei alledem stand Ulrich Bielschowsky unter Zeitdruck, denn ursprünglich hatte er einen Schiffsplatz ab Hamburg zum 3. Februar 1934 gebucht. Das

Abreisedatum war nicht zu halten, erst am 9. Februar konnte beim Finanzamt der förmliche »Antrag zum Erwerb von RM 9.500« gestellt werden. Am gleichen Tag fand in Bonn Bielschowskys Doktorprüfung statt, die er mit »cum laude« (gut) bestand. Seine schriftliche Arbeit »Übertragung und Belastung von allen Erbteilen einer Erbschaft zu Gunsten eines Dritten. Ein Beitrag zur Lehre von der gesamten Hand« hatte das Erbrecht, genauer die Erbengemeinschaft behandelt, eine Buchhandelsausgabe war beim Verlag Mayr in Würzburg erschienen. Die Vorgeschichte der Promotion war kompliziert. Bielschowsky benötigte nach den neuen Rassebestimmungen eine Genehmigung des preußischen Kultusministeriums, die auf sich warten ließ. Sein Doktorvater, der Rechtshistoriker Adolf Zycha, war ein konservativer Österreicher, der als Rektor die Universität gegen staatliche Eingriffe verteidigte; seine Ehefrau galt als »nichtarisch«. Zycha hatte unter Verweis auf Aussicht »für die Begründung einer wirtschaftlichen Tätigkeit in Amerika« und »in Erwartung einer Schiffskarte für den 14. Februar« beim Dekan erfolgreich eine vorgezogene Prüfung des Kandidaten verlangt; diese fand am 9. Februar 1934 in Bonn statt.

Das Schiff fuhr am 14. Februar – ohne den nunmehrigen Dr. Ulrich Bielschowsky. Erst am 20. Februar 1934 meldete dieser sich im 122. Polizeirevier in Charlottenburg, Kantstraße 24, polizeilich ab. Er besaß jetzt einen Reisepass des Deutschen Reichs mit einem Visum für die USA vom amerikanischen Konsulat in der Bellevuestraße. Am 23. Februar 1934 genehmigte das Landesfinanzamt Berlin den Erwerb von amerikanischen Dollar im Gegenwert vom 9.500 Reichsmark, »Verwendungsgrund: Auswanderung nach Amerika« – die staatlichen Währungs- und Devisenkontrollen waren bereits im Zuge der sich verschärfenden Weltwirtschaftskrise im Frühjahr 1932 eingeführt worden. Der Abschied aus Deutschland erfolgte jetzt rasch. Mutter, Großmutter und Tante musste Bielschowsky in Deutschland zurücklassen. Am 8. März ging es mit der Eisenbahn vom Lehrter Bahnhof in Berlin nach Bremen, von dort am 9. März 1934 mit dem Schiff *Europa* des Norddeutschen Lloyd nach Southampton, dann am 14. März 1934 mit dem Schiff *Berengaria* der Cunard Line nach New York. Am 21. März 1934 betrat Ulrich Bielschowsky an der berühmt-berüchtigten Immigrantensammelstelle Ellis Island den Boden der USA. Ein amerikanischer Einwanderungsbeamter führte Buch; als »Race« wurde »Hebrew« eingetragen, als Beruf (»Calling or occupation«) »Lawyer«, außerdem, dass die Reisekosten

Hauptgebäude der Universität Bonn, um 1930

selbst getragen worden waren. Die Einreise gelang ohne Schwierigkeiten. Erste amerikanische Anschrift wurde das Hotel St. Moritz am Central Park. Aber dafür sollte das Geld nicht lange reichen.

Mit der englischen Sprache war Bielschowsky nicht vertraut, sein Familienname für Amerikaner kaum auszusprechen. Ein preußisches Staatsexamen und eine Bonner Promotion waren in den USA nichts wert, er konnte dort seine »Kenntnisse als deutscher Jurist nicht verwerten.« Auch die geplante Tätigkeit als Verlagsagent zerschlug sich schnell. Erneut half ein Freund der Familie. Der gebürtige Breslauer Enno Ercklentz, seit 1926 Repräsentant der Commerzbank in den USA, vermittelte ihm Jobs als Foreign Trade Broker oder Stock Broker, zum Teil bei Reedereien. Es reichte gerade zum Überleben; Bielschowsky hatte »wirtschaftlich schwer zu kämpfen«, in amerikanischer Behördensprache hieß das: »total income varied«. Er wohnte in Manhattan zur Untermiete, etwa in 127 West 30th Street, in der Nähe der Pennsylvania Station. Umzüge waren häufig. Nach drei Jahren in New York lernte Ulrich Bielschowsky eine Emigrantin kennen, die gerade erst in die USA gekommen war: Epiphanie Kadega

Kadidja Wedekind,
Gemälde von Conrad
Felixmüller 1929

Mathilde Franziska Wedekind, von allen Kadidja genannt, geboren 1911 in München, eine deutsche Schauspielerin und Schriftstellerin. Ihr Vater war der 1918 gestorbene Dramatiker und Kabarettist Frank Wedekind. Kadidja schloss sich in New York deutschen Emigranten- und Künstlerkreisen an, trat in Valeska Gerts Kabarett Beggar Bar auf, musste aber auch als Verkäuferin arbeiten. Ulrich Bielschowsky war ein attraktiver junger Mann von dreißig Jahren, er trug das dunkle Haar modisch nach hinten gekämmt und einen Schnurrbart. Bald waren er und Kadidja ein Paar.

Im April 1940 wurde Bielschowsky amerikanischer Staatsbürger. Seitdem nannte er sich Ulrich Edward Biel. Am 12. Mai 1941 heirateten er und Kadidja in New York. Kadidja wurde schwanger, verlor das Kind, war seitdem nur noch eingeschränkt arbeitsfähig. Als Sängerin verdiente sie wöchentlich fünfzehn Dollar, davon gingen zehn für die Miete ab. Das junge Ehepaar lebte in bescheidenen Verhältnissen, Kadidja sprach von ihrer »Vorkriegspleite«. Die Vorkriegszeit endete in den USA am 7. Dezember 1941. An diesem Tag wurde Pearl Harbor, Hauptstützpunkt der amerikanischen Pazifikflotte, von der japa-

Der Ehemann: »Meiner lieben Kaddy
zu Weihnachten 1947. Ulrich«

nischen Luftwaffe angegriffen. Am 8. Dezember 1941 erklärten die USA Japan den Krieg. Am 11. Dezember 1941 erklärten Italien und das Deutsche Reich als Bündnispartner Japans den USA den Krieg.

Ulrich Biel wurde im Juli 1942 zur Armee einberufen und erhielt die Grundausbildung. Über die Lebensumstände seiner Mutter in Berlin war der GI »infolge der durch Verfolgung, Zensur und Krieg gebotenen Vorsicht nur mangelhaft unterrichtet«. Tilly Bielschowsky wurde im August 1942 aus ihrer Wohnung in der Marburger Straße über den Güterbahnhof Moabit in das Ghetto Riga deportiert, die Wohnung danach von der Gestapo geplündert. 1951 berichtete Biel: »Meine Mutter und ihre Schwester wurden im August 1942 nach dem Osten deportiert, meine Großmutter ein halbes Jahr später. Von allen drei Frauen gibt es kein weiteres Lebenszeichen und sie sind mit an Gewissheit grenzender Wahrscheinlichkeit aus rassischen Gründen ermordet worden.« 1950 wurde Tilly Bielschowsky durch das Amtsgericht Charlottenburg für tot erklärt. Vor dem Haus in der Marburger Straße 3 erinnert heute ein Stolperstein mit dem Todesdatum 8. September 1942 an sie.

Ulrich Biel besuchte vom 15. Oktober 1942 bis zum 6. Januar 1943 die Engineer School der United States Army in Fort Belvior, Virginia, für einen Offizierslehrgang der Pioniertruppe. Im März 1943 wurde er nach Camp Ritchie in Maryland abkommandiert, der Schule des militärischen Geheimdienstes. Er gehörte damit zu den »Ritchie Boys« der »6th class«; die Ausbildung dauerte vom 13. März bis zum 11. Mai. Unter seinen Kameraden waren alte Bekannte von Kadidja, etwa der Schriftsteller Klaus Mann und der Journalist Hans Wallenberg. Mindestens einmal besuchte ihn Kadidja dort. Camp Ritchie war keine typische Kaserne, sondern besaß beispielsweise ein komfortables Offiziersheim. Offizier war Biel mit Abschluss seiner Ausbildung, nach der er zum Leutnant befördert worden war. Zwar blieb er zunächst in Camp Ritchie und unterrichtete Schlachtordnung und Militärtaktik, saß jedoch bereits auf gepackten Koffern, weil er damit rechnete, nach Europa geschickt zu werden. Am 23. August traf er schließlich in London ein, wo er am Intelligence Center unterrichtete. Von September 1943 bis Januar 1944 wurde er zum »European Theater of Operations US Army« (ETOUSA) abkommandiert. Sein Aufgabenfeld sollte vornehmlich die Befragung deutschsprachiger Kriegsgefangener in Frankreich werden. Auch seine Französischkenntnisse empfahlen ihn für diese Verwendung. In London lernte Biel den ebenfalls für einen Einsatz in Frankreich vorgesehenen Frank L. Howley kennen, der an der »Military Government Officers Division« in Shrivenham (Oxfordshire) ausgebildet wurde. Als Oberleutnant durchlief Biel von Januar bis Mai 1944 eine Spezialausbildung in England. Anschließend landeten Howley und Biel gemeinsam als Angehörige der US-Streitkräfte in der Normandie und wurden in Frankreich eingesetzt. Formell gehörten sie zur 12th Armored Division, die der 3. Armee unterstellt war, kommandierender General war der eigenwillige George Patton. Im Januar 1945 wurde Biel zum Hauptmann befördert. Als Captain Biel, amerikanischer Hauptmann oder auch Kapitän Biel sollte er bald im Nachkriegsberlin bekannt werden.

1945: Rückkehr und Neubeginn

Ulrich Biel kehrte nach elf Jahren in ein Trümmerfeld zurück. Er besuchte die zerstörte Wohnung seiner Eltern und traf die alte Köchin seiner Familie. »Der erste Besuch, den ich in Berlin machte, in dieser wirklich jammervoll aussehen-

Die zerstörte Berliner Innenstadt: Schloss, Dom, Museumsinsel

den Stadt – meine Mutter, meine Großmutter, das wusste ich ja, waren deportiert worden –, war bei unserer alten Köchin, die in der Kulmbacher Straße wohnte. Und ich sagte zu ihr, sagen Sie mal, Emilie, wie konnte denn das alles passieren? Und da sagte sie, wissen Sie, Herr Ulrich, die Gebildeten – woher sollten wir es denn wissen?«

Noch 1945 wandte sich Biel an den Chief der Economic Division von OMGUS »in Sachen der Restitution eines Bildes von Gustave Courbet« aus dem Besitz seiner Mutter. Sie hatte das Bild mit dem Motiv einer Quelle im Wald von dem Breslauer Bankier Franz Leonhard geerbt, der sich 1936 in seiner Breslauer Wohnung Wölfelstraße 9 umgebracht hatte. Leonhard hatte es 1912 von einem Kunsthändler für 25.000 RM erworben. Das Bild ist bis heute verschwunden.

Biel machte sich auf die Suche nach politisch unbelasteten, gebildeten Deutschen, in seiner Funktion als Offizier, aber auch aus eigenem Antrieb. Er suchte sie in den politischen Parteien, die kurz zuvor von der sowjetischen Militärkommandantur zugelassen worden waren. Seine größten Erwartungen setzte er sowohl in die »Sozialdemokratie als auch in ein[en] gesunde[n] politische[n]

Katholizismus«. Zu den Mitbegründern der Berliner CDU hatte am 26. Juni 1945 Paulus van Husen gehört, ein 1891 geborener katholischer Jurist aus altem westfälischen Adel, den Biel später als »gläubigen Katholiken«, dessen »Bindung an die Kirche als Institution größer gewesen sein soll als seine Frömmigkeit«, bezeichnete. Der Junggeselle van Husen, dem seine Schwester den Haushalt führte, war bis 1945 Richter am preußischen Oberverwaltungsgericht gewesen. Noch kurz vor Kriegsende war er als Mitglied des Kreisauer Kreises vom Volksgerichtshof zu einer Zuchthausstrafe verurteilt und wenige Wochen später von der Roten Armee aus der Strafanstalt Plötzensee befreit worden.

Nicht erst seit seiner Begegnung mit Adenauer im April schätzte Biel Katholiken als antitotalitäre Bundesgenossen. Der aus Trier stammende Jesuitenpater Heinrich Klein gehörte ebenfalls zu seinen ersten deutschen Ansprechpartnern in Berlin. Bereits im Herbst 1945 hatte Pater Klein eine alliierte Genehmigung zur Wiedereröffnung der katholischen Privatschule erhalten, die er von 1936 bis zur Schließung durch die Nationalsozialisten 1940 geleitet hatte; unter seinen Schülern war auch Rainer Barzel, später Willy Brandts Kontrahent als Oppositionsführer im Deutschen Bundestag und von 1971 bis 1973 CDU-Parteivorsitzender. Durch gute Beziehungen zu den Alliierten hatte die als Canisius-Kolleg wiedereröffnete Schule das beschlagnahmte Gästehaus der Firma Krupp im Tiergartenviertel als Schulgebäude erhalten. Biel verschaffte Husen eine Stellung als Mitarbeiter bei der amerikanischen Militärverwaltung. In dem Katholiken Hans Lukaschek sah er den wichtigsten Förderer und »Patron« Husens; der aus Breslau stammende frühere Oberpräsident von Oberschlesien hatte Husen in den Kreisauer Kreis gebracht.

Früher als andere Amerikaner interessierte sich Biel für den deutschen Widerstand. Aus Sicht von Husen hat er »den Durchbruch geschaffen durch die Vorurteile der Amerikaner, die anfangs von einem in ihre Konzeption nicht passenden Widerstand nichts hören wollten«. Biels besonderes Interesse, auch wegen der Beziehung zu Schlesien, galt dabei dem Kreisauer Kreis. Husen war es, der ihn der Juristin Marion Gräfin Yorck von Wartenburg vorstellte, der Witwe des hingerichteten Widerstandskämpfers Peter Graf Yorck von Wartenburg, die mit ihrer zehn Jahre jüngeren Schwägerin »Muto«, der Ärztin Irene Gräfin Yorck von Wartenburg, in der Hortensienstraße in Lichterfelde lebte. Nach Husen sei Biel dort »rasch ein festes Inventarstück« geworden.

Marion Gräfin Yorck von Warten-
burg, nach 1945, Porträtaufnahme
von Liselotte Orgel-Köhne

Mit der Gräfin habe ihn zunächst »dieselbe Leidenschaft für Berlin« verbunden.

Weihnachten 1945 kehrte Biel für einige Wochen nach New York zurück. Er traf Kadidja in der mit Papier übersäten Ehewohnung unweit des Central Parks an der Upper West Side 121 West 77th Street. Sie wollte als Schriftstellerin Erfolg haben und die Werke ihres Vaters Frank Wedekind in den USA veröffentlichen. Vergeblich versuchte er, Kadidja zu einer Rückkehr nach Deutschland zu bewegen. Frustriert schrieb sie: »Wenn ich mit meiner Schriftstellerei schon je in Amerika irgendetwas erreicht hätte, so würde Uli die Sache mit anderen Augen ansehen. Aber so ist alles, was dabei herauskommt, dass ich keine Zeit für ihn habe und sein Geld ausgebe. Er hat's nicht leicht – aber ich auch nicht.«

Ulrich Biel hatte eine gute Beziehung zu seiner Schwiegermutter Tilly Wedekind, die in Zürich und St. Heinrich am Starnberger See lebte. Paulus van Husen beschrieb das enge Verhältnis, das auch die Schwägerin Pamela und einen weiteren Freundeskreis einschloss: »Außer diesen politischen Zusammenhängen hatte er viele Verbindungen zu Bühne und Literatur, wie für den Schwiegersohn von Wedekind nicht erstaunlich. [...] Außer seiner Schwägerin

Pamela Wedekind sah ich bei Biel die Urberlinerin Else Wagner und Friedel Schuster, Werner Fin[c]k, Intendant [Wolfgang] Langhoff, Meyrinks spielenden Kopf und Marianne Hoppe. Ihr Ehemann Gustaf Gründgens war von den Russen verschleppt, weil er bei den Nazis so hoch in Ehren gestanden hatte, und mit seiner Rückkehr wurde nicht mehr gerechnet. Als er dann wider Erwarten doch freigelassen wurde, waren sie noch einige Male zusammen bei Biel, dann aber trennten sie sich endgültig, nachdem ersichtlich geworden war, dass Marianne Hoppe inzwischen ihr Herz anderweit verloren hatte. […] Kernstück und Mittelpunkt unter den Künstlern bei Biel aber war Jürgen Fehling. Er führte und formte damals [Joana Maria] Gorvin, seine ständige Begleiterin.«

Bereits 1945 hatte Biel eine »politische Sonntagsrunde« initiiert, eine Art »politischer Berliner Salon«, in dem »alle ein- und ausgingen, die in unserer Stadt Rang und Namen hatten«. 1975 hat er rückblickend die ersten Teilnehmer aufgezählt: »Natürlich waren Ernst Reuter und Otto Suhr meist da. Aber auch der CDU-Vorsitzende Jakob Kaiser, der Regisseur Jürgen Fehling, die späteren Bundesminister Ernst Lemmer und Hans Lukaschek …« Ernst Lemmer erinnerte sich: »Biel kannte die deutschen Verhältnisse und die deutsche Mentalität. In seinem Haus traf man sich zu politischen Aussprachen. Ulrich Biel verstand es trefflich, Kontroversen herbeizuführen; mit Vorliebe lud er grundverschiedene Gäste ein.«

Ulrich Biels besondere Kenntnisse der Berliner Verhältnisse blieben auch seinen Offizierskameraden nicht verborgen. Ein anderer Verbindungsoffizier und deutscher Muttersprachler, Major Karl F. Mautner, betonte rückblickend, er sei trotz zunächst bestehender Differenzen »smart enough« gewesen, to »gang up« mit Biel, »because he knew much more about the local scene«. Der Chef der amerikanischen Civil Administration Branch, Colonel Louis Glaser, bewunderte seinen Untergebenen Biel als »a nice man but really tough«, der dringend benötigte wichtige Informationen buchstäblich »aus einem herausreden« konnte.

Ende April 1946 besuchte Biel den langjährigen Freund seiner Schwiegermutter Tilly Wedekind, der Schriftsteller und Arzt Gottfried Benn. Kurz nach seinem Besuch schickte er Benn in Tillys Auftrag einen Fliederstrauß zu dessen sechzigsten Geburtstag am 2. Mai 1946. Biel selbst war am Auge erkrankt, was Benn zum Anlass nahm, ihm ein Rezept auszustellen. Biel hatte natürlich Zugang zum amerikanischen Sanitätsdienst, aber das Rezept von Benn

Gottfried Benn im Juli 1947 auf dem Balkon seiner Berliner Wohnung in der Bozener Str. 20

bewahrte er auf. Dieser dankte Biel wenige Tage später, seinen amerikanischen Rang als »Captain« übersetzend:

»Sehr verehrter Herr Kapitän,

zunächst bedanke ich mich nochmals für den neulichen Abend, der für mich außergewöhnlich anregend und interessant war. Dann erlaube ich mir, Ihnen meinen Dank auszusprechen für den Fliederstrauss Ihrer Frau Schwiegermutter, den ich eben erhielt und der meinen Geburtstag mit Schönheit und Pracht erfüllte. Inzwischen bekam ich auch einen Brief aus Zürich, der allerdings 6 Wochen unterwegs war, aus dem ich aber entnehme, dass das Leben von Frau Tilly doch Alles in Allem erträglicher ist, als es in St. Heinrich ersichtlich wäre.

Schmerzlich hörte ich von Ihrem Chauffeur, dass sie leidend waren, das bedaure ich unendlich und hoffe, dass Ihr Auge bald wieder in Ordnung ist.

Mit mehrmaligem Dank für alle Ihre Freundlichkeiten und besten Empfehlungen.

Ihr sehr ergebener

Benn«

Am 16. Mai schrieb Benn an die »liebste Tilly«, dass er »den charmanten Herrn Biel kennengelernt habe u. wie gut er mir gefallen hat«. Biel besuchte in Uniform, mit einer schwarzen Limousine mit Chauffeur, auch Tilly in St. Heinrich. Er galt als »lieber, guter Mensch«, der sich »rührend« der Familie annahm, amerikanische Konserven und Zigaretten besorgte und seine Schwiegermutter über die amerikanische Kulturpolitik informierte.

Paulus van Husen gehörte auch zum Freundeskreis des ehemaligen Reichskanzlers Heinrich Brüning, der seit 1937 in den USA in Cambridge, Massachusetts, lebte. Brüning war 1934 nach England, bald darauf in die USA emigriert. Abwechselnd unterrichtete er an der Harvard Universität und in Boston »Political Science«. Darüber hinaus hielt er zahlreiche Gastvorträge an anderen amerikanischen Universitäten und versuchte, dem durch den Nationalsozialismus geprägten Deutschlandbild ein anderes, christliches entgegenzusetzen. Der ehemalige Zentrumspolitiker und Widerstandskämpfer Hans Lukaschek, nach dem Krieg ein Mitbegründer der CDU in Thüringen und 1949 erster Bundesvertriebenenminister, hatte ebenfalls – im Gegensatz zu Brünings politischem Intimfeind Konrad Adenauer – in der Zentrumspartei zu den prononcierten Unterstützern des Reichskanzlers gehört. Als Biel im Dezember 1945 noch einmal für mehrere Wochen nach New York zurückgekehrt war, hatte ihn Husen gebeten, Kontakt zu Brüning aufzunehmen. Dabei spielten auch die Verbindungen zu Lukaschek eine Rolle. Am 16. Dezember 1945 schrieb Biel an Brüning: »Dr. Paulus van Husen asked me to contact you. He is employed by our headquarters as a consultant and the two of us do a lot of work together.«

Die Bitte Husens hatte einen ganz konkreten Hintergrund und mit der schlechten Versorgungslage in Berlin wie in ganz Deutschland zu tun. Biel übermittelte daher den konkreten Wunsch nach »some packages of coffee and pipe tobacco for van Husen and Dr. Lukaschek. If you wish to do more, I suggest cigarettes, multiple vitamin pills, fat, eggpowder, sugar and/or chocolade.« Er entschuldigte sich, dass er Brüning nicht besuchen könne, »to have the privilege of making your acquaintance and to discuss topics of mutual interest«. Vielleicht könne ihn aber Brüning »by a stroke of luck on my side« in New York besuchen.

Der Kontakt zwischen Brüning und den Überlebenden des Kreisauer Kreises lief von da an über Biel, aus Zensurgründen vollständig auf Englisch. Teilweise

*Heinrich Brüning in der
amerikanischen Emigration*

griff Biel auch eigenmächtig in die Korrespondenz ein: »There was some need
to cut the letter. Please don't consider it impolite.«

Brüning erhoffte sich von Biel Unterstützung bei einer möglichen Rückkehr
nach Deutschland, doch der war wenig interessiert. Viel entscheidender in dieser Frage aber war die Haltung Konrad Adenauers. Er war bereits in den zwanziger Jahren innerparteilicher Gegner von Brüning gewesen und tat nach dem
Krieg alles, um ihm eine Rückkehr nach Deutschland zu verbauen. Anders als
Adenauer hielt Biel aber die Verbindung aufrecht.

Am 24. April 1946 äußerte sich Brüning in einem seiner Briefe an die Kreisauer ausführlicher über amerikanische Pläne mit ihm für die Nachkriegszeit.
1943 hätte ihn das State Departement befragt, »whether I would be willing to go
with American troops to Germany to form a government«. Er habe abgelehnt,
da er Vorbehalte gegen einen Emigranten, zudem einen antikatholischen Affekt
befürchtete. Schon Hindenburg habe ihm keinen Erfolg gegönnt, weil er katholisch war. Brüning kritisierte die Friedensbedingungen für Deutschland und
die Vertreibungen aus »my beloved Silesia«; der Tod von Präsident Roosevelt
war für ihn »a catastrophe«. Dem von Biel geschätzten politischen Realitätssinn

entsprach das nicht. Brüning empfahl seinen Berliner Freunden einen engen Kontakt zu dem katholischen Gewerkschafter und CDU-Mitgründer Jakob Kaiser: »He has the great advantage of being brave and even daring, but he needs counsel by friends by prevent him from losing an over-all view.«

Als sich Biel im Juni 1946 im amerikanischen Militärkrankenhaus in Berlin einer kleineren Operation unterziehen musste, zeigte sich Brüning ehrlich besorgt. Der Kontakt bezog auch Kadidja in New York ein, der er etwa im Mai 1947 für die Übersendung einer »very interesting speech« auf Bitte von Biel dankte. Zuweilen wurde Brüning aber doch eine besondere Fürsorge Biels zuteil. Im Sommer 1947 hatte Brüning den Aufsatz »Wie Hitler die Macht eroberte« in der von den Briten lizenzierten *Deutschen Rundschau* des Journalisten Rudolf Pechel veröffentlicht. Der schlecht übersetzte Beitrag, ursprünglich auf Englisch verfasst, erweckte den Eindruck einer ungeschickten Selbstmystifikation – auch bei vielen Freunden. Der Artikel war zuvor im deutschen Freundeskreis verschickt worden. Biel hatte daraufhin Brüning geschrieben: »The only persons with whom I spoke about it – and this is unknown to Dr. Pechel – are Husen and Lukaschek, because I felt some hesitation. Both, without knowing details and knowing only in principle what you intend to do, however very spontaneously, felt strongly against doing anything which may be polemic in itself or lead to polemic repercussions or evoke any publicity.«

Das Verhältnis zwischen Biel und Brüning blieb ambivalent. So wichtig Biel die Nähe zu den »Kreisauern« war, so ablehnend stand er Brünings politischen Ambitionen gegenüber und den Zielen Adenauers nahe, obwohl er mit Brüning, wenn auch dienstlich motiviert, in den ersten Nachkriegsjahren erheblich engeren Kontakt hatte.

Drahtzieher im Hintergrund: Der Kampf für eine eigenständige SPD

Als Biel im Januar 1946 von seiner Reise nach New York nach Berlin zurückkehrte, hatte sich hier der Ton der Auseinandersetzung verschärft. Seit Dezember 1945 wurde von der sowjetischen Kommandantur und der Gruppe Ulbricht massiver Druck auf die Berliner Sozialdemokraten hinsichtlich einer Vereinigung mit der rein quantitativ weitaus kleineren KPD ausgeübt. Biel erinnerte sich 1988: »Es wurde dann, und ich kann das zeitlich genau, glaub ich, angeben, von Dezember '45 an, ein ganz ungeheurer Druck von den Russen und Ulbrichts Leuten ausgeübt, gegen die Sozialdemokraten. Da passierten scheußliche Dinge. Da wurde einem braven Sozialdemokraten in Magdeburg ein widerlicher Prozess gemacht. Da wurden angeblich sozialdemokratische Beiträge in Zeitungen veröffentlicht, die in Karlshorst geschrieben worden waren. Da wurden Menschen noch physisch fertiggemacht.«

Für Sozialdemokraten, die so massiv bedrängt wurden – zahlreiche wurden verhaftet und in sowjetische Speziallager gesteckt, zu denen auch ehemalige KZs zählten –, fungierte Biel vielfach als erste Anlaufstelle. Am 15. Februar 1946 war es etwa der Vizepräsident der Deutschen Zentralverwaltung für die Brennstoffindustrie, Gustav Dahrendorf, dem er wenig später zur Flucht in die britische Zone verhalf. Auf Anraten von Biel blieb er in Hamburg und entging so der drohenden Verhaftung.

Zwar gab es in ganz Berlin Mitglieder beider Parteien, die den Zusammenschluss von KPD und SPD ehrlich wünschten, gerade mit Blick auf die jüngere Vergangenheit. Allerdings hatte die KPD – und dies war vielen auch noch sehr deutlich in Erinnerung – in den letzten Jahren der Weimarer Republik die Sozialdemokraten als »Sozialpatrioten« und »Sozialfaschisten« beschimpft und ihnen die Hauptschuld am Aufstieg der Nationalsozialisten gegeben. Dazu Ulrich Biel: »Ich würde sagen, dass die Mehrheit der Menschen in der Sozialdemokratischen Partei, und das ist vielleicht auch wichtig, gerade jetzt zu diesem Zeitpunkt festzustellen, unbedingt gegen eine Fusion mit den Kommunisten zur SED waren. Das war in der Führungsschicht nicht unbedingt so.«

Biel unterstützte zunächst gezielt die Personen und Gruppierungen, die klar gegen die Vereinigung von SPD und KPD Stellung bezogen. Der Kontakt zu dem alten Breslauer Sozialdemokraten Curt Swolinzky, den er aus der Vorkriegszeit kannte, lebte wieder auf; Swolinzky betrieb jetzt in Tempelhof ein Wäschegeschäft und war an der Wiederbegründung der örtlichen SPD beteiligt, die eine Vereinigung mit der KPD als verlängerter Arm der Sowjets besonders heftig ablehnte. Dass Swolinzky, wenngleich im Nationalsozialismus verfolgt, sein Geschäft einer Arisierung verdankte, scheint Biel dabei nicht interessiert zu haben, obwohl dies Gegenstand eines Spruchkammerverfahrens gewesen war. Biel empfing aber auch SPD-Funktionäre wie Fritz Schreiber, die eine Vereinigung mit der KPD unterstützten. Auf verschiedene Art half Biel den antikommunistischen Sozialdemokraten, etwa mit Lebensmitteln, Zigaretten, Papier, Benzin oder auch Geld. Erstmals wurde er als der geheimnisvolle »Schattenmann« wahrgenommen, zunächst im Schatten von Kurt Swolinzky. Biel war nicht der einzige alliierte Offizier, der die Sozialdemokraten unterstützte, aber er war der umtriebigste, der zudem die deutsche Sprache am besten beherrschte.

Nur in den Westsektoren Berlins waren dank der Alliierten die SPD-Mitglieder am 31. März 1946 in einer Abstimmung befragt worden, ob sie der Vereinigung zustimmen wollten. Mit 82,3 Prozent hatte eine überwältigende Mehrheit den Zusammenschluss mit der KPD abgelehnt. Damit war Biels Arbeit allerdings nicht beendet. Am 7. April wurde in der Zinnowwaldschule in Zehlendorf die eigenständige West-Berliner SPD gegründet, zu gleichberechtigten Landesvorsitzenden wurden Karl Germer, Franz Neumann und Curt Swolinzky gewählt. Unterstützt wurden sie vom strikt antikommunistischen Gesamt-SPD-Vorsitzenden Kurt Schumacher in Hannover, der am 10. April 1946 seine Berliner Genossen besuchte und bei Biel in der Milinowskistraße übernachtete. Der von Swolinzky geführte West-Berliner SPD-Landesverband bezog mit alliierter Unterstützung Räumlichkeiten in der Zietenstraße in Schöneberg im amerikanischen Sektor. Viele der Funktionäre, die eine eigenständige West-Berliner SPD unterstützten, waren bereits häufige Gäste in Biels »Sonntagsrunde«, darunter Otto Suhr, Franz Neumann und Gustav Klingelhöfer. Anders als die Propaganda vermuten ließ, fand am 21. und 22. April 1946 im Berliner Admiralspalast mit dem Vereinigungsparteitag von SPD und KPD gerade kein Zusammenschluss unter Gleichen statt, sondern eine »shotgun-marriage«, wie Ulrich Biel früher als andere erkannt hatte.

Die Gründung der eigenständigen West-Berliner SPD war ein erster messbarer Erfolg für Captain Biel. Obwohl alle drei westlichen Alliierten die SPD in ihrem Kampf gegen die Vereinigung mit den Kommunisten unterstützten, war die Gemengelage nicht so eindeutig, wie es im Rückblick aussehen mag. Dass Biels Einsatz für eine West-SPD der sowjetischen Militäradministration wenig gefiel, leuchtet ein, aber auch amerikanische und britische Stellen störten sich an Biels eigenmächtigem Vorgehen und an seiner Exponierung zugunsten einer bestimmten Partei. Hinzu kamen gezielt gestreute Gerüchte über eine erträgliche geschäftliche Zusammenarbeit mit Swolinzky in »Schiebermanier«. Am 14. März 1946 schrieb der amerikanische Historiker und Berater des amerikanischen Stadtkommandanten Edgar N. Johnson an seine Ehefrau in den USA: »I had luncheon yesterday with Captain Biel who is a German refugee here in the Civil Administration Branch, who knows the boys in the Central European Section, and who is interested in going into the Berlin show, whether he is the right kind of German refugee, I don't know. But I doubt it.«

Solche Zweifel wurden damals offenbar von einigen Amerikanern geteilt. Nicht zuletzt deshalb sollte Biel aus der Schusslinie innerhalb der Armee genommen werden. Im Mai 1946 war er offiziell aus der Army und dem Office of Military Government for Germany, der OMGUS, ausgeschieden. Formell war er jetzt Mitarbeiter der politischen Abteilung der amerikanischen Stadtkommandantur. Mit der Veränderung war er sehr zufrieden und informierte Heinrich Brüning: »I am no longer with OMGUS but with the Office of Military Government Berlin District, where I am the chief of the Political Affairs Section, and busy and happy with my work. [...] I am a civilian now. My position is precisely the same one which I had as an officer. My employer is the War Department.«

Biel blieb weiterhin zuständig für Kontakte der Militärregierung zu den politischen Parteien. Treffen mit Politikern wie Walter Ulbricht, der ihn jedes Mal nach der Fördermenge der Ruhrkohle fragte, beschränkte er auf das Notwendigste – dass Stalin darauf abzielte, den sowjetischen Einfluss in Richtung Ruhrgebiet auszuweiten, war für amerikanische Nachrichtenoffiziere nicht sonderlich überraschend.

Die vier Besatzungsmächte hatten sich auf Wahlen zur Stadtverordnetenversammlung in Berlin am 20. Oktober 1946 geeinigt. Bei diesen Wahlen und den gleichzeitig stattfindenden zu den Bezirksverordnetenversammlungen konnten SED und SPD in Berlin nebeneinander antreten. Die westlichen Alliierten hatten dies durchgesetzt. Vier Parteien hatten Kandidaten aufgestellt, neben den »Arbeiterparteien« SPD und SED die »bürgerlichen« Parteien LDP und CDU. Berlin galt als »rote« Stadt. Die SED war siegesgewiss; zudem wurde sie im sowjetischen Sektor bevorzugt, etwa bei den wichtigen Papierzuteilungen oder der Vergabe von Räumen und Telefonanschlüssen, während die SPD in dem Ostsektor stark behindert wurde und kaum einen richtigen Wahlkampf führen konnte. Auch Politiker anderer Parteien wurden unter Druck gesetzt oder waren fadenscheinigen Vorwürfen ausgesetzt. Für diese wurde Biel zur ersten Anlaufstelle. Wenige Wochen vor den Wahlen war beispielsweise Ferdinand Friedensburg (CDU) als Präsident der Zentralverwaltung der Deutschen Brennstoffindustrie von der sowjetischen Militärregierung die angebliche »Duldung faschistischer Umtriebe« vorgeworfen worden. Dabei war Friedensburg ein Politiker, der die Sowjetunion wesentlich positiver einschätzte als Biel, noch am 1. Oktober 1946 hatte er betont, »dass die sowjetische Administration nach wie vor Wert darauf legt, mit mir vertrauensvoll zusammenzuarbeiten«. Eine Aussage, die in Biels Augen die Naivität Friedensburgs bewies.

Die ersten freien Wahlen in Berlin seit 1933 endeten mit einem Fiasko für die SED. Bei einer sehr hohen Wahlbeteiligung von 92,3 Prozent erhielt sie nur 19,8 Prozent, also weniger als ein Fünftel der Stimmen. Klare Wahlsiegerin war mit 48,7 Prozent die SPD, den zweiten Platz erreichte mit immerhin 22,2 Prozent die CDU. Erst auf Platz drei folgte die SED, die selbst im Sowjetsektor hinter ihren Erwartungen zurückgeblieben war und sogar dort den ersten Platz verpasste. Insgesamt hatte die SPD in den Westsektoren 51,7 Prozent der Stimmen erreicht, im sowjetischen Sektor mit 43,6 Prozent nur geringfügig weniger. Die SED war im sowjetischen Sektor auf 29,8 Prozent der Stimmen gekommen. Trotz der erheblichen Unterstützung durch die sowjetische Militäradministration hatten also mehr als zwei Drittel der Wähler im Ostsektor gegen die SED gestimmt. In den Westsektoren hatte sie nur 13,7 Prozent erreicht. In keinem einzigen Bezirk war die SED stärkste Partei geworden. In Friedrichshain und Weißensee, in denen sie mit jeweils 31 Prozent der Stimmen ihre besten Ergebnisse hatte, betrug der Abstand zur SPD 15 Prozent (Friedrichshain) oder 9 Prozent (Weißensee).

Nicht nur für Biel war damit »in der Berliner Arbeiterschaft« eine Entscheidung klar und unzweideutig gegen die SED getroffen worden. Zusammen mit der viertplatzierten LDP, die in ganz Berlin respektable 9,3 Prozent der Stimmen gewann, hatten die nichtkommunistischen Parteien über 80 Prozent aller Stimmen erreicht und damit in der Stadtverordnetenversammlung eine stabile Mehrheit von 104 der 130 Sitze. Noch stand jedoch alles im Zeichen einer überparteilichen Zusammenarbeit aller antifaschistischen Parteien. Aber die nichtkommunistischen Parteien hatten Schwierigkeiten, geeignete Kandidaten für die zu vergebenden Ämter zu finden. Zur Unterstützung war mit alliierter Hilfe

Ernst Reuter und Kurt Schumacher 1950 im Rathaus Schöneberg in Berlin

im November 1946 Ernst Reuter aus dem türkischen Exil nach Berlin zurückgekehrt, der vor 1933 erworbene Erfahrungen als Verkehrsstadtrat in Berlin und Oberbürgermeister von Magdeburg besaß. Nicht nur für den sozialdemokratischen Funktionär Karl J. Germer bestand kein Zweifel, »dass Reuter von interessierten amerikanischen Kreisen veranlasst worden ist, aus seiner Emigration nach Berlin zurückzukehren«. Jeder in der Berliner SPD kannte aber auch Ernst Reuters Vergangenheit als Kommunist. Er hatte als deutscher Kriegsgefangener während der russischen Revolution sogar Lenin getroffen und sich diesem als Volkskommissar der Wolgadeutschen zur Verfügung gestellt und war bald darauf unter seinem damaligen Decknamen »Genosse Friesland« ein hoher Funktionär in der neu gegründeten KPD geworden, bevor er mit dem Bolschewismus brach.

Zum ersten Vorsteher der Stadtverordnetenversammlung wurde am 26. November 1946 der mit Reuter und auch Biel eng zusammenarbeitende Sozialdemokrat Otto Suhr gewählt, am 5. Dezember der Sozialdemokrat Otto Ostrowski zum Oberbürgermeister. Ostrowski bildete einen Magistrat aus allen

Parteien, einschließlich der SED. Ferdinand Friedensburg von der CDU war zu einem seiner Stellvertreter gewählt worden, Ernst Reuter zum Stadtrat für Verkehr und Versorgungsbetriebe. Vorbehalte in der SED und bei der sowjetischen Kommandantur gegen den »Renegaten« Reuter waren vorhersehbar.

Reuter wurde als neuer Stadtrat schnell Mitglied der »Sonntagsrunde« bei Biel und arbeitete, unterstützt von Biel, eng mit Suhr und Wirtschaftsstadtrat Klingelhöfer zusammen. Der an Verwaltungsstrukturen der Vorkriegszeit gewöhnte Ostrowski war jedoch als Oberbürgermeister der immer noch größten deutschen Stadt rasch überfordert. Zudem stand der neue Magistrat vor schwierigen Aufgaben. Zunächst wollte der alte, noch von den Sowjets eingesetzte Oberbürgermeister Werner nicht das Rathaus verlassen, wobei die sowjetische Kommandantur eine mehrdeutige Rolle spielte.

Im Hungerwinter 1946/47, wesentlich kälter als die milden Kriegswinter, überschätzte Ostrowski seine Möglichkeiten und auch die realen Machtverhältnisse. In der Berliner Verwaltung hatte die SED mit Hilfe der SMAD immer mehr Parteigänger durchsetzen können. Angesichts zahlreicher Kältetoter führte Ostrowski Gespräche mit der sowjetischen Besatzungsmacht, die daraufhin erlaubte, dass auch West-Berliner in der sowjetischen Zone Holz schlagen durften. Doch dafür verlangten die Sowjets noch mehr Mitsprache der SED in Personalangelegenheiten. Am 14. Februar 1947 hatte Ostrowski vor der Stadtverordnetenversammlung höchst erfreut von seinen Gesprächen mit dem sowjetischen Stadtkommandanten Alexander Kotikow berichtet. Der durch seine komplizierte Ehescheidung zunehmend persönlichen Angriffen ausgesetzte Ostrowski verhandelte auch danach weiter eigenmächtig und ohne Rückendeckung durch seine Partei mit der SED. So traf er sich am 22. Februar 1947 mit den SED-Politikern Karl Maron, Hermann Matern und Karl Litke in Litkes Wohnung in Neukölln. Begleitet wurde Ostrowski vom Berliner Polizeivizepräsident Johannes Stumm, ebenfalls SPD. Bei diesem Treffen wurde »zwischen SED und SPD ein gemeinsames Arbeitsprogramm während der nächsten drei Monate« und der Verzicht auf »alle Polemiken während dieser Zeit in Presse und öffentlichen Versammlungen« vereinbart. Zu dieser Zusage war Ostrowski allerdings nicht ermächtigt, eine solche Vereinbarung musste vom Landesvorstand der Partei bestätigt werden. Ostrowski hatte von der Unterredung ein Protokoll angefertigt, das er am nächsten Tag bei einer

*Otto Ostrowski 1946 nach seiner
Wahl zum Oberbürgermeister*

»Teegesellschaft« des SPD-nahen Verlegers Arno Scholz an Franz Neumann und Otto Suhr übergab. Der mehrdeutig formulierte Inhalt und die fehlende Rücksprache im Vorfeld missfielen auch dem Parteilinken Franz Neumann, während in der SED das Treffen mit dem SPD-Oberbürgermeister als großer Erfolg gewertet wurde.

Zur gleichen Zeit sahen sich nicht der SED angehörende Magistratsmitglieder wie der keineswegs durchweg sowjetfeindliche Ferdinand Friedensburg weiter gezielten Angriffen ausgesetzt. Am 12. Februar 1947 hatte Friedensburg Biel berichtet, in der »SED-Presse« werde behauptet, er habe als Bergbauingenieur 1943, »ein halbes Jahr nach El Alamein und Stalingrad [...] durch eine Denkschrift über die Entwicklungsmöglichkeiten des indischen Bergbaus indirekt den Hitlerschen Eroberungsplänen Vorschub geleistet«. Neumann und Suhr leiteten das Protokoll an Ernst Reuter weiter – und an Biel. Laut den »Brost-Berichten« des sozialdemokratischen Journalisten Erich Brost, Repräsentant des westdeutschen SPD-Vorstandes beim Alliierten Kontrollrat, fanden sich in dieser Zeit auf dem Schreibtisch von Neumann regelmäßig Mitteilungen mit dem Hinweis »Anruf Dr. Biel«.

Für Ulrich Biel war Ostrowski ohnehin längst ein »Spinner«, der abgesetzt werden musste. Ihm war spätestens nach dessen leichtfertiger Gesprächsführung mit SED-Kadern klar: »Der Mann musste weg!« Er lud Reuter, Suhr und andere Sozialdemokraten zu sich ein. Auf sein Betreiben unterzeichnete sein Vorgesetzter Colonel William F. Heimlich einen von Biel verfassten Brief an den SPD-Vorstand: »Dr. Ostrowski hat eine Wende um 180 Grad zu den Bolschewiken hin gemacht. Er ist als das trojanische Pferd innerhalb der SPD zu betrachten. Er hat zu verschwinden.«

Biel persönlich überreichte den Brief am 25. Februar dem Landesvorstand der SPD. Er verfehlte seine Wirkung nicht. Ostrowski war nur noch ein Oberbürgermeister auf Abruf. 1962 erinnerte er sich: »Im März 1947 war sich Reuter nach Inkurssetzung der politischen Verleumdung Biels so sicher, mich bald erledigen zu können, dass er in einer Magistratssitzung unter meinem Vorsitz mit der Faust auf den Tisch schlug und sich meine unruhige Geschäftsführung entschieden verbat.«

Die SPD-Fraktion stellte am 11. April 1947 in der Stadtverordnetenversammlung den Antrag, den gesamten Magistrat zu entlassen. Als Ostrowski nicht Folge leistete, kam es zum Misstrauensvotum, das allerdings die erforderliche Zweidrittelmehrheit verfehlte. Weil Ostrowski in seiner eigenen Partei keine Mehrheit mehr hinter sich hatte, trat er jedoch am 17. April 1947 zurück. Biel erinnerte sich: »Ostrowski musste gehen, weil er sowohl nach meiner Meinung wie auch nach Meinung von seinen eigenen sozialdemokratischen Parteifreunden letzten Endes ein Spinner war. Ich würde nicht sagen, dass er den Kommunisten hörig war. Man darf allerdings nicht verkennen, dass er zu einigen von ihnen sehr enge Beziehungen hatte. Aber sein Hauptkennzeichen war ein mangelnder Sinn für das Wirkliche.«

Am 17. April 1947 konnte Biel Vollzug melden. Unmittelbar nach dem Rücktritt von Ostrowski hatte ihn Otto Suhr als Präsident der Stadtverordnetenversammlung über diesen Schritt unterrichtet und um rasche Übermittlung der bedeutsamen Nachricht an Oberst Howley, seinen Vorgesetzten in der US-Militärverwaltung, gebeten: »Ich hatte in meiner heutigen Unterredung mit Herrn Oberst Howley zugesagt, den Beschluss der Stadtverordnetenversammlung über den Rücktritt des Herrn Oberbürgermeisters noch heute abd. zuzustellen. Da ich nicht weiß, wie ich Herrn Oberst Howley noch erreichen kann, bitte ich Sie um die Liebenswürdigkeit, die beigefügte Abschrift meines offiziellen Schreibens an Herrn Oberst Bullard mit der angehängten Erklärung des Herrn Oberbürgermeisters freundlicherweise Herrn Oberst Howley zu übermitteln. Eine Zweitschrift für Sie füge ich bei. Das Schreiben an Herrn Oberst Bullard wird auf dem Dienstweg der Alliierten Kommandantur morgen früh zugestellt.«

Ab dem 8. Mai amtierte zunächst die Sozialdemokratin Louise Schroeder als kommissarische Oberbürgermeisterin. Zum neuen Oberbürgermeister wurde von der Stadtverordnetenversammlung am 24. Juni Ernst Reuter mit der deutlichen Mehrheit von 89 gegen 17 Stimmen gewählt. Doch die Sowjetunion verweigerte in einer Sitzung der Alliierten Kommandantur am 18. August endgültig ihre Zustimmung und legte ein Veto gegen den abtrünnigen Antikommunisten und Renegaten Reuter ein. Nach geltender Geschäftsordnung der Alliierten Kommandantur benötigte der Oberbürgermeister aber eine einstimmige Bestätigung durch das Gremium. Faktisch bedeutete das sowjetische Veto daher eine Blockade Reuters, der zwar gewählt war, aber sein Amt nicht antreten durfte. Die Folge war eine Situation der politischen Unklarheit, in der sich bereits immer stärker die Teilung der Stadt abzeichnete. Louise Schroeder und Ferdinand Friedensburg übernahmen jeweils für eine bestimmte Zeit das Amt des Oberbürgermeisters geschäftsführend. Die Stadträte der SED amtierten zunächst weiter.

Über die Magistratsarbeit war Biel gut informiert. Stadtverordnetenvorsteher Suhr ließ ihm regelmäßig aktuelle Protokolle und Übersichten über die Magistratsbeschlüsse zukommen, auch wegen einer möglichen Vorlagepflicht bei den Alliierten. Diese Vorlagepflicht, die nicht für alle Beschlüsse galt, war von Biel mehrmals geschickt instrumentalisiert worden, etwa um in der ersten Jahreshälfte 1947 ein Gesetz zur Überführung von Konzernen und sonstigen Unternehmen in Gemeineigentum, das von SPD, SED und CDU gemeinsam unterstützt wurde, zu verhindern. Wäre es allein nach Suhr und der SPD gegangen, wäre das Gesetz den Alliierten nicht vorgelegt worden. Noch aber gab es nur ein Berliner Rathaus, das Rote Rathaus, und eine Stadtverordnetenversammlung, die im Neuen Stadthaus tagte; beide Gebäude lagen im sowjetischen Sektor. Dem Magistrat gehörten immer noch Stadträte aller vier Parteien an, aber die Besetzung von Ämtern und die Beratungen für eine neue Berliner

Verfassung sorgten für permanente Konflikte. Die SED konnte sich der Unterstützung durch die Sowjetunion sicher sein, notfalls die Karte der erforderlichen Einstimmigkeit aller vier Mächte in der Alliierten Kommandantur ziehen, während die drei westlichen Mächte keineswegs immer koordiniert vorgingen und besonders die französische Besatzungsmacht sich oft querstellte.

Auf Biels Veranlassung kam es am 3. November 1947 zu einem Treffen von Vertretern von CDU und SPD, von amerikanischer Seite waren Oberstleutnant William F. Heimlich und Oberst Louis Glaser anwesend, auch hohe Offiziere der Franzosen und Briten. Aber »Biel ran the meeting«, berichtete später Heimlich. SPD und CDU stimmten dabei ihre Personalpolitik gegen die SED ab. Ernst Reuter wirkte, formal weiter Verkehrs- und kommissarischer Baustadtrat, aus dem Hintergrund. Auf Visitenkarten bezeichnete er sich als »gewählter, aber nicht bestätigter Oberbürgermeister« von Berlin. Biel, der sich täglich mit Reuter beriet, bestärkte ihn nach Kräften nicht nur darin, durchzuhalten und dem sowjetischen Druck keinesfalls nachzugeben. Grundsätzlich zeigte er sich gegenüber der SPD großzügig, einzelne amerikanische Stimmen befürchteten sogar eine Bevorzugung der SPD; tatsächlich hatte Biel dem bedrängten CDU-Landesvorsitzenden Kurt Landsberg 1946 zu »Kurztreten« gegenüber der Sowjetunion geraten. Und am 12. Dezember 1946 war die zunächst von den Alliierten genutzte Villa Minoux am Großen Wannsee, heute das Haus der Wannsee-Konferenz, an die SPD vermietet worden; am 25. März 1947 war dort das SPD-nahe August-Bebel-Institut eröffnet worden, formell allerdings eine private Gründung von fünf der SPD nahestehenden Verlegern. Selbst die Protektion durch Heinrich Brüning hatte der von Jakob Kaiser geführten Berliner CDU nicht zur Übertragung der von den Amerikanern beschlagnahmten Villa Joachim von Ribbentrops in der Lentzeallee 7–9 in Dahlem verhelfen können. Nun wollte die CDU dort eine überparteiliche Schule »vergleichbar der früheren Lessing-Hochschule« gründen. Die Villa war 1947 allerdings, so Jakob Kaiser in einem Brief, »einer Gruppe von amerikanischen und deutschen Persönlichkeiten (die tatsächlich samt und sonders der SPD nahestehen)« zugesprochen worden, die dort am 22. September 1947 das Wilhelm-Leuschner-Haus eröffneten, eine gewerkschaftliche Bildungsstätte, aus der sich die antikommunistische Unabhängige Gewerkschaftsorganisation (UGO) entwickeln sollte, der unmittelbare Vorläufer des West-Berliner DGB.

Als der gewerkschaftsaffine Jakob Kaiser davon erfuhr, beschwerte er sich mit dem bereits zitierten Brief bei Biel. Der antwortete am 18. Oktober 1947, dass die Villa Ribbentrop »seitens der Besatzungsmacht« keineswegs der SPD zuerkannt worden sei, vielmehr der Gewerkschaftsbewegung. Der bald schon von der SED majorisierte Freie Deutsche Gewerkschaftsbund (FDGB) war zu diesem Zeitpunkt noch in ganz Berlin organisiert, geriet aber zunehmend unter kommunistischen Einfluss.

»Howleys Mann«: Schlüsselperson in der US-Militäradministration

Aus deutscher Sicht war Biel in der ersten Hälfte des Jahres 1947 einer der einflussreichsten Vertreter der USA in Berlin, darin waren sich nicht nur Reuter und Ostrowski, Friedensburg und Ulbricht einig. Tatsächlich hatte Biel, wie 1946 aus dem Hintergrund, souverän das Heft des Handelns in der Hand. Konnte er 1946 die SPD als eigenständige Partei in der Stadt erhalten, hatte er nun dafür gesorgt, dass der politisch labile sozialdemokratische Oberbürgermeister abgesetzt wurde. Dass dies nicht den Vorstellungen der Sowjetunion entsprach, war bekannt. Die amerikanischen Pläne waren jedoch viel weniger festgelegt, als es das entschiedene Auftreten von Biel – und Howley – nahelegte. Nur wenige Deutsche wussten, dass Biel Anfang 1947 einmal mehr intern umstritten war. Wie 1946 ging die interne Kritik mit deutlichen externen Erfolgen einher. Biel war misstrauisch. Das Verhältnis zu dem amerikanischen Verbindungsoffizier im Roten Rathaus, dem ranghöheren Major Karl F. Mautner, einem späteren Freund, war zunächst angespannt. Mautner hatte Berichte etwa von Ferdinand Friedensburg direkt an Frank L. Howley weitergeleitet: »That in turn irritated people in Colonel Howley's political section, Captain Biel especially, whose prerogative it was to cover this kind of thing and he confronted me.«

Biel hatte allerdings auch durchaus Grund zu Misstrauen. In einem Brief vom 10. Februar 1947 an Kadidja machte er den amerikanischen Historiker deutscher Herkunft Walter L. Dorn, einen Mitarbeiter von General Clay, für gegen ihn gerichtete Angriffe und Anschuldigungen verantwortlich: »Der Military Governor von Berlin rief mich herein, um mir mitzuteilen, dass ich mit sofortiger Wirkung von Berlin zu OMGUS [nach Frankfurt] versetzt werde. Er

Frank L. Howley (rechts) als amerikanischer Stadtkommandant mit sowjetischen Gästen, darunter der sowjetische Stadtkommandant Alexander Georgijewitsch Kotikow (Mitte), bei einem Empfang im Garten des Harnack House in Berlin-Dahlem

machte eine lange Geschichte, wie brillant ich wäre, welches Verständnis für Politik ich hätte und dass Berlin nicht der richtige Wirkungsrahmen für mich wäre. Irgendwie brachte er es auch zum Ausdruck, dass ich vom Standpunkt der Militärregierung ein starkes, vielleicht zu starkes Interesse an der Politik nähme, denn man sage in Berlin, dass z. B. verschiedene Parteien tatsächlich mich nicht informierten, sondern dass ich ihre Politik machte. Ich erwiderte – sowohl in dieser als auch in den folgenden Verhandlungen war ich stets ebenso entschieden wie höflich –, dass bisher bei jeder Gelegenheit alle meine Vorgesetzten mir erklärt hätten, wie zufrieden sie mit meiner Arbeit wären, und dass es ein wenig unglaubwürdig wäre, herausgeschmissen zu werden, weil man zu gut wäre. Er schulde mir, was er dem letzten GI schulde, nämlich mir die wirklichen Zusammenhänge zu erklären. Dies tat er nicht. Ich fand dann heraus, dass er von General Keating, dem Vertreter von General Clay, Anweisung bekommen hätte, so zu handeln, und ferner, dass angeblich ein ganz schrecklicher

Fall vorliege, über den man lieber nicht reden wollte. Ich sah Keating, der mich sofort auf die my-friend-Linie anredete. Ich sagte ihm, dass ich wissen möchte, welche Beschuldigungen gegen mich erhoben worden sind. Er sagte, er hätte einen Bericht empfangen, dass ich in einer Besprechung mit Deutschen etwas ungefähr wie folgt gesagt hätte: ›Wenn ich in Ihrer Lage wäre, so wäre ich nicht besonders daran interessiert, jetzt einen Friedensvertrag zu unterschreiben. Zeit gewonnen, ist alles gewonnen. Sehen Sie sich nur an, wie sich die Stimmung in den Staaten während des letzten Jahres geändert hat; man kann wohl sagen, dass die Haltung Amerikas immer weniger deutschfeindlich wird.‹

Ich sagte ihm, dass ich diese allegation sehen möchte und mich dazu äußern würde, und zwar sowohl dazu, ob ich irgendetwas gesagt hätte, was im Widerspruch mit der American Policy stehe. Er sagte mir dies zu, es war sozusagen der erste Erfolg, fügte dann aber hinzu, dass er selbst diese Beschuldigung nicht zu ernst nähme, und dass der wirkliche Grund darin liege, dass ich ein zu intensives politisches Interesse bekunde. Er wäre sich absolut im Klaren, dass ich zu den besten Military Government officers gehöre, aber es wären zu den Ohren von General Clay und ihm selbst Gerüchte vorgedrungen, dass gewisse einflussreiche politische Kreise in Deutschland ernsthaft mit der Idee spielten, mich eines Tages zum Chef einer deutschen Zentralregierung zu machen, und dass ich wohl ehrgeizig genug wäre, nicht dazu Nein zu sagen. Diese Äußerungen waren immerhin sensationell genug, den General zu bitten, sie zu wiederholen. Ich erzählte ihm, dass ich sehr viel lieber in Florida mit meiner Frau im Sonnenschein orange juice trinken würde, als die deutschen Regierungsgeschäfte zu übernehmen. Er wiederholte, wie gern er mich hätte und wie glänzend meine Arbeit wäre, aber dass ich eine Gefahr für die Neutralität der Militärregierung darstelle und er zu seinem und meinem Schutz mich lieber nicht in meiner Heimatstadt beschäftigen würde; ich könnte mir aber aussuchen, ob ich nach München, Stuttgart oder Wiesbaden, den Sitzen unserer drei Länderregierungen, gehen wollte. Ich versicherte ihm, dass ich in Berlin zu bleiben gedenke, wenn möglich, dass ich der felsenfesten Überzeugung wäre, dass eine bestimmte Person, nämlich Herr Dr. Dorn, politischer Berater von General Clay, ihm aus Eifersucht, Eitelkeit und gewissen politischen Fragen um die sozialdemokratische Partei herum ihn nicht ganz richtig über mich informiert hätte. Dazu äußerte er sich nicht.

Ich verließ also diese Besprechung, ohne dass er seine Entscheidung geändert hätte, aber mit einem gewissen persönlichen Erfolg. Es passierten nun allerhand Dinge. Einmal war es nicht möglich, alles mit der Husch-Husch-Methode zu behandeln, und außerdem interessierte sich speziell in Verbindung mit Dorn und einigen bayerischen Kabalen der sehr einflussreiche Berliner Korrespondent von News Week, O'Donnell, mit dem ich gut bekannt bin, lebhaft für die Geschichte. Kurzum, es drohte plötzlich in Verbindung mit meinem Kaltstellen die Aufdeckung eines äußerst merkwürdigen bajuwarischen Spiels. Auch das State Departement interessierte sich für die Geschichte und erklärte Gen. Keating, dass ich glänzend in Berlin gearbeitet hätte, und dass, trotzdem Berliner Politik Dynamit sei, niemals von irgendeiner Seite, den Kommunisten inbegriffen, und im Gegensatz zu anderen Teilen der amerikanischen Zone Deutschlands, der Vorwurf gegen mich erhoben worden sei, die Neutralität gegenüber den verschiedenen politischen Gruppen verletzt zu haben. Verschiedene einflussreiche Hinz und Kunz, mein eigener unmittelbarer Vorgesetzter, setzten sich, ohne dass ich darum gebeten hätte, für mich ein. Meine Einstellung war einfach die, dass ich die schriftliche Beschuldigung gegen mich sehen möchte und mich dazu äußern würde. Der Military Governor von Berlin machte den ersten Rückzieher, indem er mir eröffnete, ich könnte in meiner Stellung bleiben, bis ich mich zu der Beschuldigung geäußert hätte. Außerdem gab er mir sofort verschiedene wichtige Arbeitsaufträge, in Verbindung mit der sehr heiklen Berliner Gewerkschaftslage, die tatsächlich bewiesen, dass man mir vertraute. Meine Versetzungsorder wurde zurückgezogen.

Ich bemühte mich ungefähr zwei Tage lang, von derjenigen Stelle, zu der General Keating, wie er mir sagte, das Schriftstück gesandt hätte, dieses zu bekommen. Nennen wir es das Dossier des Dreyfusfalles. Es hat sich bis heute nicht angefunden. Inzwischen ist eine Woche vergangen. Letzte Woche gab General Keating ein offizielles Staatsessen für den Berliner Magistrat. Ich wollte nicht gehen. Man bestand darauf, dass ich komme, ich erklärte, dass ich nur kommen würde, wenn General Keating es im Voraus wisse, dass ich komme, und es billige. So geschah es. Ich wurde mit vielen Freundlichkeiten ausgezeichnet, die ihren Höhepunkt wohl darin hatten, dass der Herr General mir sagte ›Happy, that you are on your feet again, but the next time I will cut off your balls.‹ Ich bat ihn, sich vorher mit meiner Frau in Verbindung zu setzen.

Ulrich Biel bei einem Spaziergang in Berlin

Und so ging dann alles in Gelächter auf. Ich nehme an, dass das Schriftstück nie auftauchen wird, wenn aber doch, dass jede Antwort von mir befriedigen wird.«

Der amerikanische Stadtkommandant von 1946 bis 1947, Frank A. Keating, war ein enger Vertrauter von General Clay. Die erwähnten »einflussreichen politischen Kreise« waren in einem Bericht konkretisiert worden, den Peter F. Rodes, CIA-Repräsentant für Berlin, am 5. Februar 1947 für Keating verfasst hatte. Darin war die Rede von Biels »unabgesprochene[n] Aktivitäten, insbesondere seine[n] Aktionen zugunsten einer konservativen Clique, die sich um seine Geliebte Marion Gräfin Yorck von Wartenburg gebildet hatte«.

Biels »Aktivitäten« für diesen Personenkreis, der auch von Rodes überwacht wurde, hatten sich auf die Vermittlung von Lebensmitteln oder den Kontakt zu Heinrich Brüning beschränkt. Im September 1947 hatte Biel Paulus van Husen, dessen Schwester, Hans Lukaschek, Clarita von Trott zu Solz und ihrer Schwester Vera eine Reise zu einer Konferenz der antikommunistischen »Moralischen Aufrüstung« in Caux im Waadtland in der neutralen Schweiz ermöglicht. Die Gruppe konnte Berlin in einem amerikanischen Militärzug verlassen.

Auch Amerikanern wie Peter F. Rodes war nicht verborgen geblieben, dass sich zwischen Ulrich Biel und Marion Yorck, in den Worten des vornehm formulierenden Paulus van Husen, »ein enges und dauerhaftes Freundschaftsverhältnis« entwickelt hatte, das »sicher auch zu einer Ehe geführt hätte, wenn nicht der Schatten Peter Yorcks so stark gewesen wäre«. Ein noch stärkeres Hindernis war allerdings Biels eigene Ehe, in der es nicht nur wegen der geografischen Entfernung kriselte. Der Brief vom 10. Februar 1947 an seine Ehefrau – Marion Yorck war zu diesem Zeitpunkt in Berlin bereits als »Geliebte« von Biel bekannt – deutete Probleme an:

»Mein Liebling,

da Du gegen die Anrede ›meine Liebste‹ protestiert, und der Überzeugung Ausdruck gibst, dass ich sie in der Vergangenheit niemals für Dich gebraucht habe, und sie mir bei jemand anderem angewöhnt habe, lassen wir die feinen Unterschiede zwischen *Liebling* und *Liebste* und fangen mit dem Brief an: Mein guter Kaspar Hauser.«

Kaspar Hauser, das der Sprache kaum mächtige Wolfskind – für Biel offenbar ein treffliches Symbol für die Kommunikationsschwierigkeiten des Paares. Kadidja redete ihren Mann in ihren Briefen im Gegenzug mittlerweile gleichfalls höchst ironisch mit »My Lord Protector« an. Gleichwohl bestärkte Biel seine Ehefrau noch immer: »Höre deswegen aber nicht damit auf, Deine Einbürgerung zu beschleunigen und an Deine Übersiedlung zu denken.«

Außereheliche Beziehungen amerikanischer Offiziere zu deutschen Frauen waren kein Einzelfall, aber wegen des noch geltenden Fraternisierungsverbots auch für die Amerikaner nicht ungefährlich. Der auch aus anderen Gründen gefährdete Biel scheint sich darum nicht sonderlich gekümmert zu haben. Er verheimlichte seine neue Beziehung nicht, nahm die in der Familie Wedekind unzutreffend als »blonde Gräfin« bezeichnete Marion Yorck sogar 1947 zu seiner Schwiegermutter nach St. Heinrich an den Starnberger See mit. Die gab sich in einem Brief an Gottfried Benn gelassen: »Kadidja wird schon wissen, dass Uli nicht vier Jahre lang als Mönch gelebt hat.« Benn antwortete: »Was Du von Eurem U. B. schreibst, hat mich sehr überrascht. Es passt eigentlich gar nicht zu dem klugen Homme du monde, der er doch ist. Ich vermute, dass sehr persönliche Momente da mitsprechen, die sein hiesiges Leben privat betreffen. Ist er noch hier? Oder wo ist er hingekommen?«

»Appell an die deutsche Intelligenz«: Gesamtdeutsche Gehversuche

Am 19. August 1947 war Ulrich Biel zusammen mit dem New Yorker Romanistikprofessor Rowland M. Myers in das nordhessische Imshausen geschickt worden. Hier lebte auf seinem Familiensitz Werner von Trott zu Solz, der Bruder des nach dem 20. Juli 1944 hingerichteten Diplomaten Adam von Trott zu Solz. Werner von Trott war eine schillernde Persönlichkeit. Er hatte zeitweise seinen Adelstitel nicht geführt, bei Martin Heidegger Philosophie gehört, in den Kölner Fordwerken am Fließband gearbeitet und war 1931 der KPD beigetreten. Mittlerweile war er zum katholischen Glauben konvertiert und träumte von einem Deutschland als Brücke zwischen Ost und West. Zu diesem Zweck hatte er 1947 die Gesellschaft Imshausen gegründet. Unter den Teilnehmern der ersten Tagung der Gesellschaft am 20. August waren die Publizisten Eugen Kogon und Walter Dirks, die seit etwa einem Jahr gemeinsam die einflussreichen linkskatholischen *Frankfurter Hefte* herausgaben, der schleswig-holsteinische Ministerpräsident Theodor Steltzer (CDU), der frühere Nationalbolschewist Ernst Niekisch, die Zentrumspolitikerin Helene Wessel, der Leipziger Historiker Walter Markov, Mitglied der SED, und der Physiker Carl-Friedrich von Weizsäcker – auf Parität der Konfessionen, Parteien und Zonen war ganz augenscheinlich größter Wert gelegt worden.

Ulrich Biel trug Zivil, wurde aber als offizieller Vertreter der amerikanischen Militärregierung wahrgenommen. Für Ernst Niekisch war Biels Anwesenheit »aufschlussreich« und ein Hinweis, »dass die ganze Veranstaltung von Amerikanern finanziert wurde«. Biel sprach über die politische Zukunft Deutschlands. Für eine »Regeneration« sei eine »vorübergehende Entpolitisierung« erforderlich. Diese Regeneration müsse »auf natürlichem Wege« erfolgen, das deutsche Volk sich anhand praktischer Aufgaben in der Politik wieder bewähren. Einen deutschen Zentralstaat wünschte er sich nicht, der Aufbau müsse in den Gemeinden und Kreisen beginnen, erst allmählich solle der politische und administrative Wiederaufbau erfolgen. Das entsprach dem Gesprächsinhalt des »Interviews« mit Adenauer, aber nicht den Vorstellungen des Publikums in Imshausen. Carl-Friedrich von Weizsäcker bezeichnete in einer sehr elitären Gegenrede das deutsche Volk als »nivellierte Menschenmasse«, Werner

Erste Tagung der Gesellschaft Imshausen am 20. August 1947; von links nach rechts: Hasso von Seebach, Walter Markov, Wilhelm Kütemeyer, Albert Faller, Ulrich Biel, Martin Hellweg, Werner von Trott, Hugo Buschmann, Carl Spiecker, Heinrich von Trott

von Trott verwies auf den deutschen Sonderweg: Ein entmündigtes Volk ohne geglückte bürgerliche Revolution verfüge nicht über spontane Regenerationskraft und verlange nach Reglementierung und Zentralgewalt. Zudem sei das deutsche Volk nachweislich »undemokratisch«, da es jahrelang Hitler ohne Aufmucken geduldet habe.

Biel betonte, dass Demokratie Herrschaft der Mehrheit bedeute. Die elitären und sozialistischen Vorstellungen der meisten Teilnehmer waren ihm fremd. Tatsächlich war der linkskatholische Publizist Eugen Kogon, der Jahre im KZ Buchenwald verbracht hatte und dessen Buch über den *SS-Staat* gerade Furore machte, vorzeitig abgereist, aus Protest gegen die Anwesenheit von Amerikanern wie Biel, deren Marshallplan für ihn den Aufbau einer sozialistischen Ordnung in Deutschland behinderte und kapitalistische Strukturen wieder festigen wollte. Das Plädoyer für ein zentralstaatliches Gesamtdeutschland mit sozialistischer Ordnung und engen Beziehungen zur Sowjetunion war für

Biel allerdings Ausweis großer politischer Naivität – das Wirken der stalinistischen Sowjets kannte er aus Berlin nur zu genau. Es kam noch zu zwei weiteren Tagungen der Gesellschaft Imshausen im Dezember 1947 sowie im Mai des darauffolgenden Jahres, bis sich die Gesellschaft im September 1948 auflöste. Die Zeit gesamtdeutscher Versuche eines geistigen Neuanfangs war endgültig vorbei.

Der jüngere Bruder Carl-Friedrich von Weizsäckers, der spätere Regierende Bürgermeister von Berlin und Bundespräsident Richard von Weizsäcker, erinnerte sich Jahre später, Biel habe immer ein »Bündel von Vorschlägen« parat gehabt, wie mit »unseren alliierten Freunden« umzugehen sei. Biel konnte sich allerdings auch seinen Gesprächspartnern anpassen. Am 15. November 1947 war er einer Einladung von Wilhelm Külz, des Vorsitzenden der in der sowjetischen Besatzungszone gegründeten Liberaldemokratischen Partei (LDP), in dessen Büro im Ostsektor gefolgt. Külz, Reichsinnenminister 1926, also in dem Jahr, als Ulrich Bielschowsky Abitur machte, hatte sich von ihm Unterstützung für eine gesamtdeutsche Regierung erhofft. Dem bereits deutlich vom Alter gezeichneten Külz, der den nächsten Sommer nicht mehr erleben sollte, schmeichelte Biel, dieser müsse »bei einer künftigen deutschen Regierung an verantwortliche Stelle treten«, warnte aber auch, eine gesamtdeutsche Regierung könne sich möglicherweise »zu sehr sowjetisch orientieren«. Külz hatte sich in seinen letzten Lebensjahren als Aushängeschild einer SED-freundlichen LDP, der späteren Blockpartei LDPD, unglücklich instrumentalisieren lassen und den umfassenden Macht- und Herrschaftsanspruch der SED lange Zeit nicht erkannt. Das verhielt sich bei Ferdinand Friedensburg nach Biels Einschätzung ähnlich. Auch dieser CDU-Politiker war für ihn jemand, der »möglicherweise auch ursprünglich eine etwas weichere Linie hatte als andere Personen in der CDU oder in der SPD gegenüber dem Osten«.

Die Londoner Konferenz der alliierten Außenminister ab dem 25. November 1947 war einer der letzten Versuche, eine gemeinsame Verwaltung der vier Besatzungszonen zu erhalten. In ihrem Vorfeld hatte sich Friedensburg mit den Heidelberger Professoren Alfred Weber und Karl Geiler getroffen. Ihm hatte ein »Appell an die deutsche Intelligenz« mit zahlreichen Unterzeichnern aus allen politischen Lagern, also auch der SED, vorgeschwebt. Am 1. November 1947 hatte Friedensburg Frank L. Howley von seinen Plänen in Kenntnis gesetzt.

Ein vorbereitendes Treffen für die »gesamtdeutsche Stellungnahme« sollte am 9. November 1947 am Wannsee im Haus der *Freunde der Natur- und Geisteswissenschaften* in der Villa Am Sandwerder 34/35 stattfinden. Von der erwarteten Teilnahme von »1–2 Mitgliedern der SED« befürchtete Howley jedoch »nicht unerhebliche Wirkungen« und verlangte eine offizielle Mitteilung über den zu erwartenden Ablauf.

Für den 4. November hatte Biel Friedensburg in das private Wohnhaus der mit Marion Yorck verschwägerten Familie Siemens in Nikolassee, Kirchweg 53, einbestellt, um »die Tagung des 9. November zu besprechen«. Er hatte am Vortag die Angelegenheit mit »verschiedenen anderen Herren besprochen«. Grundsätzlich bestanden keine Bedenken, die Amerikaner, letztlich also Biel, wünschten sich aber die Form einer »private[n] Veranstaltung« mit »möglichst wenig […] Öffentlichkeit«, am besten in der Privatwohnung von Friedensburg. Zudem müsse »jeder Anschein vermieden werden, als wenn die amerikanische Regierung sich irgendwie offiziell mit der Angelegenheit befasst habe«. Biel hatte mit Verweis auf die erheblich skeptischere SPD die »Zweckmäßigkeit der ganzen Veranstaltung überhaupt« angezweifelt, täte die amerikanische Regierung doch alles, »was in ihren Kräften stehe, um sowohl die deutsche Einheit als auch die Wiederaufrichtung der deutschen Wirtschaft zu fördern.« Der Verzicht auf Öffentlichkeit entsprach aber nicht den Intentionen Friedensburgs, »da es nicht der Zweck einer solchen Besprechung sei, sich nur gegenseitig Ansichten vorzutragen«. Zudem wäre seine Wohnung zu klein und die Einladungen seien schon verschickt. »Gerade nach der Veröffentlichung des sozialdemokratischen Parteivorstandes komme irgendeine nachträgliche Absage oder ein Aufschub überhaupt nicht in Betracht, das würde aussehen, als wenn ein bloßes Stirnrunzeln von Herrn Schumacher genügte, um uns von unserem Vorhaben abzubringen.«

Tatsächlich hatte Kurt Schumacher, der gerade die USA besucht hatte, unmissverständlich erklärt, hinter den Plänen stecke die SED, »die eine wirkliche deutsche Einheit hintertreiben und eine formale missbrauchen wolle, um den Kommunismus in ganz Deutschland zu etablieren«. Die Berliner SPD war Schumacher gefolgt. Die Tagung fand jedoch wie geplant statt, vier Forderungen (deutsche Wirtschaftseinheit, Zentralregierung, Besatzungsstatut und deutsche Persönlichkeiten als Teilnehmer an vorbereitenden Besprechungen über den deutschen Friedensvertrag) waren aufgestellt worden. Der *Spiegel* berichtete in einem kritischen Artikel über das als »Komödie« bezeichnete Wannsee-Edikt, CDU, SPD und LDP hätten übereinstimmend erklärt, »wenn eines von ihren Mitgliedern in Wannsee dabei gewesen sei, so nur aus eigenem Antrieb, nicht als offiziell Delegierter«.

Der gleichfalls von Friedensburg schon 1945 gegründete »Kulturbund zur demokratischen Erneuerung Deutschlands«, der zunehmend von der SED kontrolliert wurde, war für Ulrich Biel ein »parapolitisches Element«, eine »scheinbar überparteiliche Kulturorganisation«. Am 8. Oktober 1947 war dem Bund im amerikanischen, am 12. November 1947 im britischen Sektor jede Tätigkeit untersagt worden. Am 18. Januar 1948 hatte Friedensburg Biel in seiner Dienstvilla in der Milinowskistraße aufgesucht. Biel gab sich konziliant, er erklärte sich auch zu einem Treffen mit Johannes R. Becher, dem späteren Kulturminister der DDR, bereit: »Der Kulturbund müsse jetzt aber durch klare Leistungen zeigen, dass er nicht ein Werkzeug der SED sei.«

Biel wies auf die untragbare »radikale Haltung eines der leitenden Geschäftsführer« des Bundes hin, das von Becher geförderte SED-Mitglied Alexander Abusch. Friedensburg bezeichnete Abusch als »zweifellos sehr tüchtig und sehr wichtig«. An seine Entfernung könne »aus sachlichen und auch aus demokratischen Erwägungen nicht gedacht werden«. Biel forderte eine stärkere Einbeziehung der SPD, die jederzeit »durch stärkere Beteiligung im Kulturbund auf demokratischem Wege jede von ihr gewünschte Änderung« herbeiführen könne. Das sollte sich aber wenig später als illusorisch erweisen. Er ermahnte Friedensburg aber auch, die »neu zu gründende Hochschule für Politik unabhängig von allen politischen Einflüssen zu gestalten. Es sei in höchstem Maße unerwünscht, wenn die Leitung und Tätigkeit einer solchen Hochschule von den jeweiligen parteipolitischen Mehrheiten der städtischen Körperschaften abhänge.« Für die dann 1949 in West-Berlin gegründete Hochschule hatten sich besonders Otto Suhr und die SPD eingesetzt, eine »stärkere Beteiligung der SPD« brauchte hier nicht angemahnt zu werden. Gleichwohl hatte Biel später mit seinem Freund Melvin Lasky und Otto Suhr auch den sozialdemokratischen Historiker Franz Borkenau für die Hochschule für Politik gewinnen können. Lasky, 1920 in New York als Sohn polnisch-jüdischer Emigranten geboren, war amerikanischer Kulturoffizier in Berlin. Ursprünglich war er Trotzkist gewesen, hatte sich zum entschiedenen Antikommunisten gewandelt und sollte einer der Organisatoren des dezidiert antikommunistischen Kongresses für kulturelle Freiheit in West-Berlin im Jahr 1950 werden.

Zwischen Clay und Reuter:
Währungsreform, Blockade und Luftbrücke

Als Vermittler zwischen Deutschen und Amerikanern war Biel gefragt. Als Colonel Louis Glaser, Chef der amerikanischen Civil Administration Branch in Berlin, im Januar 1948 nach einem Heimaturlaub in den USA ernstlich erkrankte, überbrachte Biel im Auftrag von Stadtverordnetenvorsteher Suhr am 4. Februar 1948 einen »kleinen Blumenkorb« mit »besten Wünsche zur baldigen Wiederherstellung«. Berlin war eine besetzte Stadt – selbst hochrangige deutsche Politiker erhielten keinen Zugang zum amerikanischen Krankenhaus, in dem Glaser untergebracht war. Derartige Botendienste waren nützlich, aber nichts, was Biel ausfüllte. Zudem hatte sich die Stimmung in der Teilstadt zunehmend verschlechtert. Immer mehr Menschen verließen Berlin in Richtung der vermeintlich sichereren drei Westzonen. Eine Spaltung der Stadt, deren Situation zunehmend als unsicher und bedroht empfunden wurde, zeichnete sich ab. In Berlin wurde wie nirgendwo sonst auf der Welt die sich rasch vertiefende Kluft zwischen den einstigen Siegermächten konkret fass- und spürbar. Viele rechneten mit einer neuerlichen großen Konfrontation, diesmal zwischen den Westmächten und den Sowjets. Der Fortzug war eine Folge der politischen Stimmungslage in der Stadt, in der es noch immer keinen rechtmäßigen Oberbürgermeister gab.

Die Ungewissheit nahm rasant zu, seit sich ab dem Frühjahr 1948 eine Währungsreform in den drei Westzonen abzeichnete und die Zusammenarbeit zwischen den Siegermächten im Alliierten Kontrollrat und in der Alliierten Kommandantur, die für die Verwaltung Berlins zuständig war, immer weniger funktionierte. Im März 1948 verließen die Sowjets aus Protest gegen die immer klarer Gestalt annehmenden westlichen Staatsgründungspläne den Kontrollrat und verhängten eine erste kleine Blockade; ab dem 30. März 1948 wurde der Bahn- und Fahrzeugverkehr zwischen Berlin und den westdeutschen

Besatzungszonen kontrolliert. Völlig ungewiss war unter diesen Umständen die Einbeziehung der Westsektoren von Berlin in die westliche Währungsreform. Nicht wenige befürchteten unter massivem sowjetischem Druck ihre vollständige Einverleibung in das Wirtschaftsgebiet der sowjetischen Zone. Auch enge Freunde von Biel, darunter Weggefährten der ersten Wochen in Berlin und Teilnehmer seiner »Sonntagsrunde«, begannen die Teilstadt zu verlassen. Paulus van Husen beispielsweise hatte mit Hilfe von Biel eine Richterstelle am Obergericht für die britische Zone in Köln erhalten. Am 15. April 1948 schrieb Biel – auf Deutsch – in resignierter Stimmung an Heinrich Brüning in den USA: »Sehr verehrter Herr Brüning, es wird immer einsamer in Berlin, kein Husen, kein Lukaschek. Zuzug nur aus der Sow. Zone. Die verlockenden Angebote nach dem Westen veranlassen niemanden herzukommen. Ein permanenter Sozial- und Personalschwund, ausgenommen Wahlkampfprominenzbesucher. In der Army nannten wir das ›Visiting Generals‹.«

Willy Brandt war seit Januar 1948 offizieller Vertreter des westdeutschen SPD-Vorstands in Berlin. Am 15. Juni 1948 berichtete Brandt von einem Gespräch zwischen Otto Suhr und Ulrich Biel: »Eine Aeusserung Clays am Sonnabend und vor allem eine Andeutung, die Biel gestern gegenüber Otto Suhr machte, hat im Kreis unserer hiesigen führenden Genossen grosse Unruhe hervorgerufen. Aufgrund dieser Andeutung muss man offenbar mit der Moeglichkeit rechnen, dass die Amerikaner sich mit der Einbeziehung Berlins in die Ostwaehrung abfinden.«

Die Berliner SPD kämpfte unter Ernst Reuter für eine Einbeziehung der Westsektoren Berlins in die Währungsreform, Politiker wie Ferdinand Friedensburg waren in dieser Frage deutlich zurückhaltender. Hier kam es in besonderem Maße auf die Amerikaner an. Reuters wichtigster Verbündeter war neben Frank Howley und dem amerikanischen Militärgouverneur Lucius D. Clay Ulrich Biel. Im Streit über die Währungsreform hatten die sowjetischen Vertreter am 16. Juni auch die Alliierte Kommandantur verlassen. Am 20. Juni 1948 fand in den westlichen Besatzungszonen die Währungsreform statt, die Reichsmark wurde durch die Deutsche Mark ersetzt. Zugleich wurden von Ludwig Erhard, dem Direktor der Verwaltung für Wirtschaft der Bizone in Frankfurt, die meisten Bewirtschaftungen und staatlichen Zuteilungen aufgehoben sowie die meisten Preise mit Ausnahme der Mieten und Grundnahrungsmittel freigegeben. Doch

Berlin blieb zunächst außen vor; die Westalliierten hatten bei der Planung der Währungsreform die Stadt schlicht vergessen.

Die sowjetische Militärverwaltung reagierte zwei Tage später mit einer eigenen Währungsreform – unter beabsichtigtem Einschluss von ganz Berlin. Da in der kurzen Zeit keine neuen Geldscheine gedruckt werden konnten, wurden die alten Reichsbanknoten einfach mit Marken überklebt – die »Klebe-« oder »Couponmark«. Hätten die Westalliierten die Gültigkeit dieser »Couponmark« für die Westsektoren hingenommen, hätte das deren faktische ökonomische Eingliederung in die sowjetische Besatzungszone bedeutet. Auf energisches Betreiben von Reuter und mit massiver Unterstützung von Howley und Biel wurde durch Lucius D. Clay in Absprache mit Briten und Franzosen am 23. Juni auch in den Westsektoren Berlins die Deutsche Mark eingeführt. Die Geldscheine waren zuvor mit einem »B«-Stempel markiert worden, damit sie nicht unkontrolliert abfließen konnten. Von diesem Zeitpunkt an galten in Berlin zwei konkurrierende Währungen, die »Bärenmark« der Westsektoren und die »Klebemark« des Ostsektors. Die Sowjetunion verstand die Einführung der Deutschen Mark und die gleichzeitige Aufhebung der Bewirtschaftungsregeln als Angriff und erließ am 24. Juni 1948 die Blockade der Straßen-, Schienen- und Schifffahrtswege nach West-Berlin. Allein die von den Alliierten in London 1944 gemeinsam festgelegten drei Luftkorridore blieben offen. Die Amerikaner und Briten reagierten auf die Abschnürung West-Berlins mit der berühmten Luftbrücke, der Versorgung der Westsektoren auf dem Luftweg. Zunächst war es für technisch unmöglich gehalten worden, eine Millionenstadt aus der Luft zu versorgen. Dass sich diese Einschätzung innerhalb kürzester Zeit änderte, lag nicht zuletzt an dem engen Zusammenwirken von Ernst Reuter, Lucius D. Clay, Frank Howley – und Ulrich Biel.

Die Luftbrücke war populär, aber nach Biels Geschmack war sie nicht. Er hätte eine direkte Konfrontation der Siegermächte bevorzugt. Noch hatten die USA ein Monopol auf Atomwaffen. Der amerikanische Präsident Truman in Washington aber wollte keinesfalls nach Hiroshima und Nagasaki noch einmal den Befehl zum Einsatz der Atombombe etwa auf dem Gebiet der Sowjetunion geben. Allerdings wollte Truman, anders als seine Stabschefs, die einen gesichtswahrenden Abzug aus Berlin bevorzugten, auch nicht vor dem Druck Stalins zurückweichen und gab deshalb grünes Licht für die Berliner Luftbrücke.

Treffen deutscher Politiker am 1. Juni 1948 im Büro von Oberst Louis Glaser; von links: Ernst Reuter, Louis Glaser (stehend), Ella Kay, Jakob Kaiser und Ulrich Biel

Während der Blockade und der vor allem von den Amerikanern dominierten Luftbrücke, die bis zum Sommer 1949 andauerte und sich als wichtiger »turning point« erwies, weil sich durch sie die westlichen Besatzungsmächte aus West-Berliner Sicht in Schutzmächte, Freunde und Verbündete verwandelten, sollte Biel aber noch einmal eine wichtige Rolle spielen. Gerade angesichts der Blockade und der Einführung der Deutschen Mark drängten Politiker wie Ernst Reuter auf eine Integration der Westsektoren Berlins in den westdeutschen Staat, dessen Gründung sich seit dem Sommer 1948 gleichfalls abzeichnete. Noch war Reuter, täglich in engem Kontakt mit Biel, wegen des sowjetischen Vetos weiterhin nicht offizieller Repräsentant der Stadt. Auf der »Rittersturzkonferenz« der westdeutschen Ministerpräsidenten vom 8. bis 10. Juli 1948 in Koblenz, wo über die Frankfurter Dokumente – mit denen die westlichen Siegermächte am 1. Juli 1948 die Ministerpräsidenten ihrer Zonen mit der Gründung eines »Weststaates« beauftragt hatten – erregt debattiert werden sollte, weil viele darin die Zementierung einer Spaltung Deutschlands erblickten, wurde Berlin noch durch die kommissarische Oberbürgermeisterin Louise Schroeder vertreten.

Schroeder warnte davor, etwas »Endgültiges« zu schaffen, bevor nicht »Berlin mit allen anderen Zonen zu einer Einheit gekommen« sei. Das beeindruckte ihre ausschließlich männlichen Kollegen, fand aber das Missfallen der Amerikaner. Mit Biel verständigte sich der Magistrat, zu künftigen Ministerpräsidentenkonferenzen Ernst Reuter zu entsenden, »ohne Louise Schroeder in irgendeiner Weise zu desavouieren«. Bereits auf der Niederwaldkonferenz vom 21. bis zum 22. Juli 1948 in Rüdesheim sollte dann Ernst Reuter Berlin vertreten. Ferdinand Friedensburg und Louise Schroeder waren damit nicht einverstanden, gerade weil Reuter für eine enge Verbindung der Westsektoren Berlins mit den Westzonen und für eine rasche Einbeziehung West-Berlins in die Währungsreform nach dem Motto »Wer das Geld hat, hat die Macht« eingetreten war.

Am 18. Juli 1948 suchte Biel im Auftrag von Howley und Clay Friedensburg in seiner Wohnung »nach vorheriger telefonischer Anmeldung« auf. Er bezeichnete den CDU-Politiker als »Verräter«, sollte dieser bei seinen Plänen bleiben, Louise Schroeder gegen Ernst Reuter zu instrumentalisieren, drohte mit Sanktionen auch durch General Clay und erklärte etwas »heftiger« den amerikanischen Standpunkt. In einem späteren Bericht gab sich Friedensburg souverän und gelassen. Er hätte Biels Ausführungen »ironisch« aufgenommen und bedauernd erklärt, dass er »Politik nach deutschen Interessen und nicht nach amerikanischen Interessen« verfolge. Biel hätte sich dann beruhigt und unmittelbar gefragt, was Friedensburg diesen Nachmittag »mit Frau Schroeder verhandeln wolle«. Er, Friedensburg, habe darauf bestanden, dass »eine Besprechung zwischen zwei deutschen Magistratsmitgliedern« keine »Angelegenheit der amerikanischen Militärregierung« sei, worauf Biel wieder wütend reagiert, wenig später aber eingelenkt habe. Er wisse ja, »um was es sich handele«, und habe Friedensburg nur gebeten, nicht seine »Überlegenheit über Frau Schroeder zu missbrauchen, um sie zu irgendwelchen Dingen zu veranlassen, die Frau Schroeder gegenüber der amerikanischen Militärregierung und gegenüber ihrer eigenen Partei in Verlegenheit bringen könnten«.

Biel hatte also Friedensburg im Verdacht, Louise Schroeder als eine der wenigen Reuter nicht widerspruchslos folgenden Sozialdemokraten zu instrumentalisieren. Friedensburg hatte das zwar zurückgewiesen, zumal »irgendwelche politischen Schritte der Berliner Stadtverwaltung« der Zustimmung des Magistrats bedurften, »also insbesondere der Zustimmung von Professor Reuter und Stadtrat Klingelhöfer, die ja wohl kaum von der amerikanischen Militärregierung als meinem Einfluss hilflos ausgesetzt angesehen werden könnten«. Biel entgegnete, »ob es nicht dann das Beste« sei, wenn auch Reuter gleich an der Besprechung teilnehme. Friedensburg erklärte das zur »Sache von Frau Schroeder«, zumal gerade »in der gegenwärtigen Situation« er sich keine Beteiligung an einer »politischen Aktion« ohne »Zustimmung« von Ernst Reuter vorstellen könne. Biel wollte Friedensburg beim Wort nehmen und fragte, ob er diese »Erklärung, die er sehr begrüßte«, als eine »ausdrückliche Verpflichtung« betrachten könne. Friedensburg erklärte daraufhin, dass Biel gerne seinen Standpunkt den Amerikanern übermitteln könne. Biel habe sich dann »in der liebenswürdigsten, um nicht zu sagen in der freundschaftlichsten Form« verabschiedet.

Das dürfte ihm nicht schwergefallen sein, denn auf der Niederwaldkonferenz, die drei Tage später eröffnet wurde, fungierte Ernst Reuter bereits als der offizielle Vertreter Berlins und agierte dort ganz im Sinne von Biel und Howley. Viele Ministerpräsidenten waren mit der Gründung eines westdeutschen Staates parteiübergreifend nicht einverstanden und hatten das auf ihrem Treffen auf dem Rittersturz auch lautstark kundgetan. Das hatte ihnen einen heftigen Rüffel der Militärgouverneure eingetragen; sie waren aufgefordert worden, ihren skeptischen Standpunkt auf einem neuerlichen Treffen zu überdenken. Dazu sollte die Niederwaldkonferenz dienen – und bei ihr übernahm Reuter eine wichtige Rolle. Gegenüber den Ministerpräsidenten, die aus Sorge um Berlin gezögert hatten, mit der Gründung eines westdeutschen Staates vollendete Tatsachen zu schaffen, erklärte er entschieden und unzweideutig: »Wir sind der Meinung, dass die politische Konsolidierung des Westens eine elementare Voraussetzung für die Gesundung auch unserer (Berliner) Verhältnisse und für die Rückkehr zum gemeinsamen Mutterland ist.«

Damit hatte Reuter seine klare Zustimmung zum entscheidenden Schritt der Gründung eines westdeutschen Staates, der späteren Bundesrepublik, signalisiert. Sein Votum in dieser Frage war besonders wichtig. Die Pläne von einem Westdeutschland als politischer Einheit, die erstmals im »Interview« von Rhöndorf im April 1945 von Konrad Adenauer und Ulrich Biel als vage Möglichkeit ins Auge gefasst worden waren und damals noch völlig utopisch erscheinen mussten, hatten jetzt tatsächlich Aussicht auf Realisierung. Zu Reuters Vorstellung eines Weststaates gehörte allerdings auch eine möglichst vollständige Integration der Westsektoren Berlins. Das war zudem die Mehrheitsmeinung der Berliner SPD, jedoch bei vielen Deutschen und, damals noch weitaus wichtiger, bei den Alliierten aus verschiedenen Gründen umstritten. Auch in alliierten Kreisen glaubten viele, dass Reuter und seine Mitstreiter nur Vorgaben der Amerikaner, insbesondere von Biel, ausführten. Am 26. Juli 1948 berichtete der britische Offizier Harold Hays der Alliierten Kommandantur: »It is not clear whether this poposal was originated by Americans or certain circles of the SPD. It is more likely that it grew out of a discussion between Dr. Biel (of the Political Affairs and Civil Administration Branch of OMGUS) and some of the SPD leaders. It is certain that the proposal is strongly supported by the Americans and that they, through Dr. Biel, have been advising the Germans to adopt it.«

Am 30. Juli 1948 hatte sich der britische Stadtkommandant Otway Herbert beschwert: »The most dangerous elements to be Mr. Glaser and Dr. Beal. The latter is more German than American.« »Beal« war den Briten auch wegen seiner Herkunft und seines Namenswechsels suspekt. Auf dem Bericht des britischen Stadtkommandanten war »born Bielchruski in Breslau« notiert. Die Quelle dieser doppelt falschen Zuschreibung war unschwer festzustellen.

»Mr. Biel alias Bielschowsky«: SED-Attacken auf den »Schattenmann«

Während der Berliner Blockade war »Mr. Biel alias Bielschowsky« zum konstanten Angriffsziel der von der SED kontrollierten Presse im Ostteil Berlins geworden. Für die von der FDJ 1948 herausgegebene kurzlebige Illustrierte *Start* hatte etwa Alfred Fleischhacker, später DDR-Korrespondent in Bonn, unter der Überschrift *Wir waren bei Mr. Biel* im Stil einer Homestory berichtet: »Mr. Biel wohnt, wie viele höhergestellte Persönlichkeiten der amerikanischen Militärregierung, in Zehlendorf, denn in Zehlendorf gibt es angenehm ruhige, große Gärten, frische, nach Tulpen und Flieder riechende Luft und komfortable Villen. Milinowskystraße 27 ist auch so eine kleine hübsche Villa. Vor der Haustür hängt eine weiße Holztafel mit schwarzen Buchstaben. ›No entrance for unauthorized persons. Military Quarters.‹ Unbefugten ist der Eintritt verboten, Militär-Quartier. Mr. Biel ist dem Rang nach Captain, ist ungefähr 40 Jahre alt, ziemlich schlank, hat schwarze Haare und trägt keine Uniform. Äußerlich unterscheidet er sich kaum von den Zivilisten des amerikanischen Außenministeriums, die unser Schicksal als ›Sachverständige in deutschen Angelegenheiten‹ entscheiden wollen. Im ersten Augenblick ist man verblüfft, wie gut der ›Amerikaner‹ die deutsche Sprache beherrscht, aber dann erinnert man sich: natürlich, er ist ja Breslauer.«

Konfrontiert mit dem Vorwurf von angeblich (»eindeutig bewiesen«) von ihm gesteuerten Überfällen von »Nazirowdytruppen« auf Angehörige der FDJ in den Westsektoren Berlins, verbunden mit einer »höfliche[n] Bitte um Stellungnahme«, habe Biel »etwas schnoddrig« geantwortet: »Zu diesen lächerlichen kommunistischen Anschuldigungen sage ich weder Ja noch Nein«, »auch in Zukunft« werde er nicht über derartige »Anschuldigungen« sprechen. Berichte über den »schlanken Herrn ohne Uniform, der in Zehlendorf in einer kleinen Villa, Milinowskystraße 27, wohnt und öffentlich weder Ja noch Nein sagt«, wurden von den deutschen Zeitungslesern allenfalls zur Kenntnis genommen, die meisten sahen darin reine Propaganda, die es ja auch war.

Der SED angehörende Journalisten wie Eberhard Heinrich, Alfred Fleischhacker oder der erpresste Sozialdemokrat Wilhelm Lohrenz schrieben wiederholt von einem »zweifelhaften« Gewerbe, dem »Mr. Bielschowsky« in Breslau nachgegangen sei. Wenn dies nicht gänzlich gelogen war, konnte das nur auf einer Namensverwechslung beruhen. Andere Berichte knüpften eine Verbindung zu dem auch nach der Vertreibung immer noch bekannten Breslauer Kaufhaus Bielschowsky, spielten ungeniert mit antisemitischen Stereotypen. Die Inhaberfamilie Bielschowsky, Opfer der Arisierung, sollte sich 1938 gegenüber ihren Angestellten nicht korrekt verhalten. Aber Ulrich Biel war zu diesem Zeitpunkt schon lange in den USA und ohne jeden Kontakt zu seiner Familie.

Ganz ohne Wirkung blieb diese Berichterstattung nicht, insbesondere bei den westlichen Alliierten, deren Vertreter Muße zur sorgfältigen Zeitungslektüre hatten, die ja ohnehin oft eine Quelle für nachrichtendienstliche Informationen darstellte. Die Gerüchte und Andeutungen konnten auf fruchtbaren

Boden fallen, weil Biel auch dort als geheimnisvoll und undurchschaubar galt und durch seinen vertrauensvollen Umgang mit den unterschiedlichsten deutschen Politikern zunehmend suspekt wurde. Dieses Misstrauen zu verstärken war wohl die wichtigste Funktion der von der SED gesteuerten Berichterstattung. Die meisten Zeitungsleser hatten andere Sorgen, als sich über die Wohnungen alliierter Offiziere zu echauffieren, von denen es in jedem Sektor Hunderte gab, oder über angebliche Schikanen gegen die lächerlich geringe Zahl der FDJ-Mitglieder in den Westsektoren, ganz abgesehen davon, dass die SED im Westteil der Stadt herzlich unbeliebt war und ihre Jugendorganisation nicht minder.

Biel war nicht nur bei den Deutschen, sondern auch bei den Alliierten allenfalls respektiert, aber nicht beliebt. Das Verhältnis zu General Clay war kompliziert. Selbst bei dem prinzipiell wohlwollenden Frank Howley schimmerte Fremdheit durch, wenn er über ein Manuskript Biels für seine Rede bei der Eröffnung der Freien Universität Berlin 1948 schrieb: »One week before, I asked Dr. Biel to prepare my speech to me. (Biel is German-trained, German-born and thinks as a German). I had indicated only in short terms what I thought should be said. Biel's speech covered about eight pages, dealt with the past German philosophies, the Weimar Republic, the history of education in Germany.«

Ernst Reuter nahm seit dem 1. September 1948 als beratendes Mitglied an den Tagungen des Parlamentarischen Rates in Bonn teil. Am 6. September 1948 sprengten in Berlin die Abgeordneten der SED die Sitzung der Stadtverordnetenversammlung im Neuen Stadthaus im Bezirk Mitte und erklärten den Magistrat für abgesetzt. Von kommunistischer Seite beauftragte und bezahlte Schläger und Pöbler machten mit inszenierten Raufereien und permanenten lautstarken Störungen Stadtverordnetenvorsteher Suhr die Leitung der Sitzung unmöglich. Die nichtkommunistischen Stadtverordneten flohen an diesem Tag in den Westsektor und kamen provisorisch auf dem Gelände der Technischen Hochschule in Charlottenburg im britischen Sektor unter. Biel war dabei und beförderte den *RIAS*-Journalisten Jürgen Graf in seinem Jeep unter abenteuerlichen Umständen sicher in die Westsektoren. Ein politisches West-Berlin begann sich zu konstituieren – unfreiwillig, aber mit tatkräftiger Hilfe von Biel, der etwa auch bei den Beratungen über die neue Verfassung zugegen war.

Dabei war das Verhältnis zwischen den Politikern West-Berlins und ihren alliierten Verbündeten keineswegs frei von Konflikten. Ulrich Biel sprang einmal Ferdinand Friedensburg zur Seite, als dieser von dem britischen Stadtkommandanten Otway Herbert beschimpft worden war, allerdings auf seine Weise. Friedensburg hatte in einem ungelenken Schreiben mit Briefkopf »Der Oberbürgermeister von Gross-Berlin« mit Schreibmaschine »stellvertr.« nachgetragen, als »acting head of the German administration of Berlin« von Herbert eine Entschuldigung gefordert. Biel fing das Schreiben ab und leitete es an General Clay weiter. Der Vorfall kam Biel gelegen, da er mit Herbert in wechselseitiger Abneigung verbunden war. Zum 23. Januar 1949 wurde Herbert als britischer Stadtkommandant abberufen.

Am 5. Dezember 1948 fanden in den Berliner Westsektoren Neuwahlen statt. Die SPD gewann bei einer Wahlbeteiligung von über 86 Prozent, angeführt von ihrem Spitzenkandidaten Ernst Reuter, erstaunliche 64,5 Prozent der Stimmen. Es sollte das beste Ergebnis sein, das die SPD je bei einer Landtagswahl erzielte. Eine empfindliche Niederlage bedeutete der Ausgang der Wahl für die CDU, die unter Ferdinand Friedensburg deutlich an Stimmen verlor; sie kam nur noch auf 19,4 Prozent. Von ihren Verlusten profitierte die FDP. Die SED hatte im Westteil der Stadt diesmal nicht kandidiert, denn sie musste während der Blockade als »Sowjetpartei« mit einer vernichtenden Niederlage rechnen. Adenauer im fernen Bonn war verständlicherweise mit dem Ergebnis »nicht zufrieden«, der auf politische Stabilität bedachte Ulrich Biel dafür umso mehr. Das Wahlergebnis vermittelte eine klare Botschaft, nämlich dass eine große Mehrheit der West-Berliner Reuters Kurs einer weitgehenden Eingliederung in den Weststaat unterstützte. Am 7. Dezember 1948 wurde Ernst Reuter endlich zum Oberbürgermeister von (West-)Berlin gewählt und konnte jetzt auch offiziell sein Amt antreten – ein sowjetisches Veto gab es diesmal nicht mehr, denn eine Folge des Auszugs der Sowjets aus der Alliierten Kommandantur war, dass sie fortan auf die Entwicklung im Westteil der Stadt keinen unmittelbaren Einfluss mehr nehmen konnten. Sie setzten darauf, dass ihnen die Westhälfte der Stadt allein durch dauerhaften Druck und die normative Kraft der politischen Fakten zufallen würde. Mit dieser Wahl von Reuter war Berlin allerdings endgültig geteilt und verfügte fortan bis 1990 über zwei Stadtregierungen.

Sitzung der Alliierten Kommandantur, 12. Dezember 1947; ganz links der britische Stadtkommandant Otway Herbert, zweiter von links Frank L. Howley, rechts (rauchend) Alexander Kotikow

Biel hatte sich 1948 einen Ruf als »Schattenmann« erarbeitet, der hinter den wichtigen Entscheidungen des Jahres stand. Am 12. September 1948 war er vom SED-Organ *Neues Deutschland* unter der Überschrift *Mr. Biel gestattet nicht …* vorgeführt worden. Zum *Tag der Opfer des Faschismus* waren der SED-nahen *Vereinigung der Verfolgten des Naziregimes (VVN)* in Berlin Aufzüge im amerikanischen Sektor verboten worden, sicherlich nicht von Biel persönlich, aber darauf kam es dem *Neuen Deutschland* nicht an: »Mr. Biel befürchtet offenbar, dass das Bekenntnis des deutschen Volkes zu den Kämpfern und Opfern des faschistischen Terrors zugleich ein starkes Bekenntnis für Frieden, Völkerverständigung und für die Einheit Deutschlands ist. Ist es das, was Mr. Biel nicht gestatten möchte?«

Das war tendenziös und in der Fokussierung auf Biel, der ja nicht der einzige amerikanische Entscheidungsträger in Berlin war, angesichts des eher zweitrangigen Themas überspitzt. Ende 1948 hatte Biel allerdings auch hinter der Gründung einer Kommunistischen Partei Opposition, Landesverband Berlin (KPO) gestanden, gemeinsam mit dem Leiter des Ostsekretariats der Berliner SPD, Ernst Moewes, dem zweiten SPD-Vorsitzenden Kurt Mattick und Franz Tausch-Treml von der SPD-Zeitung *Der Sozialdemokrat*. Der Antikommunist Mattick war mit der Arbeit des SPD-Ostbüros unzufrieden und hatte zur Zersetzung die Gründung einer kommunistischen Parteiopposition innerhalb der SED angeregt, dazu auch die Wiederbelebung der KPD-Parteizeitung *Die Rote Fahne*. Biel hatte dies als Freund subversiver Aktionen »genial« gefunden und 10.000 Mark Unterstützung sowie Care-Pakete in Aussicht gestellt. Er hatte gute Erfahrungen mit trotzkistischen Gruppen in den Westsektoren gemacht, da diese Stalin, die sowjetische Politik und die SED ablehnten. Aus einer solchen trotzkistischen Gruppe stammte Klaus Schütz, später Sozialdemokrat und Regierender Bürgermeister von Berlin. Im Januar 1949 benannte sich die KPO in Freie Kommunistische Partei Deutschlands (FKPD) um. Ihr erster Vorsitzender war Karl-Heinz Scholz aus dem Wedding, ein aus Sachsen stammender Hochstapler mit krimineller Vergangenheit, der sich wahlweise als Sohn eines Sanitätsoffiziers oder Treuhänder einer Geldschrankfabrik ausgab und nach 1945 kurzzeitig Polizist geworden war. Biel sah sich gezwungen, die Notbremse zu ziehen; am 30. März 1949 wurde die FKPD von den Alliierten verboten.

Schadenfroh hatte der SED-Pressechef Heinz Brandt, der in den fünfziger Jahren selbst mit der SED brechen sollte, im Organ der Berliner SED-Bezirksleitung *Vorwärts* berichtet und an das »Parteibewusstsein der Genossen«, appelliert, »der Karriere eines Mr. Biel auf dem Rücken der Berliner Arbeiterbewegung ein Ende zu bereiten«: »Der berüchtigte Mr. Biel (alias Bielschowsky aus Breslau) verdankt seine Karriere seiner Fähigkeit, Agenturen des amerikanischen Geheimdienstes zu schaffen und dafür die entsprechenden Subjekte zu finden. Er ist der eigentliche Gründer der KPO (jetzt FKP) und hat dieser Agentenzentrale des amerikanischen Imperialismus den unmittelbaren Schutz der französischen Militärpolizei erwirkt. Zu ihrem Leiter hat er den Kriminellen Karl-Heinz Scholz ›erwählt‹. Ein Strolch, der nicht weniger als elfmal wegen Körperverletzung, Hausfriedensbruch und Zuhälterei vorbestraft ist, mit dem man also ›Pferde stehlen‹ kann. […] Es ist kein Zufall, dass in der westlichen lizenzierten Kriegshetzerpresse diese ›Parteigründung‹ (auf ein Stichwort Mister Biels hin) bombastisch aufgemacht wurde und dass Mattick, der Ostbüro- und Agentenspezialist der SPD, bei der Verfassung des KPO-›Parteiprogramms‹ Pate stand. [...] Eine weitere ›Parteigründung‹ dieses Mister Biel ist die USPD. Die Strohmänner dieser Splitterpartei sind der ehemalige Redakteur des *Sozialdemokrat*, Heinz Krüger, und der ehemalige SPD-Stadtverordnete Kischkat.«

Bereits am 5. März 1949 hatte das *Neue Deutschland* ähnlich berichtet. Fast gleichzeitig musste Ulrich Biel wieder einmal die Dienststelle wechseln. Von Herausgeber Erik Reger war Biel am 4. September 1949 im *Tagesspiegel* als »diejenige Stelle der amerikanischen Militärregierung [...], die die Verbindung zum gesamten politischen Leben der Stadt Berlin hält«, bezeichnet worden. Dazu gehörten allerdings auch konspirative Tätigkeiten, bei denen vieles nur angedeutet blieb. Sogar aus Westdeutschland wurde Biel in Anspruch genommen, etwa am 10. Januar 1949 von dem FDP-Vorsitzenden Theodor Heuss, der in Bremen Schwierigkeiten mit einer sowjetfreundlichen Partei hatte, die sich auch FDP nannte, ein Name, den auch seine Bremer Parteifreunde für sich beanspruchten.

Am 18. März 1949 meldete der gut informierte *Tagesspiegel*, der bislang der amerikanischen Zivilverwaltung unterstellte »Dr. Biel«, ein langjähriger Berater von General Howley »in politischen Angelegenheiten« und »sehr gute[r] Kenner der politischen Verhältnisse in Berlin«, sei unmittelbar dem amerikanischen Stadtkommandanten als politischer Verbindungsoffizier unterstellt worden. Stadtkommandant war seit 1947 aber noch immer Frank L. Howley, der Biel aus der Schusslinie bringen wollte. Am 23. Juni 1949 hatte sich Biel gemeinsam mit dem französischen Verbindungsoffizier beim Magistrat, Hauptmann Victor Ziegelmeyer, mit dem Trotzkisten Otto Schlömer, der 1946 aus der SED ausgeschlossen worden war, getroffen. Biel hatte ihm bei der Flucht aus Thüringen nach West-Berlin geholfen und eine Reise nach Westdeutschland ermöglicht, bei der es zu Begegnungen mit den einflussreichen Sozialdemokraten Herbert Wehner und Erich Gniffke gekommen war. Biel wollte einen Bericht von der Reise hören und sondierte auch diesmal die Chancen für eine konspirative »neue Arbeiterpartei« in der SBZ. Diese könne »eine nützliche akademisch theoretische Rolle in der Auseinandersetzung mit dem Bolschewismus« spielen. Alle ins Auge gefassten linken Parteigründungen von Biel sollten aber letztlich scheitern, vor allem weil es schlichtweg an geeignetem Personal fehlte.

Innerhalb von OMGUS war Biel aber nicht nur für politische Parteien, sondern teilweise auch für das Bank- und Kreditwesen zuständig. 1949 hatte er sich mit dem Frankfurter Rechtsanwalt Friedrich-Carl Sarre getroffen. In der NS-Zeit hatte Sarre in Berlin eine Anwaltskanzlei zusammen mit seinem Schwager Eduard Wätjen. Bis zu seiner Verhaftung im Januar 1944 war Helmuth James Graf von Moltke, eine der Schlüsselfiguren des Kreisauer Kreises, auch in dieser Kanzlei tätig gewesen. Sarre vertrat nach dem Krieg die Interessen der früheren Dresdner Bank, die von der Arisierung des Bankhauses »Arnhold und Bleichröder« profitiert hatte. Die alte Eigentümerfamilie Arnhold forderte Wiedergutmachung. In die zähen Verhandlungen war die amerikanische Militärregierung einbezogen. Ein Prüfungs- und Schlichtungsausschuss unter Vorsitz von OMGUS wurde gebildet, der am 15. August 1949 zusammentrat. Vorsitzender wurde auf Wunsch beider Parteien Ulrich Biel. Am 20. August 1949 bot Sarre der Familie Arnhold einen Barbetrag zwischen 700.000 und 750.000 DM zur Abgeltung aller gegenseitiger Haftungs- und Rückstellungsverpflichtungen an. Das war Biel zu wenig. Er wies auf die Rolle der Dresdner Bank im Nationalsozialismus hin und drohte mit Beschlagnahme von Wertpapieren und des Auslandsvermögens der Dresdner Bank. Dabei argumentierte er: »Die Dresdner Bank stehe doch aus der Zeit des Dritten Reichs mit einer gewissen Belastung da. Es erscheine ihm zweckmäßig, die ganze Angelegenheit Arnhold vom großzügigen Standpunkt aus zu behandeln und daran zu denken, dass hier nicht nur der Einzelfall geregelt werde, sondern dass es darauf ankomme, das gesamte deutsche Bankwesen in seinem Ansehen zu stärken.«

Allerdings war Biel Anwalt genug, um die Interessen beider Seiten zu sehen. Die Schlichtungsverhandlungen fanden in Frankfurt am Main statt und Biel hatte ausdrücklich auf Räumlichkeiten in der völlig zerstörten Innenstadt bestanden. Der Familie Arnhold sollten so die begrenzten Möglichkeiten der Dresdner Bank eindrücklich vor Augen geführt werden. Die Verhandlungen kamen dann schnell, für ein so umfangreiches Restitutionsverfahren sogar überraschend schnell, zum Abschluss. Bereits eine Woche nach dem ersten Angebot von Sarre, am 27. August 1949, wurde der Restitutionsvertrag von den Parteien ratifiziert. Die Interessenvertreter der Dresdner Bank hatten sich zur Rückerstattung von insgesamt 2,15 Millionen DM in Wertpapieren verpflichtet, außerdem wurde die Familie Arnhold an der entgangenen Dividende beteiligt.

Gegenüber deutschen Unternehmen trat Biel gerne fordernd auf. So war er 1949 auch an einer Unterredung zwischen der amerikanischen Militärregierung und der Siemens AG beteiligt. Dabei protestierte er lebhaft, aber im Ergebnis erfolglos dagegen, dass Siemens Kapazitäten aus Berlin nach Erlangen in die sichere amerikanische Zone verlegen wollte. Bedingt durch die Blockade und ihre Abschnürungsmaßnahmen, besaß West-Berlin kein Hinterland mehr. Ein wichtiger Verbündeter von Biel in seinem »Kampf für die Berliner Wirtschaft« und gegen »politische Widerstände« war nicht nur während der Blockade Heinrich Vockel, ein katholischer Volkswirt und Direktor des Warenhauskonzerns Hertie, von 1930 bis 1933 Reichstagsabgeordneter des Zentrums, nach 1945 mit Jakob Kaiser, Andreas Hermes, Heinrich Krone und Paulus van Husen Mitbegründer der Berliner CDU. Am 24. September 1949 hatte Biel mit Vockel mehrere Wirtschaftsvertreter zu sich in seine neue Dienstwohnung im Dahlemer Föhrenweg 10 geladen, um »Kredithilfe – Blockadehilfe – Kostenausgleichshilfe« für Berlin zu besprechen, ein Vorgängerprojekt der späteren Berlin-Hilfen. Ein weiteres Anliegen von Vockel war der Wiederaufbau des zum Hertie-Konzern gehörenden KaDeWe am Wittenbergplatz, bei dem Biel ebenfalls behilflich war. 1950 konnte das größte Warenhaus des europäischen Kontinents wiedereröffnet werden. Vockel wurde zum 1. Februar 1950 von Konrad Adenauer als Bevollmächtigter der Bundesregierung in Berlin eingesetzt. Er war einer der Erfinder der »Berlin-Zulage« für alle West-Berliner Beschäftigten, die acht Prozent der Bruttoeinkommen betrug und steuerfrei vereinnahmt werden konnte.

Erst am 12. Mai 1949 hatte die sowjetische Blockade geendet, die Luftbrücke offiziell sogar noch später, am 30. September 1949. Zwischen den Bewohnern West-Berlins und den westlichen Alliierten war in dieser Zeit das besondere Vertrauensverhältnis entstanden, das für die Teilstadt lange prägend sein sollte. Die amerikanischen, britischen und französischen Soldaten wurden nicht mehr als Sieger und Besatzer wahrgenommen, sondern als Schutzmächte. Auch während der Blockade hatte der Fortzug zahlreicher West-Berliner nach Westdeutschland nicht abgenommen. Als eines der letzten Mitglieder des von Biel betreuten Kreisauer Kreises hatte 1949 Hans Peters Berlin verlassen. Der katholische Professor für öffentliches Recht, der als Stadtverordneter der CDU mit Biel an einer Verfassung für Berlin gearbeitet hatte, war zum Wintersemester

1949/50 an die Universität Köln gewechselt. Die Gründung der Freien Universität in den Westsektoren 1948 hatte er abgelehnt. Am 25. August 1949 informierte er den »sehr geehrten Mr. Biel« über seinen Umzug, aber auch über einen Sachverhalt, der »nicht im Sinne der amerikanischen Militärregierung« liegen könne. Einer seiner Studentinnen war vom Bezirksamt Tempelhof als »Angehörige der Humboldt-Universität« mit Hinweis auf eine angebliche Praxis der Amerikaner der Interzonenpass verweigert worden. Dem »sehr verehrten Herrn Professor« antwortete Biel erst mehrere Wochen später, das Schreiben habe er »der zuständigen Dienststelle zur Bearbeitung weitergegeben«. Mit erheblich mehr Nachdruck setzte sich Biel während der Blockade für Flüchtlinge aus dem sowjetischen Machtbereich ein; unter bedrängten Politikern kursierte seine Telefonnummer als potentieller Rettungsanker.

Der SED-Funktionär Erich Gniffke, ein ehemaliger Sozialdemokrat, der zunächst die Vereinigung mit der KPD unterstützt, sich aber mehr und mehr der SED entfremdet hatte, rief bei Biel in der Nacht des 30. Oktober 1948 von einer Telefonzelle am S-Bahnhof Nikolassee an. Ihm drohte ein Parteiausschlussverfahren, weil er sich am gleichen Tag mit Otto Grotewohl überworfen hatte. Biel konnte ihm zur Flucht nach Westdeutschland verhelfen.

Den CDU-Politiker Ernst Lemmer, einen deutschlandpolitischen Gegenspieler Adenauers, hatte Biel schon lange aufgefordert, seinen Wohnsitz in Kleinmachnow in der sowjetischen Zone zu verlassen, da dieser beobachtet werde und dort jederzeit eine Verhaftung erfolgen könnte. Lemmer entschied sich zum Umzug in die Westsektoren. Biel begrüßte ihn und erklärte freimütig, wie Lemmer sich erinnerte: »Wissen Sie, wir haben ja kein besonderes Interesse daran, dass Sie hier im Westen eine politische Funktion übernehmen. Wenn Sie das tun wollen, dann ist das Ihre Sache; wir haben nichts dagegen. Uns interessiert nur, dass Sie nicht der sowjetischen Politik zum Opfer fallen und uns mit ihrem Talent unbequem werden.«

Den antikommunistischen Berliner LDP-Vorsitzenden Carl Hubert Schwennicke, ein Verbündeter im Kampf gegen Sozialisierungen und für den Standort von Siemens in Berlin, forderte Biel 1948 nicht nur zur unverzüglichen Flucht aus seiner Wohnung im sowjetischen Sektor auf, sondern er stellte ihm sogar unkompliziert sein Gästezimmer als ersten Anlaufpunkt zur Verfügung. Daraufhin wurde Biel von General Clay an das Fraternisierungsverbot erinnert. Die ehemalige Sozialdemokratin Barbara von Renthe-Fink von der Deutschen Zentralverwaltung für Gesundheit in Ost-Berlin hatte Biel auf der letzten Sitzung des Alliierten Kontrollrats, an der die Sowjetunion noch beteiligt war, unerwartet aus dem Hintergrund angesprochen: »Wissen Sie denn eigentlich, wofür Sie sich einsetzen?« Biel hatte darauf die Ärztin zu einem Mittagessen mit Marion Yorck eingeladen, ein weiteres Gespräch in Biels Wohnung, diesmal im Beisein von Ernst Reuter, folgte. In West-Berlin wurde Barbara von Renthe-Fink später Senatsdirektorin beim Senator für Gesundheit.

Auf dem Abstellgleis:
Als amerikanischer Beobachter in Niedersachsen

Frank Howleys Amtszeit als Stadtkommandant endete am 30. August 1949. Auch Biel musste Berlin jetzt verlassen und wurde am 19. November 1949 in Hannover in der britischen Zone amerikanischer »Land Observer« beim »Land Commissioner Lower Saxony«. Sein wichtigster Ansprechpartner auf deutscher Seite war nun die niedersächsische Landesregierung. Er unterstand unmittelbar dem amerikanischen Hochkommissar John J. McCloy, der mit seinem britischen und französischen Kollegen auf dem Petersberg bei Bonn residierte. Das *Information Bulletin*, die interne Zeitschrift von OMGUS, stellte Biel im Januar 1950 vor: »Dr. Biel war drei Jahre anwaltlich tätig, bis die Nazis an die Macht kamen.« Im Exil habe er »geschäftliche Beziehungen zu Investmentbanken in New York« unterhalten. Auch die Aufgaben eines »Land Observers« wurden beschrieben: »Wie in der Satzung der Alliierten Hohen Kommission bestimmt, wird jede Besatzungsmacht Beobachter mit kleinem Stab zu den alliierten Länderkommissaren der zwei anderen Besatzungszonen für Besprechungen und Beratungen entsenden. Direkt dem amerikanischen Hochkommissar unterstellt, werden die amerikanischen Beobachter ihrer Hochkommission auch über die politische Entwicklung in den jeweiligen Ländern Bericht erstatten. Der Austausch der Beobachter soll in erster Linie ein einheitliches Vorgehen der Besatzungsmächte in Westdeutschland befördern.«

Biel residierte in einer Doppelhaushälfte in der Wallmodenstraße 28 im wenig zerstörten Hannover-Kleefeld. Er war auch wegen Kurt Schumacher nach Hannover versetzt worden, der dort seinen Lebensmittelpunkt und seinen Bundestagswahlkreis hatte. Zudem hatte der Vorstand der westdeutschen SPD in den ersten Nachkriegsjahren dort im »Büro Schumacher« seinen Sitz. Spätestens seit der ersten Bundestagswahl hatte sich das politische Zentrum der Bundesrepublik aber nach Bonn verlagert und auch Schumacher hielt sich überwiegend dort auf. Biel hatte es mit einer von dem Sozialdemokraten Hinrich Wilhelm Kopf gebildeten niedersächsischen Landesregierung zu tun, einer Großen Koalition aus SPD, CDU und Zentrum – nach dem Krieg waren Große Koalitionen auf Länderebene das häufigste Regierungsbündnis. Außenpolitisch stimmte Kopf weitgehend mit Ernst Reuter und auch Adenauer überein, während Schumacher für eine betont »nationale« Politik und eine baldige Wiedervereinigung eintrat und deshalb alle Schritte zu einer verstärkten Westbindung ablehnte. Obwohl es keine grundsätzlichen Differenzen gab, wurde Biel misstrauisch aufgenommen. Hannover war nicht Berlin, die Stadt blieb fremd, und das beruhte auf Gegenseitigkeit. In einer Kabinettssitzung der Landesregierung im Dezember 1949 teilte Finanzminister Georg Strickrodt, ein Vertreter des konservativen Flügels der CDU, mit, »dass der Amerikaner Mr. Biel einen Besuch bei ihm angekündigt habe. Er beabsichtige, ihn wohl zu empfangen, sich aber in seinen Angaben sehr zurückzuhalten.« Das fand parteiübergreifende Zustimmung, auch bei Flüchtlingsminister Heinrich Albertz von der SPD, der später ein wichtiger Politiker in West-Berlin werden sollte und dort 1966/67 als Regierender Bürgermeister amtierte.

In seiner Eigenschaft als Land Observer nahm Biel am Gründungsparteitag der Bundes-CDU teil, der vom 20. bis 22. Oktober 1950 im weitgehend unzerstörten Goslar stattfand. Hier traf er auch auf Konrad Adenauer. Bei dieser Gelegenheit entstand das einzige Bild, auf dem beide zu sehen sind.

Nach Hannover wurde ein Beschluss des Amtsgerichts Charlottenburg vom 22. Dezember 1950 an »Herrn Dr. Ulrich Biel, U.S. Observer for Lower Saxony (Amerikanischer Beobachter für Niedersachsen)« zugestellt, wonach er Alleinerbe seiner »Frau Mutter« geworden sei; Mathilde Bielschowsky war jetzt offiziell für tot erklärt worden. Am 7. November 1951 richtete Biel einen Brief an das Entschädigungsamt Berlin, in dem er den »Schaden, der mir beruflich und hinsichtlich meiner Mutter gehörender Vermögenswerte entstanden« sei, geltend machte.

Ein Mitglied der niedersächsischen Landesregierung teilte den deutschlandpolitischen Kurs von Ministerpräsident Kopf nicht: Günther Gereke von der CDU, ein früherer Deutschnationaler, war Innen- und Landwirtschaftsminister, zudem stellvertretender Ministerpräsident. 1919 war er mit 25 Jahren Landrat des Kreises Torgau geworden, am Ende der Weimarer Republik als Reichskommissar für Arbeitsbeschaffung Mitglied der Reichsregierungen Papen und Schleicher gewesen. Auch dem ersten Kabinett Hitler hatte er in dieser Funktion angehört, bis er wegen einer Korruptionsaffäre ins Gefängnis kam. Biel hatte dazu angemerkt, es »tut niemand gut, wenn er mit 25 Jahren schon Landrat wird«. 1945 war Gereke aus der sowjetischen in die britische Zone geflohen, angeblich in der Uniform eines britischen Majors. Er kultivierte das Äußere eines ostelbischen Gutsherrn und liebte den Pferdesport. Innerhalb der CDU rechnete er sich zum linken Flügel. Seit Anfang 1949 war Gereke auf Konfrontation zu Adenauer gegangen und hatte eine Große Koalition auch in Bonn gefordert. In Hannover war es wiederholt zu dienstlichen Gesprächen mit Biel gekommen, der ihm auch eine Unterredung mit US-Hochkommissar McCloy vermittelt hatte.

Im Juni 1950 war Gereke ohne Absprache nach Berlin gefahren, um sich mit SED-Chef Walter Ulbricht, dem stellvertretenden Ministerpräsidenten der DDR, zu treffen. Gereke wollte niedersächsische Lebensmittelkonserven an die DDR verkaufen, wovon er sich einen neuen Absatzmarkt für die niedersächsische Landwirtschaft erhoffte. Dazu wurde ein bedeutungsloser Vertrag unterzeichnet. Für Ulbricht war es ein Propagandaerfolg, denn in Bonn hatte der Bundestag wenige Monate zuvor den Alleinvertretungsanspruch der Bundesrepublik festgeschrieben. Die DDR oder, im damaligen Sprachgebrauch, »die Zone« war ein Gebilde, mit dessen Repräsentanten man nicht sprach, weil ihnen die demokratische Legitimation fehlte. Gegen Ulbrichts offizielle Erklärung protestierten die Bundesregierung und der Berliner Senat scharf. In süffisanten Kommentaren der DDR-Presse wurde ausdrücklich auf Biel und seine vermeintliche Rolle beim Zustandekommen der Vereinbarung verwiesen.

Zurück in Hannover, behauptete Gereke, nur über wirtschaftliche Fragen gesprochen zu haben, Ulbricht in Berlin das Gegenteil. Schließlich trat Gereke

Hortensienstraße 48/50 in Berlin, Wohnung von Marion und Peter Yorck, ein Treffpunkt des Kreisauer Kreises; ab 1952 wohnte hier auch zeitweilig Ulrich Biel

am 21. Juni 1950 als Minister zurück, verließ die CDU, blieb aber Landtagsabgeordneter. Bei den Landtagswahlen 1951 wurde er mit der von ihm gegründeten neutralistischen Deutschen Sozialen Partei wieder in den Landtag gewählt. Es gab weitere Begegnungen mit Biel, etwa beim Empfang zum amerikanischen Nationalfeiertag am 4. Juli 1951. An einem Treffen in Biels Dienstwohnung nahm Ernst Reuter teil, der Biel auch in Hannover weiterhin regelmäßig besuchte. Im Dezember 1951 kam es zu einer weiteren Begegnung in der Wohnung von Marion Yorck in Berlin-Lichterfelde. Am 26. Juli 1952 siedelte Gereke dann in die DDR über. Unmittelbar danach sprach er auf einer bereits von langer Hand vorbereiteten Pressekonferenz und erwähnte dabei ausdrücklich das Treffen vom Dezember 1951, bei dem ihm Biel zwar »gedroht«, aber auch eine »politische Prämie« für den Verbleib im Westen angeboten hätte. Gereke erhielt 1953 den für ihn geschaffenen Posten als Vorsitzender der Zentralstelle für Zucht- und Leistungsprüfungen der Vollblut-

und Traberpferde der DDR und wurde von der Block-CDU auf gelegentliche Vortragsreisen geschickt.

Zum Jahresende 1951 wurde Biel von Hannover nach Bonn versetzt. In der noch nicht eingemeindeten Bonner Vorstadt Bad Godesberg befand sich auf Deichmanns Aue der Sitz Sitz der amerikanischen Hochkommission, aus der 1955 die amerikanische Botschaft entstand. Lange blieb Biel nicht in Bonn. Sein Antrag auf Weiterbeschäftigung im diplomatischen Dienst der USA war abgelehnt worden, formal weil eine dauerhafte Übernahme in das State Departement an eine mindestens fünfzehn Jahre zurückliegende Einbürgerung geknüpft war. Weiterhin war Biel häufig in Berlin anzutreffen. Am 30. Januar 1952 traf er sich dort etwa mit Melvin Lasky, Ernst Lemmer und dem amerikanischen Journalisten James Preston O'Donnell. Am 24. März 1952 begleitete er einen Berlinbesuch des antikommunistischen englischen Labour-Politikers R. H. S. Crossman, der zu einer Diskussionsrunde mit dem sozialdemokratischen Politologen Richard Löwenthal und mit Otto Bach, Willy Brandt und Ernst Lemmer zum Lunch bei Ernst Reuter verabredet war.

Am 3. Juni 1952 gab der Abteilungsleiter für Deutschlandfragen im State Department, Geoffrey W. Lewis, in Bonn einen Abschiedsempfang für Ulrich Biel. Unter den Gästen war auch Otto Lenz, Staatssekretär im Bundeskanzleramt und Vertrauter Adenauers, der in seinem Tagebuch notierte: »Abends war ich bei dem amerikanischen politischen Berater, Mr. Lewis, eingeladen, der einen Abschiedsabend für meinen alten ›Freund‹ Beel gab, der offenbar völlig fallengelassen worden ist und nun in Berlin sein Assessorexamen nachmachen will, um sich als Anwalt niederzulassen.«

Am 5. Juni 1952 schied Ulrich Biel endgültig aus dem amerikanischen Staatsdienst aus. Nicht ganz korrekt behauptete er später, dies sei »auf eigenen Wunsch« erfolgt. Am gleichen Tag besuchte er Melvin Lasky, der in seinem Tagebuch notierte: »Visit of Ulrich Biel – out of services – will stay in Berlin, re-study law – to practice law in Germany (political and civil liberties)!«

Sein amerikanisches Dienstfahrzeug, einen Ford, durfte er behalten, seine Dienstwohnung jedoch nicht. Die vorläufige Anschrift lautete »zur Zeit Berlin-Lichterfelde, Hortensienstr. 50« – die Wohnung von Marion Gräfin Yorck. Daraus machte Biel auch kein Geheimnis und teilte etwa dem Berliner SPD-

Landesvorsitzenden Franz Neumann am 22. August 1952 mit: »Ich bin jetzt in Berlin als Privatmann und wohne bei Marion Yorck.«

Erfolgreiche Neuorientierung: Rechtsanwalt in Berlin

Unmittelbar nach dem Ausscheiden aus dem amerikanischen Staatsdienst begann Biel Bewerbungen zu schreiben, so etwa an Hermann Josef Abs, seit 1952 in führender Position bei der Deutschen Bank. Auch Marion Yorck half bei der Suche nach einem neuen Aufgaben- und Betätigungsfeld. Ihr 1952 verstorbener Schwager Friedrich Carl Siemens hatte das Ofenbauunternehmen Friedrich Siemens KG geführt, sein als Nachfolger vorgesehener Sohn war noch in der Endphase des Krieges im März 1945 gefallen, sodass das Unternehmen einer Erbengemeinschaft aus drei überlebenden Kindern übertragen wurde. Biel übernahm 1952 die juristischen Firmenangelegenheiten und kümmerte sich bei der Berliner Zentralbank um devisenrechtliche Genehmigungen. Aber auch Teilnehmer seiner »Sonntagsrunde«, die er wieder hatte aufleben lassen, wurden beraten, etwa der Regisseur Jürgen Fehling bei seinen Verhandlungen mit dem Senat um eine Vertragsverlängerung zu besseren Bedingungen.

Eine Besprechung bei Ernst Reuter, an der Volksbildungssenator Joachim Tiburtius und Finanzsenator Friedrich Haas (beide CDU), dazu Boleslaw Barlog, der Generalintendant der Berliner Staatlichen Schauspielbühnen, sowie Fehling und sein Rechtsbeistand Biel teilnehmen sollten, musste wegen Fehlings angeschlagenen Gesundheitszustands abgesagt werden. Biel hatte gedrängt, die Terminverschiebung mit den schwebenden Vertragsverhandlungen zu begründen, »um nicht durch Angabe der wahren Gründe den Gesundheitszustand seines Klienten Fehling noch weiter zu gefährden«. Am 10. März 1953 kam es dann zu einer unverbindlichen Besprechung von Barlog, Tiburtius und Biel »über die Regelung der künftigen Beziehungen zwischen dem Schillertheater resp. Stadt und Land Berlin und Jürgen Fehling«. Fehling wurden ein Ehrensold und ab seinem 70. Geburtstag am 1. März 1955 15.000 DM jährlich zugesichert. Sein Vertrag orientierte sich an dem von Wilhelm Furtwängler, dem Chefdirigenten der Berliner Philharmoniker. Im Gegenzug verpflichtete sich Fehling zu »vier bis fünf Inszenierungen am Schiller- und Schlosspark-Theater« und im »Einverständnis der Beteiligten« auch an der Städtischen Oper. Biel setzte den Vertrag auf. Am 24. März 1953 teilte Barlog Biel seine »Freude« über das Ergebnis der Besprechung »zwischen Ihnen und den Herren des Senats« mit und erklärte sich »mit allen Ergebnissen der Verhandlung einverstanden«. Fehling liege jetzt »bis zu 300 % über der üblichen Gage«. Es läge in Biels und Fehlings Hand, sich über die steuerliche Seite einig zu werden. »Alles andere, einschließlich der Zahlungsbedingungen, habe ich geschluckt.« Tatsächlich wurde aus den Plänen aber nichts. Nach Fehlings letzter Premiere am 27. September 1952 am Schillertheater sollten sich wegen seiner fortschreitenden manisch-depressiven Erkrankung alle weiteren Regieprojekte zerschlagen, nicht nur in Berlin.

Am 19. Juni 1952 hatte Biel an den Berliner Justizsenator Valentin Kielinger, einen katholischen CDU-Politiker, geschrieben, um bei einer Besprechung in Kielingers Büro »Voraussetzungen zu schaffen, unter denen ich zur Anwaltschaft zugelassen werden kann«. Er hatte auf das abrupte Ende seines Referendariats im Dritten Reich aus »rassischen Gründen« verwiesen und auf eine »Kopie meiner Doktordissertation in der Bibliothek des Kammergerichts«. Als deutsche Referenzen benannte er an erster Stelle Konrad Adenauer (»der Herr Bundeskanzler«), danach Heinrich Vockel (»der Herr Bundesbevollmächtigte für Berlin«), die »Herren Bundesminister« Jakob Kaiser und Hans Lukaschek, die »Herren Staatssekretäre« Otto Lenz und Walter Strauß, ferner Ernst Reuter (»der Herr Regierende Bürgermeister von Berlin«), Otto Suhr (»der Herr Präsident des Abgeordnetenhauses von Berlin«), sowie die »Herren Vorsitzenden der Landesverbände der drei politischen Parteien« Franz Neumann (SPD), Robert Tillmanns (CDU) und Carl-Hubert Schwennicke (FDP). »Amerikanische Referenzen« werde er »auf Verlangen beibringen«.

Unmittelbar Rechtsanwalt wurde Biel aber dann doch nicht. Man einigte sich auf einen Kompromiss. Der 45-Jährige wurde als »Referendar a. D.« zur zweiten juristischen Staatsprüfung zugelassen, die er am 21. November 1952 vor dem Juristischen Prüfungsamt Berlin mit »befriedigend« bestand. Am 14. Januar 1953 beantragte Biel daraufhin beim Präsidenten des Kammergerichts erfolgreich die Zulassung zur Anwaltschaft. Dabei musste er auch die vorgegebene Frage beantworten, ob er »Verfolgter des nationalsozialistischen

*Der CSU-Politiker Josef Müller
(»Ochsensepp«), einer der wenigen
Duzfreunde von Ulrich Biel*

Regimes aus politischen, rassischen oder religiösen Gründen« gewesen sei. Biels Antwort war kurz und knapp: »Wurde aus rassischen Gründen – siehe Lebenslauf – verfolgt und habe mich niemals um eine amtliche Anerkennung bemüht.«

Am 29. Januar 1953 unternahm Biel mit Melvin Lasky sowie dem Journalisten und Politikwissenschaftler Richard Löwenthal – ein jüdischer Remigrant, Sozialdemokrat, außerdem zusammen mit Willy Brandt Verfasser einer voluminösen Biographie von Ernst Reuter – sowie Otto Heinrich von der Gablentz von Berlin aus eine Reise über Bonn nach Paris zu einem Treffen mit französischen Politikern. Zwischenzeitig wurde er in Hannover von Kadidja geschieden, die seit 1949 wieder in Deutschland, in München, lebte, wie Biel es ihr 1946 geraten hatte. Am 25. Februar 1953 berichtete Biel dem »lieben Sepp«, dem CSU-Mitbegründer und ehemaligen Parteivorsitzenden Josef »Ochsensepp« Müller, von Beruf Anwalt wie er selbst und einer seiner wenigen Duzfreunde, er sei im letzten Monat »kostspielig, aber schuldlos«, bei einmaliger Zahlung von 8.000 Dollar und einer befristeten Unterhaltszahlung, »endlich geschieden« worden.

Auch seinen beruflichen Neuanfang als neu zugelassener Rechtsanwalt teilte Biel dem »Ochsensepp« mit, der zusammen mit Dietrich Bonhoeffer im KZ Flossenbürg gesessen hatte und nach dem Krieg bis 1952 bayerischer Justizminister war: »Ich habe mich in Berlin als Anwalt zulassen lassen und habe diese Entscheidung entgegen einer Zulassung in Westdeutschland aus Gründen der Freundschaft, der allgemeinen Anhänglichkeit an meine Vaterstadt und aus langfristigen sachlichen Überlegungen getroffen.« Biels erste Kanzlei war in einer Bürogemeinschaft mit dem Rechtsanwalt Hellmut Killer in Lichterfelde, Ringstraße 42, untergebracht. »Für die Art von Praxis, welche mir vorschwebt, spielt es im Übrigen keine entscheidende Rolle, wo ich zugelassen bin.«

Auch wenn er »nicht mehr kostenfrei in der Gegend herumtelefonieren« könne, habe er »ohne große Bemühungen« und ohne Werbung »sofort« zwei Großmandate gewonnen, nämlich die »Beratung eines unserer größten deutschen Industrieunternehmungen in einer achtstelligen Schadensangelegenheit gegen eine Besatzungsmacht« und »eine freiberufliche Beratungstätigkeit bei der Frankfurter Niederlassung der Deutschen Treuhand-Gesellschaft«. So unterhielt er denn auch ab 1953 in Frankfurt ein Büro am Großen Hirschgraben bei der Deutschen Treuhand-Gesellschaft, einem Wirtschaftsprüfungsunternehmen, das 1890 von der Deutschen Bank und dem Bankhaus Jakob Stern gegründet worden war. Unter der Woche war Biel oft in Frankfurt, an den Wochenenden meistens in Berlin. Er wäre, so schrieb er, dem »lieben Sepp« »natürlich dankbar, wenn Du bei Beratungs-, Verhandlungs- oder Prozesssituationen größerer Art, für welche ich der geeignete Mann sein könnte, an mich denkst«. Umgekehrt empfahl Josef Müller im April 1953 aber auch Biel einen »Mann voll guten Willens und praktischer Vernunft« für die Deutsche Treuhand; die Empfehlung war durch ein »Bayernpaket«, eine Auswahl Münchner Delikatessen für Biel, unterstrichen worden.

Das Sekretariat der Deutschen Treuhand nahm Biel auch für private Geschäfte in Anspruch, etwa den Verkauf seines alten Dienstwagens mit Hilfe von Melvin Lasky. Im finanziell klammen Berlin war kein Käufer zu finden, die Frankfurter Niederlassung von Ford sah dagegen keine Probleme, den Gebrauchtwagen »ohne Schwierigkeiten an irgendeinen Amerikaner für 700–800 $ binnen einer Frist von 1–2 Wochen verkaufen zu können«. In einem »aus Sekretariatsgründen« dienstlichen Brief vom 15. April 1953 bat Biel aus Frankfurt Lasky, den

Ford in Berlin »unter einer 3 C- oder 3 H-Nummer« anzumelden. Er werde dann »irgendeinen befreundeten Amerikaner bitten, ihn durch die Zone zu fahren und notfalls von Helmstedt an ihn dann selbst hier herunter zu fahren«.

In einem Brief aus Frankfurt vom 14. April 1953 hatte sich Ulrich Biel bei Hermann Josef Abs für Pater Paul Bolkovac verwendet. Der Jesuit aus dem Kreisauer Kreis wurde als der beste »Freund von Pater Delp, der mit Graf Moltke zusammen sein Leben verlor« eingeführt. Als katholischer Studentenpfarrer in Göttingen habe er »in den letzten zwei Jahren viele junge Menschen von verbohrten Ideologien und Doktrinen befreit«. Bolkovac besaß Kontakte zu antikommunistischen Organisationen wie der »Moralischen Aufrüstung« und suchte Geldgeber für ein nicht näher bezeichnetes Vorhaben, über das Biel aber informiert war: »Ich bitte um Ihr Wohlwollen, insbesondere hinsichtlich von Einführungen an etwaige Geldgeber in Hamburg, weil ich mit ihm befreundet bin und seinen Plan für gut halte.«

Anfang der fünfziger Jahre wechselte Biel auch Briefe mit Hubertus Prinz zu Löwenstein. Der katholische Adelige hatte vor 1933 zu den Autoren der *Vossischen Zeitung* gehört. 1936 war er in die USA emigriert, 1946 nach Deutschland zurückgekehrt und lebte auf seinem Schloss in Amorbach im Odenwald; Frankfurt war nicht weit. Löwenstein war seit 1949 Bundestagsabgeordneter der FDP, zudem Redakteur der Wochenzeitung *Die Zeit*, linksliberal, aber auch national. Mit spektakulären Aktionen hatte er für die Rückgabe Helgolands an Deutschland gekämpft, mit der von ihm begründeten »Deutschen Aktion Saar« für die Wiedervereinigung mit dem Saargebiet. Dieser Kontakt vermittelte Biel das Mandat zur Verteidigung des saarländischen Unternehmers Walter Bruch (Globus-Handelshof) in Saarbrücken.

Bruch hatte am 6. August 1953 an der Grenze zwischen Saargebiet und Bundesrepublik zwei Druckmatrizen nicht deklariert und war von französischen Zöllnern verhaftet worden. Die Matrizen dienten als Vorlage für ein Flugblatt von Löwensteins »Deutscher Aktion Saar«. Darin wurde das Saargebiet als Teil Deutschlands bezeichnet und die Unterdrückung der Grundrechte durch die französische Besatzungsmacht beklagt. Bruch wurde wegen Verstoßes gegen Zollbestimmungen angeklagt. Der Materialwert der Matrizen betrug zehn Pfennige. Der Staatsanwalt war Franzose, das Gericht eine Zollstrafkammer. Als Verteidiger verwies Biel auf den geringen Wert der Matrizen, allein ein

Güterwagen davon hätte einen gewissen Wert. So könne jede Mitnahme einer Zeitung oder eines Briefes als Zollvergehen angeklagt werden. Das saarländische Gericht war allerdings, so Volkmar von Zühlsdorff in der *Zeit*, gegenüber den Franzosen »willfähig«. Bruch wurde zu einer Strafe von fünf Millionen Francs, damals 50.000 DM, und einem Tag Gefängnis bei fünf Jahren Bewährung verurteilt. Zühlsdorffs Bericht *Saarbrücker Justiz* in der *Zeit* vom 10. September 1953 ließ Biel ausführlich zu Wort kommen: »Der Verteidiger, Dr. Biel aus Berlin, sagte es klar heraus: ›Was hier geschieht, ist ein Missbrauch technischer Zollgesetze für politische Zwecke, um die Freiheitsrechte zu zerstören und aus einer etwaigen ›Europäisierung‹ von vornherein eine Farce zu machen.‹«

»Zur Unerträglichkeit gesteigert«: Vorstandsmitglied auf Abruf

Die wohlwollende Berichterstattung über Biel in der *Zeit* korrespondierte mit seinem beruflichen Kontakt zu Marion Gräfin Dönhoff, damals stellvertretende Chefredakteurin. Am 7. Juli 1953 berichtete Biel Marion Dönhoff auf vier Schreibmaschinenseiten von seiner »Wiener Reise«, von der er vor wenigen Tagen zurückgekehrt war. Es war sein zweiter Aufenthalt in Wien 1953, ein Jahr, in dem er ohnehin beruflich viel gereist war, unter anderem nach Mailand. Biel war mit der Deutschen Treuhand an der Privatisierung der Donau-Chemie beteiligt, ein 1945 verstaatlichtes Unternehmen aus dem I. G. Farben-Konzern, der nach dem Krieg von den Alliierten zerschlagen worden war. Dabei hatte Biel den österreichischen Finanzminister Reinhard Kamitz getroffen und den Unternehmer Karl Kahane kennengelernt, einen der wenigen Überlebenden des Wiener jüdischen Großbürgertums. Kahane besaß über die Karbidfabrik Continentale AG in Landeck (Tirol) eine Geschäftsbeziehung zu Donau-Chemie; diese war 1938 zum Bestandteil der Donau-Chemie »arisiert« worden. Die Restitution, grundsätzlich unumstritten, gestaltete sich schwierig und machte komplizierte Verhandlungen erforderlich; die Karbidwerke in Landeck sollten nicht mehr aus dem Konzern ausgegliedert werden. Schließlich wurde unter Beteiligung von Biel eine Einigung erzielt, bei der Kahane im Ergebnis ein Drittel der Donau-Chemie erhielt. Zwischen Kahane, der 1958 erster Aufsichtsratsvorsitzender der privatisierten Donau-Chemie wurde, und Biel entwickelte sich eine lebenslange Freundschaft.

Biel hatte Marion Dönhoff einen fast journalistischen Länderbericht geschrieben, »erfüllt von politischen Eindrücken von Wien und von Mailand aus der Zeit des Wahlkampfes«, nicht ohne ironischen Blick auf die eigene Mitteilsamkeit: »Unsereins bleibt im Gegensatz zu Ihnen, die sich in Ihrer Zeitung ständig ihren Freunden vermittelt, keine andere Möglichkeit als das Gespräch, um sich zu äußern.«

»Die Wiener« – noch war auch Österreich in vier Besatzungszonen aufgeteilt und die Hauptstadt eine Viersektorenstadt –, hieß es in dem Reisebericht, seien »davon erfüllt, die Einheit des Landes um jeden Preis zu bewahren und nach Möglichkeit eine Brücke zwischen Ost und West zu bilden«. Dabei würden sie das »betonte demokratische Pathos der Freiheit« und die »permanente metaphysische Großaufnahme ideologischer Gegensätze« mit Entschiedenheit ablehnen. Die Österreicher hätten »im Augenblick mehr Verständnis für die amerikanische als die englische Haltung«, befürchten von den Engländern, »dass sie zwar bereit sind, auf Wiedervereinigung bis zur Oder-Neiße-Linie zu drängen«, die »blutende Wunde von Helmstedt« zu schließen, andererseits aber »alles andere den Sowjets zu überlassen«. Den wenige Wochen zurückliegenden Aufstand in der DDR vom 17. Juni 1953 erwähnte Biel nur indirekt: »Ebenso wie Berlin voll von Gerüchten von Arbeiterunruhen in Leipzig und Erfurt ist, schwirrt es in Wien nur so von Nachrichten über landwirtschaftliche Schwierigkeiten in Böhmen und Ungarn.« Die »innerpolitischen Verhältnisse« in Österreich seien »unerfreulich«: »Trotzdem ÖVP und SPÖ in derselben Regierung sitzen, stehen sie sich mit einer Feindseligkeit gegenüber, welche fast wie ein Ersatz für die mangelnde Entschiedenheit für die Ost-West-Auseinandersetzung anmutet.«

Überbrückt werde der politische Konflikt »durch einen Doppeleintopf der Patronage«, jeder wichtige Posten werde doppelt besetzt, was bei der »angeborenen Schlamperei dem natürlichen Empfinden auch nicht allzu sehr zu widersprechen scheint«. Zudem gebe es »einen fast unvorstellbaren Wohlfahrtsstaatsluxus.« Wien sei »sehr gegensätzlich zu Berlin, zu dem ich mich nach jeder Reise nur noch stärker hingezogen fühle. Gottlob werde ich Sonntag wieder da sein.«

Am 17. September 1954 hatte Ulrich Edward Biel durch Hoheitsakt des Polizeipräsidenten in Berlin wieder die deutsche Staatsangehörigkeit erworben. Die Urkunde wurde ihm am 20. November 1954 ausgehändigt. Als er 1934 das Deutsche Reich verlassen hatte, gab es noch keine gesamtdeutsche Staatsangehörigkeit. Ulrich Bielschowsky war als Preuße emigriert, Ulrich Biel nun Deutscher geworden.

Die Deutsche Treuhand in Frankfurt war für den Anwalt Biel nur eine Durchgangsstation. Er wollte wieder dauerhaft nach Berlin, auch zu Marion Yorck, die seit einigen Jahren dort als Staatsanwältin arbeitete. Er hatte in Dahlem ein Grundstück erworben und wollte bauen. 1956 verfasste Hermann Josef Abs ein Empfehlungsschreiben für die Berliner Disconto-Gesellschaft, ein Tochterunternehmen der Deutschen Bank, und erklärte, dass »Herr Dr. Biel sich in Berlin als Anwalt niederlassen« wolle. Er würde es »daher sehr begrüßen, wenn Sie Herrn Dr. Biel bei dem Aufbau seiner neuen Existenz behilflich sein werden«. Die neue berufliche Basis in Berlin fand Biel bei der gewerkschaftseigenen Bank für Wirtschaft und Arbeit, einem Tochterunternehmen der Bank für Gemeinwirtschaft. Er wurde Mitglied des Vorstands. Die neue Tätigkeit verlief allerdings nicht ganz reibungslos. Biel misstraute dem Mutterkonzern in Düsseldorf, auch angesichts der geplanten Fusion aller Gemeinwirtschaftsbanken, und war vor der Betriebsratswahl 1958 mit dem Satz zitiert worden, »dass alle Westdeutschen – egal ob Gewerkschafter oder Kapitalisten – für Berlin nichts übrighätten und unter Umständen bereit seien, Berlin fallen zu lassen«.

Immerhin hatte auch Biel 1955 den Umzug der Friedrich Siemens Ofenbau von Berlin nach Düsseldorf juristisch begleitet. Am 8. Januar 1959 beschwerte sich Walter Opitz, ein Vorstandsmitglied der Bank für Gemeinwirtschaft, beim stellvertretenden Berliner DGB-Vorsitzenden Georg Reuter, »Vorkommnisse in den letzten Wochen und Monaten« hätten ihn dazu gezwungen, die »sofortige Beurlaubung des Vorstandsmitgliedes Dr. Ulrich E. Biel zu fordern«. Biel habe »die in der Gewerkschaftsbewegung maßgebend tätigen Funktionäre in Gegenwart von Betriebsangehörigen und Betriebsfremden ununterbrochen beleidigt«. Er habe sie »Bonzen, Untermenschen und Weihnachtsmänner« genannt und behandele sie »in einer Art und Weise, die man als menschenunwürdig bezeichnen muss«. Er sei einfach »nicht in der Lage, Menschen zu führen«. Weil Biel dem Betriebsratsvorsitzenden Walter Kohl am 31. Dezember

1958 vorgeworfen hatte, »nur der Diäten wegen« für den Betriebsrat zu kandidieren, sei dieser »so erregt aus der Bank gegangen, dass er einen Schlaganfall erlitten« habe. Weitere derartige Vorfälle würde man nur durch die »vorläufige Beurlaubung des Kollegen Biel bis zur Abberufung durch den Aufsichtsrat« verhindern können. Ein entsprechender Betriebsratsbeschluss warf Biel denn auch »unkollegiales und menschenherabwürdigendes Benehmen« vor. Auch das Ausscheiden eines weiteren Kollegen im Laufe des Jahres 1958 habe Biel durch seine »Nadelstichpolitik« verursacht.

Der Betriebsrat machte in einer »Erklärung« vom 8. Januar 1959 Biel zudem für die »stetige Verschlechterung des Betriebsklimas« verantwortlich. Sein »demütigendes« Verhalten habe sich in den letzten Monaten und Wochen »zur Unerträglichkeit« gesteigert. »Der Genannte« habe »alles, was mit der Gewerkschaftsbewegung zusammenhing«, herabgewürdigt und »gegenüber Abteilungsdirektoren, Abteilungsleitern, Angestellten und Betriebsratsmitgliedern« einen »Wortschatz« gebraucht, von dem »der Sauberkeit und Anständigkeit dieser Erklärung wegen gerade noch« drei Sätze wiedergegeben werden könnten: »Alle Deutschen sind Nazis.« »Alle Deutschen sind Schweine.« »Ihr Aussehen kotzt mich an.«

Als am 17. Januar 1959 im Aufsichtsrat der »Antrag des Betriebsrates wegen der Abberufung von Herrn Dr. Ulrich E. Biel« auf der Tagesordnung stand, hatte sich dieser bereits am Vortag mit dem stellvertretenden Aufsichtsratsvorsitzenden Georg Reuter darüber geeinigt, zum 31. Januar 1959 auszuscheiden. Seine Bezüge sollte er bis zum 30. Juni des Jahres erhalten. Biel nahm Resturlaub, ihm wurde vertraglich zugesichert, »den von ihm benutzen Pkw zum Buch- oder Taxwert käuflich zu erwerben«. Im Protokoll war »die Vergangenheit von Herrn Dr. Biel« erwähnt; es sei zu berücksichtigen, so hieß es dort explizit, »dass die Eltern von Herrn Dr. Biel von den Nazis umgebracht worden sind«.

Neustart bei BMW: Intermezzo in der Automobilindustrie

Mit der Bank für Wirtschaft und Arbeit hing auch eine Tätigkeit von Biel in der deutschen Automobilindustrie zusammen. Am 30. Dezember 1957 waren bei den Bayerischen Motorenwerken (BMW) in München »die neu gewählten

Mitglieder des Aufsichtsrats Herr Hermann Krages und Herr Dr. Ulrich Biel im Kreise des Aufsichtsrats« begrüßt worden. Biel war jetzt eines von zwölf BMW-Aufsichtsratsmitgliedern. Seine offizielle Anschrift lautete Bank für Wirtschaft und Arbeit AG in Berlin-Charlottenburg, Grolmanstraße 1–3. In der *Frankfurter Allgemeinen* vom 31. Dezember 1957 wurde Biel als »Vertrauensmann von Krages« bezeichnet, die *Zeit* vom 16. Januar 1958 berichtete unter der Überschrift »Neustart bei BMW?« über den »Holzkaufmann Hermann Krages und de[n] ihm offenbar nahestehende[n] Dr. Ulrich Biel, Berlin«.

Der Bremer Holzkaufmann Hermann Krages zählte zu den schillerndsten Figuren des wirtschaftlichen Aufschwungs der jungen Bundesrepublik. Er hatte nach dem Krieg in die Schwerindustrie einsteigen wollen und vor Wiedereröffnung der Börsen gezielt Aktien gekauft. 1954 war freier Aktienhandel wieder möglich und Krages über Nacht zum Großaktionär der rheinisch-westfälischen Stahlindustrie geworden. Jeder vermutete, dass er Insiderwissen über Demontagen und Produktionsmöglichkeiten der Stahlwerke hatte. Ulrich Biel als Mitarbeiter des amerikanischen Hochkommissars hätte ihm diese Informationen sicher beschaffen können. Biel kannte auch Heinz Meilicke, den auf den Hauptversammlungen präsenten Anwalt von Krages, ein vor den Sowjets aus Berlin geflohener Dozent der Humboldt-Universität. Der einzige bekannte Geldgeber von Krages war die gewerkschaftseigene Bank für Gemeinwirtschaft in Düsseldorf, der Mutterkonzern von Biels zeitweiligem Arbeitgeber. Ab 1956 hatte Krages begonnen, systematisch BMW-Aktien zu kaufen, zudem 1957 seine Aktien der Rheinischen Stahlwerke gegen die des damaligen Sanierungsfalles BMW getauscht. Dabei war Krages auch von der Deutschen Bank unterstützt worden und konnte mit seinem Vertrauensmann Biel in den BMW-Aufsichtsrat gewählt werden.

Biel hatte regelmäßig an den Aufsichtsratssitzungen teilgenommen und auch zur Mittelklassewagen-Planung des Unternehmens Stellung bezogen. Der Kontakt zu Krages war eng, allein aus dem Januar 1958 sind acht Luftpostbriefe von diesem an Biel überliefert. Krages hatte Biel um Unterstützung durch die Emissionsabteilung der Bank für Wirtschaft und Arbeit gebeten und mit ihm Personalien besprochen, etwa die des von beiden unterstützen Finanzdirektors Ernst Kämpfer, zudem die wachsenden Konflikte mit BMW-Chef Heinrich Richter-Brohm, finanzielle Probleme des angeschlagenen Unternehmens (»für den

*Hermann Krages in der
Zeit seiner engsten
Zusammenarbeit mit
Ulrich Biel, vor 1960*

Vorstand keinen Goldregen veranstalten«), aber auch sehr konkrete Konstruktionsdetails in der von Krages favorisierten Oberklasse (»Anhebung vom Heck« und »neues Arrangement der Gesamtbeleuchtung« beim BMW 502) sowie die im Vergleich zu anderen Herstellern hohen Produktionskosten. Die branchenfremden Aufsichtsräte (»Wir sind keine Experten für die speziellen Methoden in der Automobilindustrie«) hatten jedoch nicht nur mit internen Gegnern zu kämpfen, auch Hermann Josef Abs, seit 1957 Vorstandssprecher der wiedervereinigten Deutschen Bank, der ein Jahr zuvor noch für Biel eingetreten war, hatte die Seiten gewechselt. Am 13. Januar 1958 hatte Krages Biel gefragt: »Was halten Sie davon, dass Herr Dr. Abs, den wir am Freitagmittag um 14 Uhr treffen, mir telefonisch gesagt hatte, seine Bank hätte keine Aktien der GBAG [Gelsenkirchener Bergwerks AG, M. O.] gekauft und hätte auch nichts mit den Käufen zu tun.« Das war sicher unzutreffend, Abs wollte Krages hinausdrängen. Am 16. Februar 1959 war Krages aus dem BMW-Aufsichtsrat ausgeschieden, nachdem er sein Aktienpaket an ein Bankkonsortium unter Führung der Dresdner Bank zurückgegeben hatte. Biel war für den neuen, von zwölf auf neun Mitglieder verkleinerten Aufsichtsrat erneut vorgeschlagen worden. Am 29. November 1960 hatte die *FAZ* dazu berichtet: »Verwunderung könnte erregen, dass Dr. Ulrich Biel zur Wiederwahl vorgeschlagen wird; Biel gilt in den Augen der Öffentlichkeit als ein Vertrauter des Bremer Holzkaufmanns Hermann Krages, der seinerzeit einen größeren Posten Wandelschuldverschreibungen gezeichnet, ein Jahr später jedoch sein Desinteresse an BMW bekundet hatte. Andererseits ist Biel jedoch das einzige zur Wiederwahl vorgeschlagene Mitglied des bisherigen Aufsichtsrats, dessen Mandat noch auf einer Wahl durch die Hauptversammlung – nicht auf einem Beschluss des Registerrichters – beruhte; das Mandat war zudem noch nicht abgelaufen. Wie man hört, soll Biel auch zu erkennen gegeben haben, dass er keine Verbindungen zu Krages mehr unterhalte.«

1961 machte BMW erstmals wieder Gewinne. Die drohende Übernahme durch den Daimler-Konzern war vom Tisch, der Aufstieg der Familie Quandt im Unternehmen nahm seinen Anfang. »Dr. Ulrich Biel, Berlin, der als Vertrauter des ehemaligen BMW-Aktionärs Krages galt, sich aber von ihm gelöst haben soll«, war am 20. Oktober 1961 aus dem Aufsichtsrat von BMW ausgeschieden, weil ihm die jetzt nötigen Verbindungen zu den Quandts, vor allem zu Herbert Quandt, fehlten. Biels Kontakt zu Krages bestand bis zu dessen Tod 1992 fort; in der Familie galt Biel als der »einzige Freund« von Krages.

»Betr. Dr. Biel, Ulrich«: Im Visier der Staatssicherheit

Während seines Engagements für BMW war Biel umgezogen. 1958 war ein weiteres Krisenjahr Berlins, das Jahr von Chruschtschows Ultimatum, das verlangte, West-Berlin müsse zu einer »Freien Stadt« – Willy Brandt sprach von einer »vogelfreien Stadt« – werden. In diesem Jahr hatte Biel im Falkenried 21 in Dahlem ein kleines Haus bezogen. Sein Architekt war Erwin Kretzer, der dem Werkbund nahestand und dem Schauspieler Hans Brausewetter eine Villa am Branitzer Platz in Charlottenburg gebaut hatte. Unter den Gästen bei der Einweihung im Falkenried waren der gerade zum Direktor des renommierten Harvard Center for International Affairs in Berlin berufene Henry Kissinger und sein Kollege Zbigniew Brzezinski. Biel hatte gute Beziehungen zu dem West-

Otto Frei (ganz links) 1958 als Gast beim »Internationalen Frühschoppen« des WDR; zweiter von links Moderator Werner Höfer, ganz rechts Sebastian Haffner

Berliner Korrespondenten der *Neuen Zürcher Zeitung* Otto Frei, einem konservativen Katholiken und überzeugten Antikommunisten, der nach anfänglichen Sympathien für Willy Brandt dessen Entspannungspolitik mit erheblichem Misstrauen begleiten sollte.

Die Atmosphäre im Falkenried war eher locker. Die Tochter des Bosch-Vorstandsvorsitzenden Marcus Bierich, Annette Müssener, verbachte damals viele Stunden mit Biel und Marion Yorck: »[…] eine gute und lustige Zeit, die beiden lachten viel, hatten einen Mops, der so hoch springen konnte, wie Herr Biel groß bzw. klein war, und tranken den Rest der Salatsoße aus der Schüssel, was damals ungewöhnlich war.«

In den sechziger Jahren bestand eine enge Freundschaft mit dem öffentlichkeitsscheuen, mit Adenauer verschwägerten Unternehmer Max Werhahn und seiner Frau Anneliese. Mit der Publizistin Margret Boveri, die vor dem Krieg als Sekretärin am Zoologischen Institut in Neapel und als Auslandskorrespondentin für die *Frankfurter Zeitung* gearbeitet hatte und nicht weit vom Falkenried in der Thielallee 13 lebte, führte Biel regelmäßig »politische Gespräche«, etwa über Churchill, die auch schriftlich nachbereitet wurden. Die unkonventionelle Journalistin hatte ihm einen Urlaubsort in Italien empfohlen. Biel hatte sich handschriftlich für die »freundliche Empfehlung« bedankt (»Unsere Peninsula ist wie eine Arche Noah im Meer des Fremdenverkehrs, aber weniger eng als gedacht«) und Boveri strategische Überlegungen über die Seeblockade einer nahen Meerenge mitgeteilt.

Auch die »Sonntagsrunde« war in das Falkenried umgezogen. Unter ihren regelmäßigen Teilnehmern waren jetzt der CDU/CSU-Fraktionsvorsitzende im Bundestag Heinrich Krone, Pater Heinrich Klein, bis 1963 Schulleiter des Canisius-Kollegs, ab 1978 im Ruhestand in Wiesbaden, der *Tagesspiegel*-Journalist Joachim Bölke, Otto Frei von der *Neuen Zürcher Zeitung* und Hans Zehrer, der Chefredakteur der *Welt*.

Zur weiteren Nachbarschaft gehörte der Hamburger Verleger Axel Springer, der für seine Aufenthalte in Berlin einen repräsentativen Wohnsitz in der Bernadottestraße besaß. Biel hatte Springer als Bevollmächtigter der Familie Ullstein kennengelernt. Am 20. Mai 1960 hatte in Berlin die Hauptversammlung der Ullstein Aktiengesellschaft stattgefunden, bei der die Umwandlung in eine GmbH beschlossen worden war. Axel Springer hatte ab 1957 systematisch Aktien von Ullstein gekauft. Der familiengeführte Verlag war wirtschaftlich nicht gesund, Springer aus nicht allein pekuniären Motiven an einem Standort in Berlin interessiert. Er war überzeugt, aus patriotischen Gründen dürfe man West-Berlin nicht im Stich lassen, und entschied nach dem Mauerbau, seinen Verlagssitz von Hamburg an die Spree zu verlegen. Ende 1959 hatte die Familie Ullstein ihre Aktien fast vollständig an Springer verkauft. Biel hatte eine verhältnismäßig geringe Anteilsumme von 20.000 DM als Fremdbesitz vertreten, die aber von Bedeutung war, denn einige Mitglieder der Familie, darunter die Biel besonders verbundene Elisabeth Ullstein, wollten sich aus sentimentalen Gründen nicht von ihren kleinen Anteilen am Stammkapital trennen. Biel hatte sich für die Ullsteins eingesetzt und verlangt, bei der geplanten Übernahme eine aktuelle Bilanz und nicht die vom 31. Dezember 1958 zugrunde zu legen. Die Bilanz von 1959 war wegen der Aussicht auf Übernahme durch Springer deutlich günstiger. Auch Axel Springer wurde bald in die »Sonntagsrunde« eingeladen.

Ab 1959 begann man sich in Ost-Berlin wieder verstärkt für Ulrich Biel zu interessieren. In dem Jahr war im Kongress-Verlag der Nationalen Front der DDR das Buch *Berlin in jenen Tagen* erschienen, ein Bericht aus den Jahren 1945 bis 1948 von »Hans Adler«. Hinter diesem Pseudonym verbarg sich Eberhard Heinrich, Redakteur des *Neuen Deutschland*. Das Buch bot eine Zusammenfassung der ersten Berliner Nachkriegsjahre aus Sicht der SED. Im Zusammenhang mit dem Sturz von Otto Ostrowski war von einem »amerikanischen Offizier[s] im Range eines Kapitäns, der sich Beal nannte« die Rede, der »vor Jahren in Breslau noch einem wenig durchsichtigen Gewerbe« nachgegangen sei und als »Beauftragter der amerikanischen Militärkommandantur« für den Rücktritt Ostrowskis verantwortlich gewesen sei. Das war eine Reprise der Berichterstattung über Biel aus der SED-nahen Presse zehn Jahre zuvor.

Am 22. Februar 1960 hatte Oberstleutnant Kohrt von der Verwaltung Groß-Berlin des Ministeriums für Staatssicherheit einen Aktenvermerk über »Dr. Ulrich Biel Rechtsanwalt in Berlin W 15, Fasanenstr. 67« für »Gen. Hauptmann Schwanitz« angefertigt – Schwanitz sollte von 1986 bis 1990 als Stellvertreter und Nachfolger von Erich Mielke zu einem der ranghöchsten Offiziere der Staatssicherheit aufsteigen, damals war er bei der für Spionageabwehr zuständigen »Abteilung II«. In dem Vermerk hieß es unter anderem: »Nach Mitteilung leitender Genossen des Magistrats von Groß-Berlin und der Bezirksleitung der Partei soll obengenannter Dr. Biel 1945 als Offizier der amerikanischen Armee nach Westberlin gekommen sein. Er hat dann in den Jahren bis etwa 1950 Aufgaben amerikanischer Dienststellen in Westberlin durchgeführt, deren Charakter heute nicht mehr genau bekannt ist. Um diese Zeit verschwand B. Plötzlich ist er vor einiger Zeit als deutscher Staatsbürger in West-Berlin ansässig geworden und betreibt unter der angegebenen Anschrift eine Rechtsanwalts-Praxis.« Zur »Aufklärung des B.« seien »Maßnahmen festzulegen und festzustellen, ob er noch heute im Auftrag der Amerikaner in Westberlin tätig ist«. Ab dem 4. Februar 1960 wurde Biel »operativ bearbeitet« und ein »Suchzettel« erstellt. Am 21. März 1960 erging der offizielle »Auftrag«: »Es ist zu überprüfen, ob in der Fasanenstr. 67 in Berlin W 35 ein Dr. Biel wohnhaft ist. Weiter ist festzustellen, ob die genannte Person dort ein Rechtsanwaltsbüro unterhält oder ob sich in dem Haus eine ähnliche Institution befindet, wo der B. arbeiten könnte.«

Der Geheime Informant (GI) »Klaus Freier«, ein West-Berliner Spitzel, war zu einem ersten Treffen am 4. April 1960 »aufgrund operativer Dinge« nicht erschienen; in Geheimdienstsprache konnte er »den Treff nicht wahrnehmen«. Am 11. April 1960 übergab »Klaus Freier« dann in einer konspirativen Wohnung seinem Führungsoffizier eine Skizze des Hauses in der Fasanenstraße 67 samt Liste der Bewohner einschließlich Hauswart. Aufgeführt war auch das British Center, ein »öffentlicher Club mit Bibliothek im I. Stockwerk mit öffentlichen Versammlungen«. Der Informant der Stasi hatte schlecht recherchiert – Biel war aus der Fasanenstraße bereits zwei Jahre zuvor fortgezogen. Das fiel der Stasi selbst rasch auf. Am 14. April 1960 wurde in einem handschriftlichen Vermerk notiert: »Die Abteilung VIII teilte telefonisch mit, dass der Dr. Biel an angegebener Adresse nicht wohnhaft ist. Auch konnte nicht festgestellt werden, wo er sonst wohnhaft ist.«

Biels neue Anschrift allerdings war kein Geheimnis. Im West-Berliner Branchenfernsprechbuch für das Jahr 1960/61 war »Biel, Ulrich E., Dr.« als Rechtsanwalt in »Dahlem, Falkenried 21« eingetragen, im Amtlichen Fernsprechbuch des gleichen Jahres als »Biel U E Dr RA Falkenried 21«. Die Fernsprechbücher waren damals auf jedem Postamt oder in jeder Telefonzelle ohne weiteres einsehbar. So hatte Anfang 1961 auch Otto Ostrowski von der »Rückkehr und Niederlassung Biels in Berlin-Dahlem« erfahren und diesem einen Brief über dessen »rufmörderische Betätigung mir gegenüber im Februar 1947« geschrieben, auf diesen aber keine Antwort erhalten.

Gleichwohl erging am 4. Mai 1961 ein »Abschlussvermerk« der Staatssicherheit unter der Überschrift »Betr.: Dr. Biel, Ulrich«: »Die Person wurde durch leitende Genossen des Magistrats und der Bezirksleitung bekannt. Es handelt sich um einen ehemaligen Offizier der am. Armee. Bei der Bearbeitung wurde festgestellt, dass an der angegebenen Adresse kein Dr. Biel wohnhaft war. Aus diesem Grunde wird das Material in der Abtlg. XII. zur Ablage gebracht.«

Am 15. Februar 1966 war »Ulrich Biel« im Fernsehen der DDR, zu sehen, eine kleine Rolle in dem DEFA-Film *Kein Platz für Gereke*, gespielt von dem Schauspieler Hans-Joachim Hanisch. Das eng an den »Fall Gereke« angelehnte Drehbuch hatte Karl-Eduard von Schnitzler, der berüchtigte Chefkommentator des Fernsehens der DDR, gemeinsam mit dem Rektor der Filmhochschule Babelsberg, Lutz Köhlert, der auch Regie führte, verfasst. Dabei konnten beide auch auf Dossiers der Staatssicherheit zurückgreifen.

Wie Biel den 13. August 1961, einen Sonntag, verbracht hat, ist nicht bekannt. Die große Mehrheit der West-Berliner fühlte sich vom Mauerbau an diesem Tag nicht nur überrumpelt, sondern auch von den Schutzmächten und der Bundesregierung im Stich gelassen. Die *Bild*-Zeitung war auf ausdrücklichen Wunsch ihres Verlegers Axel Springer am nächsten Tag mit der Schlagzeile *Der Westen tut nichts!* erschienen. Konrad Adenauer hatte es nicht für notwendig gehalten, den Bundestagswahlkampf zu unterbrechen, um nach Berlin zu fahren. Der Regierende Bürgermeister und SPD-Spitzenkandidat Willy Brandt hatte aus Sicht der eingemauerten Berliner allerdings eine gute Figur gemacht. Brandt hatte in dieser Zeit auch engeren Kontakt zu Ulrich Biel und setzte diesen in einer diplomatischen Mission ein. Vom 1. bis zum 6. September 1961 sollte regulär die Konferenz der Bewegung der blockfreien Staaten in Belgrad stattfinden. Brandt wollte den wichtigsten Vertreter der blockfreien Länder, den indischen Ministerpräsidenten Pandit Nehru, als Vermittler im Ost-West-Konflikt einschalten. Biel war in Begleitung des Berliner Senators für Bundesangelegenheiten Günter Klein nach Belgrad gereist. Am 9. September notierte Heinrich Krone, CDU/CSU-Fraktionsvorsitzender im Bundestag und Mitglied von Biels »Sonntagsrunde«, in seinem Tagebuch: »Brandt hat über den Berliner Anwalt Biel Nehru auf der Belgrader Konferenz angesprochen.«

Am 12. September 1961 verfasste Biel für Brandt einen Bericht über seine Reise. Zwar hatte Nehru die Aufnahme diplomatischer Beziehungen Indiens zur DDR für die nähere Zukunft ausgeschlossen, denn noch galt ja die Hallstein-Doktrin, nach der die Bundesrepublik auf die Aufnahme diplomatischer Beziehungen eines Drittstaates zur DDR mit dem Abbruch der eigenen Beziehungen reagierte. Die Rechtslage Berlins war für Nehru nachrangig gegenüber der Bedrohung durch einen Atomkrieg; Nehru hatte sogar Sympathien für Chruschtschows Modell einer Freien Stadt West-Berlin geäußert, zudem den »deutschen Militarismus« kritisiert. Lakonisch merkte Biel an, dass Nehru »das deutsche Wirtschaftswunder für einen erneuten Beweis deutscher militärischer Tüchtigkeit hält«.

Biel hatte aber nicht nur Brandt berichtet. In Belgrad hatte er auch den dortigen amerikanischen Botschafter George F. Kennan getroffen, der nach dem Krieg als einer der Ersten in der US-Administration vor einem Ausgreifen des Sowjetkommunismus gewarnt hatte, in den späten fünfziger Jahren dann aber die Entspannungspolitik zu befürworten begann. Kennan, der auch von Nehru empfangen worden war, telegrafierte dem State Departement Biels Bericht: »Biel sah Nehru am Sonntagmorgen vor der Eröffnung der Konferenz. Er berichtete mir sofort danach. Nehru hatte ihm gegenüber mit Nachdruck auf dem besonderen Status von West-Berlin im Verhältnis zur Bundesrepublik bestanden, insbesondere der parlamentarischen Vertretung und den Beziehungen der Parteien. Biel sprach dann verschärft von dem politischen Ausfall des Ulbricht-Regimes, betonte die Bedeutung davon für das gesamte Berlin-Problem. Nehru hörte geduldig zu, erkennbar mit Interesse, aber zurückhaltend in seinen Antworten. – Mein Kommentar: Nachdem ich diese Themen mit Nehru im Laufe des gleichen Vormittags besprochen hatte, bin ich überzeugt, seine Reaktion wird hauptsächlich hinter den Arbeiten im vorbereitenden Ausschuss deutlich werden, uns voraussichtlich nicht direkt mitgeteilt werden. Nichtsdestoweniger denke ich, dass Biels Besuch nützlich war und zum richtigen Zeitpunkt stattfand.«

Heinrich Krone notierte am 9. September 1961 in seinem Tagebuch: »Biel, der in Bonn ist, wollte mich treffen. Er lege Wert darauf, mich zu unterrichten. Als ich ihm zusagte, wollte der sozialdemokratische Senator Dr. Klein an diesem Gespräch teilnehmen. Daraufhin habe ich das Gespräch abgesagt. Berlin macht eigene Außenpolitik. Brandt macht sie auch an Amrehn und der Berliner CDU vorbei.«

Im Falkenried: Die »Sonntagsrunde« zur Zeit des Mauerbaus

Eine »eigene Außenpolitik« West-Berlins war nach dem Mauerbau von Berliner CDU-Politikern wie Franz Amrehn mit Vehemenz und bereits im Ansatz bekämpft worden. Ulrich Biel aber hatte, zumindest 1961, zu ihren Akteuren gehört. Allgemein war Biel auch nach dem Mauerbau im Umfeld der SPD und von Willy Brandt verortet worden. Am 10. Mai 1962 meldete die gewöhnlich gut informierte CDU-nahe Tageszeitung *Der Kurier*, dass der Regierende Bürgermeister Willy Brandt Ulrich Biel zum »Sonderbeauftragten« in Kulturfragen ernannt habe. Für Kultur war eigentlich Volksbildungssenator Joachim Tiburtius von der CDU zuständig, dessen Kompetenz allgemein anerkannt war. Die über die Presse lancierte Ernennung Biels musste von der CDU als Brüskierung ihres Senators verstanden werden. Aber auch die Senatoren der SPD waren überrascht. Am 16. Mai 1962 musste Brandt zurückrudern. Er habe Biel lediglich als »Kontaktmann« nutzen wollen, um mit dessen guten internationalen Beziehungen das Kulturprogramm des Berliner Senats zu fördern. Senatspressechef Egon Bahr sprach anschließend von einer »Kette von Missverständnissen«. Brandt hätte in der Senatssitzung vom 30. April 1962 – durch »allseitiges Kopfnicken« bestärkt – lediglich erwähnt, Ulrich Biel solle »in Sachen Kulturzentrum« tätig werden.

Wenige Tage vor dem Besuch von John F. Kennedy am 23. Juni 1963 war auch der amerikanische Gesandte in Berlin, John A. Calhoun, unter den Teilnehmern der »Sonntagsrunde«. Er hatte bei den Feierlichkeiten zum Tag der Deutschen Einheit am 17. Juni Heinrich Krone, den CDU/CSU-Fraktionsvorsitzenden im Bundestag, getroffen und dem State Departement von ihrem anschließenden Besuch bei Biel im Falkenried berichtet. Dabei hatte er eine Distanzierung Biels von Brandt bemerkt: »In einer weiteren Diskussion im Kreise Krones engster Vertrauter – der Rechtsanwalt Ulrich Biel, der Jesuitenpater Heinrich Klein und der Korrespondent der Neuen Zürcher Otto Frei – wurde sehr deutlich, dass Krone & seine Freunde sehr unangenehm berührt sind von Brandts Mangel an Klarheit und an einer genauen Definition, zu was für einem Ende seine ärmlich benannte Politik der ›Interimslösung‹ führen soll. Sie haben Befürchtungen in die Richtung, dass, wenn Brandt Kanzler wäre, er versuchen würde, die Neutralisierung von Deutschland voranzutreiben.«

Krones »confidants« hätten »großes Missfallen über Brandts letzten Wahlerfolg« geäußert. Bei den Wahlen zum Berliner Abgeordnetenhaus am 17. Februar 1963 hatte die SPD unter Willy Brandt bei einer Wahlbeteiligung von 89,9 Prozent mit 61,9 Prozent ihr zweitbestes Wahlergebnis erreicht; die CDU unter Franz Amrehn hatte 8,9 Prozent verloren und nur noch 28,8 Prozent der Stimmen gewonnen. Im Vorjahr hatte sich Brandt mit dem sowjetischen Parteichef Nikita Chruschtschow treffen wollen, doch sein damaliger Koalitionspartner, die CDU unter Franz Amrehn, hatte das durch ihr Veto verhindert, da sie auch darin die Gefahr einer eigenen Außenpolitik West-Berlins gesehen hatte. Calhoun fuhr fort: »Beeinflusst durch die Analyse von Frei & Biel zeigte sich der übereinstimmende Krone alarmiert über eine Zusammenfassung der jüngsten

Analyse von Frei in der NZZ vom 29. Mai, wonach Brandt darin erfolgreich war, die ursprünglich kompromisslose Haltung der Berliner Bevölkerung aufzuweichen und ihre Unterstützung für die Ansicht gewonnen habe, es sollte eine ›deutsche Initiative‹ nach Osten geben (einschließlich möglicher Brandt-Chruschtschow-Gespräche), um wenigstens die Möglichkeit von Erleichterungen und Verbesserungen für die Einwohner der geteilten Stadt zu erkunden.«

In Washington wie in Bonn lehnten die Verantwortlichen eine West-Berliner Nebenaußenpolitik ab, sie basierte ihrer Meinung nach allenfalls auf einer gefährlichen Mischung aus Leichtsinn und Selbstüberschätzung. Auch Springer begann von Brandt abzurücken.

Am 27. Juni 1964 hatte Krone nach einem Abend im »Hause Biel«, bei dem neben *Welt*-Chefredakteur Zehrer, Frei und Pater Klein auch Axel Springer unter den Teilnehmern war, in seinem Tagebuch festgehalten: »Springer will von Brandt nichts mehr wissen.«

Ein weiterer wichtiger Kontakt von Ulrich Biel war der zu Melvin Lasky, dem Herausgeber des *Monat*. Der *Monat* war eine anspruchsvolle Kulturzeitschrift, die während der Berliner Blockade 1948 von Biels Freund Lasky und dem späteren Journalisten der *Welt* Helmut Jaesrich gegründet worden war. Sie wurde vom Kongress für kulturelle Freiheit (Congress for Cultural Freedom, CCF) finanziert. Indirekt war daran auch die CIA beteiligt, was aber erst bekannt wurde, nachdem der *Monat* 1971 aufgrund finanzieller Schwierigkeiten eingestellt worden war. Strategie der Zeitschrift war es, linksliberale Intellektuelle und Künstler für einen antikommunistischen und den USA verbundenen Kurs zu gewinnen, etwa durch die Möglichkeit, hier zu veröffentlichen. Zum Umfeld gehörten der Historiker Karl Dietrich Bracher, der Politikwissenschaftler Kurt Shell und der Soziologe Harold Hurwitz. Arnulf Baring, damals Mitglied der SPD und mit Melvin Lasky und seiner Frau Helga Hegewisch befreundet, hatte ebenso für den *Monat* geschrieben wie der Schriftsteller Peter Härtling, der von 1964 bis 1970 Mitherausgeber war. Ulrich Biel war juristischer Berater des *Monat* und fuhr regelmäßig zur Geschäftsstelle des Kongresses für kulturelle Freiheit in Genf. Verbindungsmann zu Biel war dort der amerikanische Publizist estnisch-jüdischer Herkunft Michael Josselson, der gleichzeitig Agent des CIA war. Melvin Lasky lebte seit 1958 überwiegend in London. Damit hatte Biel in Berlin eine Schlüsselrolle für den *Monat* inne. Regelmäßig lud er die Herausgeber und Redakteure zu sich ins Falkenried ein. 2009 erinnerte sich Härtling an Biel: »Er zählte zu jenen Personen, die der *Monat* mir schenkte. Er beriet nicht nur die Zeitschrift, er ›beriet‹ uns alle, mir, zum Beispiel, riet er, nachdem mein Roman ›Niembsch oder der Stillstand‹ erschienen war, eine Gesellschaft zu gründen und sie in Liechtenstein anzusiedeln. Mitunter luden die Gräfin Yorck und er mich zum Mittagessen ein, wobei der Mops der Gräfin mir knurrend nachstellte und jede Einladung für mich zum Fürchten war.« Der Roman *Niembsch* über den österreichischen Schriftsteller Nikolaus Lenau war 1964 erschienen. Auch ein Fazit seiner Beziehung zu Biel zog Härtling 2009: »Ulrich Biel war gebildet, witzig und scharfsinnig; eine Mischung, die einem jungen Mann nicht ganz geheuer sein konnte. In den Gesprächen mit ihm habe ich viel gelernt: die Großzügigkeit eines Remigranten, aber auch den jäh auflodernden Zorn eines Emigranten.«

»Fast eine Pflicht«: Christdemokrat im Abgeordnetenhaus

Am 7. April 1965 hatte der Deutsche Bundestag in der Berliner Kongresshalle getagt. Seit 1955 hatte der Bundestag regelmäßig eine Sitzungswoche in Berlin verbracht, um die Verbundenheit mit der geteilten Stadt auszudrücken und ihren Hauptstadtanspruch zu untermauern, das letzte Mal 1958. Die Sitzung 1965 – es sollte die letzte bis 1990 sein, was damals aber niemand wissen konnte – war von besonders heftigen Protesten der DDR schon im Vorfeld begleitet worden, die an der These von der »selbstständigen politischen Einheit Westberlin« festhielt und jegliche Bundespräsenz als angeblichen Verstoß gegen den besonderen Status der Stadt scharf attackierte. Auf den Transitstrecken nach West-Berlin war es zu erheblichen Verzögerungen gekommen, Bundestagsabgeordneten und auch dem Regierenden Bürgermeister Brandt war die Durchreise verweigert worden. Zwischenzeitlich waren gar Gerüchte über eine neue Blockade aufgekommen. Während der Sitzung war die Kongresshalle von sowjetischen Düsenjagdbombern Typ MiG-19 und MiG-21 überflogen worden, die vorsätzlich die Schallmauer durchbrachen. »Grunewald und Ost-Berlins Wuhlheide glichen akustisch den Dschungeltälern Nordvietnams« berichtete der *Spiegel*. Die Stimmung in West-Berlin hatte einen neuen Tiefpunkt erreicht.

Ulrich Biel hatte den Abend des 7. April mit Bundestagspräsident Eugen Gerstenmaier verbracht, der zum Kreisauer Kreis gehört hatte. Das Gespräch dürfte um die allgemeine politische Situation und gemeinsame Bekannte gekreist sein; der Protestant Gerstenmaier hatte aber auch von dem »Joch«, das »man auf sich nehmen müsste – durch Beitritt zu einer politischen Partei –, um überhaupt politisch wirken zu können« geredet. Biel hatte sich dadurch offenbar angesprochen gefühlt. Am 27. April 1965 schrieb er dem »lieben Ernst Lemmer«, dem ehemaligen Bundesminister für gesamtdeutsche Fragen, der in der Berliner CDU kein Amt mehr innehatte, aber seit 1964 Bundesminister für Vertriebene, Flüchtlinge und Kriegsgeschädigte war. Biel bat Lemmer, bei seinem CDU-Beitritt für ihn zu bürgen.

»Es fällt mir nach meiner Art natürlich schwer, überhaupt einer politischen Partei beizutreten, aber ich empfinde es jetzt fast als eine Pflicht«, hieß es in dem Schreiben. »Seit 1945« habe er versucht, »mitzuhelfen, dass Deutschland von seiner selbstverschuldeten politischen Isolierung befreit« werde. Über das Ende seiner Tätigkeit für die Amerikaner schrieb Biel nicht ganz zutreffend: »Im Jahre 1952 bin ich aus dem US State Departement ausgeschieden, weil ich beschlossen hatte, wieder Deutscher zu werden, was kurz darauf geschehen ist. Diese Wiedereinbürgerung habe ich als mein entscheidendes politisches Engagement angesehen. Es wäre in meinen Augen weniger eindeutig gewesen, wenn ich obendrein noch einer politischen Partei unverzüglich beigetreten wäre.«

Der Brief an Lemmer zeigt, dass Biel die Überlegungen, die in der »Sonntagsrunde« insbesondere mit Krone, Frei und Pater Klein bereits intensiv diskutiert worden waren, fortgeführt hatte: »In diesem Augenblick kommt auf die Bundesrepublik eine neue moralische Isolierung zu, für welche das Dritte Reich häufig zur Rechtfertigung herangezogen wird, die aber in Wahrheit mehr jener moralischen Isolierung entspricht, die seinerzeit zum ersten Weltkrieg geführt hat. Auch damals war sie trotz der Friedfertigkeit der deutschen Politik nicht unverschuldet, weil die gefühlsbetonte und in ihrer Interessenwahrnehmung unsichere, dafür aber recht lautstarke deutsche Politik der Welt vor 1914 auf die Nerven ging.« Zudem befürchtete Biel »neue politische Kombinationen«, die »nur zu leicht auf unsere Kosten gehen könnten«. Sein Beispiel dafür war der allerdings schon mehrere Jahre zurückliegende »sowjetische Besuch in Paris«, also der Staatsbesuch von Nikita Chruschtschow 1960 in Frankreich. Scharf

Wahlkongress der CDU am 2. Dezember 1974 in der Hochschulbrauerei Amrumer Straße, Wedding; am Rednerpult der schleswig-holsteinische Ministerpräsident Gerhard Stoltenberg, ganz links Ulrich Biel

distanzierte er sich von einer auch von Axel Springer benutzten Rhetorik, die im Mauerbau einen »Verrat« der Alliierten sah und sowjetisch-amerikanische Absprachen dahinter vermutete. Auch der von Adenauer geschätzte Charles de Gaulle galt ihm als Negativfolie: »Schon ist aber auch die Rede von deutschem Nachholbedarf an Nationalgefühl, von dem Verrat, der die Mauer zuließ, und schon wird auf das Vorbild de Gaulles verwiesen, gemäß dem das Palais Schaumburg wieder ›deutscher‹ werden müsse.«

Biel befand sich allerdings ohnehin mehr und mehr in einem Gegensatz zu den Positionen Adenauers. In der CDU und auch der CSU tobte Mitte der sechziger Jahre der Streit zwischen Atlantikern und Gaullisten. Ein Teil ihrer Politiker, an der Spitze Konrad Adenauer und Franz Josef Strauß, hatten auf ein engeres Bündnis mit Frankreich gesetzt, ein anderer Teil, darunter Ludwig Erhard, Außenminister Gerhard Schröder, aber auch Biels Gesprächspartner Eugen Gerstenmaier und Biel selbst setzten weiterhin auf ein enges Bündnis mit den USA.

»So fehlt nur noch wenig zu jenem fatalen Kreislauf von außenpolitischen Enttäuschungen, German blunders und neuen außenpolitischen Enttäuschungen«, hieß es in Biels Brief an Lemmer. Die CDU scheine ihm »von den drei Parteien diejenige zu sein, welche die bestehenden Gefahren am klarsten erkennt und ihnen Einhalt zu bieten gewillt ist«. Bei den anderen Parteien sei dagegen »bewusst oder unbewusst« nicht auszuschließen, dass »die Bundesrepublik ebenso ausgeklammert wird, wie das Reich vor 1914 nicht eingekreist wurde, sondern sich selbst eingekreist hat«. In dieser Auffassung hatte Biel auch das Gespräch mit Gerstenmaier bestärkt, den er als weiteren Bürgen benannte, ferner Heinrich Krone, der bei aller Verbundenheit mit Adenauer eher den Atlantikern zuneigte: »Wir haben ähnliche Gedanken über die Umgestaltung der NATO, welche freilich unseren Interessen nur dann gerecht wird, wenn auch wir in einem Augenblick, in dem die USA in Vietnam einen Krieg zu führen gezwungen sind, unseren wichtigsten Verbündeten nicht an unserer Zuverlässigkeit zweifeln lassen.« Seit einigen Monaten hatten die USA in Vietnam ihr militärisches Engagement verstärkt, im Februar 1965 mit einer Intensivierung der Bombenangriffe, seit März mit der Entsendung von immer mehr Soldaten. Die Andeutungen von Biel waren nur im Sinne eines deutschen Engagements in Vietnam zu verstehen.

Biels Unzufriedenheit mit der deutschland- und außenpolitisch uneinigen Regierung Erhard setzte sich fort. Unter »Donnerstag, 11. bis Samstag, 13. November« 1965 notierte Heinrich Krone in seinem Tagebuch: »In Berlin. Beim Rechtsanwalt Biel wieder der Kreis Pater Klein, Otto Frey [sic!] von der *Neuen Zürcher Zeitung*, [Joachim] Bölke vom *Tagesspiegel* und die Vertreter des amerikanischen Stadtkommandanten angetroffen. Frey und Bölke greifen hart zu. Kritik über Kritik an der Bonner Regierung. Als ob [John Foster] Dulles noch lebte!«

Otto Frei verließ wenig später Berlin, ab 1966 war er Korrespondent der *NZZ* für die französischsprachige Westschweiz mit Sitz in Lausanne. Am 1. Januar 1967 schrieb er an Biel: »Was mir fehlt, sind gewisse Gespräche im Falkenried, das ein Refugium ist, ein Garten der Philosophen in einer sonst hundskommunen Umwelt und im Piefkemief à la Wülly [Willy Brandt in einer der Berliner Sprachmelodie nachgebildeten Schreibweise, M. O.] und dem Schmierpastorbürgermeister [Heinrich Albertz, M. O.].«

Im Juni 1965 wurde Biel im »vereinfachten Verfahren« in die Berliner CDU aufgenommen, der Landesvorsitzende Franz Amrehn hatte sich für ihn eingesetzt und ließ mitteilen: »Biel ist ein sehr wichtiger, aber auch nicht ganz einfacher Mann«, der gute Beziehungen zur SPD besitze, an Kulturpolitik interessiert sei, aber mit Wiedergutmachung, der Verjährung nationalsozialistischer Verbrechen und Israel dagegen nicht »behelligt« werden wolle; die Partei werde ihn weniger bei »Kreis-und Ortsveranstaltungen«, sondern in einem »anderen Wirkungsbereich« erleben. Zu diesem Zeitpunkt befand sich die lange großkoalitionär eingestellte Honoratiorenpartei seit zwei Jahren in der Opposition. Sie verfügte an der Spree kaum über herausragende Persönlichkeiten. Im Oktober 1966 wurde Ulrich Biel als Gegenkandidat zu Bundesaußenminister Willy Brandt in dessen Wahlkreis im Arbeiterbezirk Wedding bestimmt. Der ehemalige Regierende Bürgermeister hatte vor seinem Umzug nach Bonn wie Biel im Bezirk Zehlendorf gelebt, war jedoch Mitglied der SPD Wedding geblieben. Die CDU brauchte einen respektablen Gegenkandidaten. Die dortige CDU war einer der mitgliederschwächsten Kreisverbände, noch unbedeutender, als es die Partei in Berlin ohnehin war. Am »Roten Wedding« hatten die Sozialdemokraten seit 1961 ihre Parteizentrale, hier war die SPD im unmittelbaren Schatten der Mauer besonders antikommunistisch.

Bei der Abgeordnetenhauswahl am 12. März 1967 wurde Biel erwartungsgemäß nicht gewählt. Im Bezirk Wedding erzielte die SPD mit 67,8 Prozent ihr bestes Berliner Ergebnis, die CDU mit 23,9 Prozent ihr schlechtestes. Trotz dieser Niederlage versuchte Biel jetzt aber, sich als Parteipolitiker zu profilieren. Sein erster Gegner war Werner Stein, seit 1963 Wissenschaftssenator, der zum linken Flügel der SPD und zu einem marxistischen Arbeitskreis gehörte. Auf dem Landesparteitag der CDU am 29. Juni 1968 forderte Biel den Rücktritt von Stein, da dieser »ein heimlicher Mitläufer des SDS in den Reihen des Senats« sei: »Der Rücktritt des Kultursenators ist ein Gebot politischer Ehrlichkeit. Sein Verbleiben im Amt widerspricht dem Willen der Bevölkerung, behindert die Arbeit des Senats und ist daher eine Gefahr für unsere Stadt.«

Es war 1968. Die Stadt hatte bereits ein krisenhaftes Jahr 1967 hinter sich, in dem der Regierende Bürgermeister Heinrich Albertz und der Polizeipräsident als Folge des Todes des Studenten Benno Ohnesorg am 2. Juni während des Schah-Besuchs zurücktreten mussten. Nicht nur die Berliner Politik war durch die Studentenbewegung stark verunsichert. Die SPD hatte sich bereits 1961 von ihrem Sozialistischen Studentenbund (SDS) getrennt und eine gleichzeitige Mitgliedschaft in diesem für unvereinbar mit der Parteizugehörigkeit erklärt. Darauf hatte Biel angespielt, indem er Stein als »Mitläufer des SDS« bezeichnete. Auch in konservativen Zeitungen wurde er für diese Äußerung kritisiert. Rolf Michaelis, Berliner Kulturkorrespondent der *FAZ*, bezeichnete den Vorwurf als »reine Unterstellung«.

Stein erwirkte beim Landgericht Berlin eine einstweilige Verfügung. Biel wurde untersagt, weiter zu behaupten, Stein sei ein »heimlicher Mitläufer des SDS«. Der CDU-Landesvorstand stellte sich zunächst hinter Biel, der Parteitag machte sich seine Behauptung zu eigen. Aber im November 1968 wurde die einstweilige Verfügung durch das Landgericht Berlin bestätigt und Biel im Falle einer Zuwiderhandlung eine Geldstrafe oder bis zu sechs Monate Haft angedroht. Die Berliner Zeitungen brachten Schlagzeilen wie »Auch die zweite Runde ging an Stein«. Biel hatte jedoch weiter die Unterstützung der Berliner CDU, die ihn im Rechtsstreit gegen den Senator als Prozesspartei beigetreten war. Mit der Prozessführung wurde der junge Rechtsanwalt Klaus Finkelnburg, später CDU-Abgeordneter für Charlottenburg und erster Präsident des Berliner Verfassungsgerichtshofs, beauftragt. Biels Kritik sei keine »Tatsachenbehauptung« gewesen, sondern ein »Werturteil«, eine »politische Kritik«, argumentierte Finkelnburg. Biel ließ Eventualantrag stellen, gegebenenfalls den »Wahrheitsbeweis« anzutreten, und kündigte zudem wegen der »grundsätzlichen Bedeutung des Falles« Revision beim Bundesgerichtshof an. Der Rechtsstreit wurde aber vor dem Kammergericht durch einen Vergleich beendet. In der Vergleichserklärung hieß es von Seiten Biels: »Ich habe nicht behauptet, dass der Herr Senator ein Mitglied des SDS sei und werde dies auch in Zukunft nicht tun. Ich hatte nicht die Absicht, den Kläger in seiner Ehre persönlich zu verletzen. Ich wollte lediglich im Rahmen der öffentlichen Auseinandersetzung in deutlicher Form auf die von mir nicht gebilligte Haltung des Klägers gegenüber den Studenten und den Problemen der Hochschulpolitik hinweisen. Dabei bleibe ich auch.«

Am 14. März 1971 wurde in Berlin ein neues Abgeordnetenhaus gewählt. Für die SPD trat der Regierende Bürgermeister Klaus Schütz als Spitzenkandidat an, für die CDU ging Peter Lorenz ins Rennen. Ulrich Biel kandidierte

Ulrich Biel (rechts), Polizeivizepräsident Gerhard Pfennig und der spätere Regierende Bürgermeister Eberhard Diepgen (links) 1974 auf einer Wahlveranstaltung der CDU

wieder auf dem Wedding im Wahlkreis 4. Von der *Berliner Morgenpost* wurde er neben 200 weiteren Direktkandidaten befragt. Am deutlichsten wurde er mit seiner Kritik der Entspannungspolitik: »Ich bin in Sorge um das Schicksal West-Berlins. Ich fürchte, dass die Bundesregierung und der Senat eine Politik betreiben könnten, die dazu führen könnte, dass wir uns im Ost-West-Konflikt zwischen die Stühle setzen.« Etwas polternd bezeichnete er als Perspektive sozialdemokratischer Politik »ungeheure Preissteigerungen und Kurzarbeit« und gab sich demgegenüber als Konservativer mit Herz: »Ich sehe, wie schwer es Hausfrauen und alte Menschen haben.«

Die Wahlen bestätigten Klaus Schütz. Die SPD konnte unter ihm ihre absolute Mehrheit mit 50,4 Prozent verteidigen. Trotz Zugewinnen für die CDU wurde Biel abermals nicht gewählt (die SPD kam im Wedding auf 61, die CDU auf 30,2 Prozent), konnte aber im Oktober 1971 als Nachrücker ins Abgeordnetenhaus einziehen. Fraktionsvorsitzender der CDU war Heinrich Lummer, unter den jüngeren Fraktionskollegen waren Eberhard Diepgen, Klaus-Rüdiger

Landowsky und Peter Kittelmann. Biel gehörte mit 64 Jahren schon zu den Älteren. Zunächst versuchte er sich weiter als Wissenschaftspolitiker zu profilieren. Am 11. November 1971 stellt er seine erste Anfrage, ob der Senator es für wahrscheinlich halte, »dass weitere Hochschullehrer so wie Professor Nipperdey im laufenden Semester aus politischer Gewissensnot die Freie Universität verlassen werden«, mithin also wegen anhaltender linker Studentenproteste und Seminarstörungen der Alma Mater in Dahlem den Rücken kehren würden.

Bekannt aber wurde Biel als »Statuspolitiker«. So fragte er den SPD-Fraktionsvorsitzenden Alexander Voelker, warum die »Politik der Integration der Bundesrepublik in den Westen« nach seiner Meinung eine Wiedervereinigung auszuschließen scheine. Die CDU und auch Biel bekämpften das Berlin-Abkommen, das am 3. September 1971 von den vier Siegermächten im Gebäude des Alliierten Kontrollrats in Schöneberg unterzeichnet wurde und am 3. Juni 1972 in Kraft getreten war. Das Kontrollratsgebäude war für Biel negativ besetzt. Als dort im gleichen Jahr der amerikanische Botschafter Kenneth Rush mit einer Feier geehrt wurde, betonte Biel gegenüber Gästen mehrfach, dass seine Lebensgefährtin, Marion Yorck, niemals das Gebäude betrete, in dem der Volksgerichtshof getagt und viele Widerstandskämpfer gegen die Hitler-Diktatur zum Tode verurteilt hatte.

Privat hatte Biel 1971 dem Verleger Axel Springer geschrieben, er wünsche sich, dass 1972 »ein kälterer Wind aus Washington wehen wird«. Zudem hatte Biel mit dem früheren DGB-Landesvorsitzenden Ernst Scharnowski von der SPD, seinem alten Bekannten Ferdinand Friedensburg von der CDU und dem mittlerweile zur CDU gewechselten früheren FDP-Politiker Carl Hubert Schwennicke unmittelbar vor Unterzeichnung des Viermächteabkommens eine Zeitungsanzeige »besorgter Bürger« unterzeichnet. In ihr stand unter anderem: »Es erfüllt uns mit ernster Sorge und tiefer Beschämung, dass die ständigen Erpressungen und Herausforderungen gegen uns lediglich mit leeren Redewendungen, ja sogar mit dem Angebot neuer Zugeständnisse beantwortet werden.«

In der Sitzung des Abgeordnetenhauses vom 22. März 1972 konnte Biel Bürgermeister Kurt Neubauer mit der Frage, ob »die Übernahme einer Schirmherrschaft durch den Bundespräsidenten« in West-Berlin ein staatlicher Hoheitsakt der Bundesrepublik sei, vorführen. Neubauer bejahte, wurde aber vom

Regierenden Bürgermeister Schütz berichtigt. Als 1973 Transitreisende von den Grenztruppen der DDR zurückgewiesen worden waren, die sich zuvor in Ländern mit Maul- und Klauenseuche aufgehalten hatten, wollte Biel wissen, ob die DDR-Grenzer sie überhaupt hätten kontrollieren dürfen. Die Transitwege verglich er mit einer »vertraglich abgesicherte[n] Transitregelung durch das Gebiet der Bundesrepublik« für die DDR zum Hamburger Hafen: »Und dann würde der DDR das passieren, was schikanös uns von der DDR geboten wird. Das heißt, auf unserer Seite in Lauenburg oder in Geesthacht würden plötzlich Kontrolleure verspätet aus den Häuschen rauskommen oder würden Zollschranken verspätet aufgehen.« Schikanen auf den Transitwegen richteten sich nicht nur gegen »ein paar Lkw-Fahrer und Pkw-Fahrer«, sondern gegen die Lebensfähigkeit West-Berlins, durch jeden Verkehrsstau werde »jemand in Westdeutschland auf den Gedanken gebracht: Ist es wirklich so klug, dass ich mir jetzt einen Arbeitsplatz in Berlin suche?«

Besonders beschäftigte Biel der Fall der 17-jährigen Ingrid Brückmann, die 1973 aus der DDR nach West-Berlin geflohen war. Sie wurde von den DDR-Strafverfolgungsbehörden beschuldigt, ihren Vater umgebracht zu haben. Am 24. Mai 1973 stellte Biel im Abgeordnetenhaus die Anfrage, ob das Mädchen der DDR überstellt würde, obwohl es »in der rechtsstaatlichen Qualität zwischen der DDR und uns« erhebliche Unterschiede gebe: »Herr Senator! Sind Sie sich darüber im Klaren, dass es keine echten Jugendgerichte in der DDR gibt? Sind Sie sich ferner darüber im Klaren, dass es keinen Strafvollzug, der mit dem Jugendstrafvollzug in der Bundesrepublik verglichen werden kann, gibt? Sind Sie sich ferner darüber im Klaren, dass es überhaupt keine unabhängigen Richter in der DDR gibt, sondern nur Richter, die auf vier Jahre gewählt werden?«

Für Justizsenator Horst Korber waren Biels ganz überwiegend zutreffende Feststellungen »politische Polemik«. Auch wenn die DDR kein »eigenständiges Jugendgerichtsgesetz« besitze, bestünden auch dort »Regelungen über Besonderheiten der strafrechtlichen Verantwortlichkeit Jugendlicher und Besonderheiten des Verfahrens gegen Jugendliche«. Brückmann legte erfolgreich Verfassungsbeschwerde beim Bundesverfassungsgericht ein, das Biel insoweit Recht gab, als eine Auslieferung an die Strafverfolgungsbehörden der DDR nur zulässig wäre, wenn gewährleistet sei, dass das Strafverfahren »den Erfordernissen der Gerechtigkeit und Menschlichkeit Rechnung trägt«.

Anlässlich der Einrichtung des Umweltbundesamtes 1974 in West-Berlin wies Biel darauf hin, »dass auf Vorbehalte der DDR« in der UNO Beamte des Umweltbundesamtes zurückgewiesen werden, »weil dieses Umweltbundesamt sich in Berlin befindet«. Biel forderte, Arbeitslose und Kurzarbeiter vom Zwangsumtausch bei Reisen in die DDR zu befreien. Als UNO-Generalsekretär Kurt Waldheim 1975 die DDR besuchte, befürchtete Biel, »dass auf Wunsch der Sowjetregierung die Bundesregierung West-Berlin bei Staatsbesuchen und dergleichen nicht in das Programm miteinbezieht«. Waldheim besuchte allerdings wenig später West-Berlin ganz offiziell.

Zuweilen leistete sich der Abgeordnete Biel auch Fehleinschätzungen, etwa anlässlich der Berlinale 1972, als der dänische Spielfilm *Lenin takes a train* nicht eingeladen worden war. Die Regisseurin Kirsten Stenbæk hatte Lenins Rückkehr nach Russland im plombierten Eisenbahnwaggon als Komödie mit populären dänischen Schauspielern inszeniert; der Originaltitel des Films lautete *Lenin, din gavtyv!* (Lenin, du Frechdachs!). Von den Zeitungen des Axel-Springer Verlags und der Opposition im Bundestag wurde vorauseilender Gehorsam gegenüber der Sowjetunion vermutet. Biel fragte an, ob »in Auswirkung des Berlin-Abkommens künftig im Berliner Kunstleben gegenüber Beiträgen, die sich kritisch mit der UdSSR beschäftigen, eine Selbstzensur ausgeübt wird, antiamerikanische Beiträge hingegen mit Wohlgefallen rechnen können«. Gleichzeitig legte er ein Schreiben des Leiters der Berliner Filmfestspiele, Alfred Bauer, vor, in dem die Komödie gelobt, aber auch betont wurde, sie könne aus Rücksicht »auf die politische Situation Berlins« nicht gezeigt werden.

Als der Senat nach dem Militärputsch in Chile 1973 politische Flüchtlinge aufnahm, wollte ausgerechnet der einstige Flüchtling Biel sichergestellt wissen, »dass die Flüchtlinge auch nach unseren Begriffen einwandfreie, demokratische Persönlichkeiten sind und nicht zu den Kreisen gehören, die versucht haben, in revolutionärer, antidemokratischer Weise ein Rätesystem in Chile zu errichten«.

Auf Wahrheitssuche:
Vorsitzender im Kreisel-Untersuchungsausschuss

Als Parlamentarier wahrte Biel die Form. Willy Brandt, bis zu seinem Rücktritt 1974 oft Ziel geschmackloser Angriffe auch aus der CDU, war für ihn immer der »Herr Bundeskanzler«. Auch gegenüber den von ihm persönlich geschätzten Regierenden Bürgermeistern Schütz und Stobbe verhielt er sich stets fair. Er lobte etwa Stobbe, weil dieser »entschieden die [auf die Bundespräsenz in Berlin gerichteten, M. O.] Attacken des sowjetischen Botschafters« zurückgewiesen habe. Auch in der wichtigsten Rolle, die Biel in seiner ersten Legislaturperiode im Abgeordnetenhaus spielen sollte, als Vorsitzender im Untersuchungsausschuss Steglitzer Kreisel, zeichnete er sich durch eine über den Parteien angesiedelte Haltung aus.

Am 15. September 1972 hatte der Regierende Bürgermeister Klaus Schütz auf dem Richtfest des Steglitzer Kreisels gesprochen. In Steglitz, am Ende der Schlossstraße, einer belebten West-Berliner Geschäfts- und Einkaufsstraße, sollte ein Hochhaus mit Einkaufszentrum und Busbahnhof entstehen, dem Europa-Center vergleichbar, finanziert durch Subventionen, Steuervergünstigungen und Abschreibungen. Die Architektin Sigrid Kressmann-Zschach, zeitweilig mit dem SPD-Politiker Willy Kressmann (»Texas-Willy«) verheiratet, besaß exzellente Beziehungen zur Berliner Politik. Tatsächlich war das überdimensionierte Gebäude, für das am S-Bahnhof Steglitz die intakte Vorkriegsbebauung abgerissen werden musste, zu keinem Zeitpunkt wirklich benötigt worden, seine Finanzierung von Anfang an unsicher.

Das Bezirksamt Steglitz hatte zugesichert, einzelne Büroetagen des dreißig Stockwerke hohen Kreisels zu einer »Vorzugsmiete« anzumieten, was nichts anders als eine faktische Subventionierung aus Steuergeldern bedeutete. Bei der Vermietung der anderen Etagen gab es rasch Schwierigkeiten, daher sah sich das Bezirksamt gezwungen, noch mehr Etagen zu mieten. Auch für das ursprünglich im Erdgeschoss geplante Kaufhaus ließ sich kein Mieter finden. Der Regierende Bürgermeister Schütz hatte sich persönlich für die Vergabe von Bürgschaften eingesetzt. Als im Herbst 1973 die Hypotheken aufgestockt werden sollten, verwickelte sich der Senat bei einer Fragestunde im Abgeordnetenhaus in Widersprüche. Finanzsenator Heinz Striek geriet in die Kritik, als herauskam, dass sein Schwiegersohn im Büro der Architektin beschäftigt war. Mitte Oktober beschlossen alle Fraktionen im Abgeordnetenhaus die Einsetzung eines Untersuchungsausschusses. Nach den parlamentarischen Gepflogenheiten stand dabei der CDU als größter Oppositionspartei der Vorsitz zu. Zunächst schien es bei dieser Position auf den Steglitzer Abgeordneten Klaus Franke hinauszulaufen, seit 1964 im Abgeordnetenhaus, als führender Mitarbeiter der Wohnungsbaugesellschaft DeGeWo mit der Berliner Bauwelt bestens vertraut. Bei der fraktionsinternen Abstimmung erhielt Franke 18 Stimmen, 24 entfielen jedoch auf Ulrich Biel. Einige Abgeordnete hatten befürchtet, Franke, der gute Kontakte zu SPD-Bausenator Rolf Schwedler besaß, könne zu eng mit der Bauwirtschaft verbunden sein. Am 8. November 1973 wurden die Ausschussmitglieder gewählt, Biel übernahm den Vorsitz.

Am 8. Januar 1974 begann der Ausschuss mit seiner Arbeit. Biel versprach, den Abschlussbericht noch vor der Sommerpause vorzulegen, der Untersuchungsausschuss sollte nicht »in den Wahlkampf hineintagen«. Das wurde auch im Senat und in der SPD gerne gehört. Ulrich Biel genoss seine Rolle als Ausschussvorsitzender und auch den Umgang mit den Medien sichtlich. In der Presse war von seinem »väterlich-ruhigen Ton« die Rede. In dieser Zeit trat er erstmals aus dem Schatten ins Licht der medialen Öffentlichkeit. Am 19. Januar sollte Sigrid Kressmann-Zschach persönlich im Untersuchungsausschuss vernommen werden. Biel wollte mit einer Direktübertragung im Rundfunk Neuland beschreiten, ruderte nach Kritik jedoch zurück. Er habe seinen Standpunkt »noch mal sorgfältig überlegt« und halte Rundfunkberichterstattung nun doch für wenig sinnvoll.

Biel verhinderte, dass Kressmann-Zschach während der Befragung neben ihrem Rechtsanwalt Klaus-Peter Stiewe Platz nehmen konnte: »Sie sind hier nicht Angeklagte, sondern Zeugin.« Bei der Frage nach den Personalien der stadtbekannten Architektin verzichtete er auf das Geburtsdatum: »Niemand muss wissen, wie alt eine Dame ist.« Die Architektin war schlagfertig: »Ich bin 44 Jahre. Ich habe keinen Grund, mein Alter zu verschweigen.« Biel fragte, ob die Schnelligkeit, mit der die Architektin Informationen »über Absichten in der Berliner Verwaltung« erhalten habe, an ihren guten Beziehungen gelegen haben könne, die »andere möglicherweise nicht hatten«. Kressmann-Zschach inszenierte sich als Rat suchende Bürgerin. Auf die Frage Biels, ob sie denn

»sehr viel« bei den involvierten Ämtern angerufen hatte, konterte sie: »Ja, nun, ich bitte Sie. Wenn ich etwas wissen will, dazu ist doch eine Behörde da. Nicht dass der Bürger für die Behörde da ist.« In der *FAZ* stellte Peter Hort fest: »Frau Kressmann-Zschach hat die Lacher auf ihrer Seite.«

Doch Biel hatte einen besonderen Coup vorbereitet und stellte den bereits vernommenen Steglitzer Bezirksbürgermeister Heinz Hoefer seiner Zeugin gegenüber. Der Sozialdemokrat hatte behauptet, die Architektin frühestens 1966 kennengelernt zu haben. Kressmann-Zschach wollte ihn schon länger kennen. Biel hakte nach, Hoefer war schlecht vorbereitet, besaß zur allgemeinen Überraschung kaum Notizen über das Bauvorhaben in seinem Bezirk. Biel bestand auf »korrekten Auskünften«: »Sie müssen sich hier als Zeuge etwas mehr bemühen. Wenn Sie in dieser Weise weiterreden, wird der Ausschuss überlegen, ob er beim Kriminalgericht in Tiergarten eine Ungebührstrafe gegen Sie beantragen wird.« Zeigte Biel gegenüber Hoefer Härte, gab er sich gegenüber Kressmann-Zschach formvollendet und fragte »aus rechtsstaatlicher Courtoisie«: »Frau Zeugin, sind Sie noch in der Lage, der Verhandlung zu folgen, sonst legen wir eine Pause von zehn Minuten ein?«

Nach der Pause konnte sich Hoefer weiter nicht erinnern, die Architektin musste nachhelfen: Hoefer war auf Einladung des Hoteliers Jacques Rosenstein in ihrem Haus zum Abendessen gewesen. Rosenstein war ein Schweizer Baufinanzier, dem das repräsentative Hotel Berlin am Lützowplatz gehörte; ursprünglich sollte er auch den Kreisel finanzieren. Nach einer sechs Stunden langen Befragung gab sich Kressmann-Zschach versöhnlich: Sie habe den Eindruck, dass wirklich versucht werde, die »Wahrheit zu finden«. Das war ein Kompliment für Ulrich Biel, der durch den Ausschuss eine öffentliche Persönlichkeit geworden war und daran Gefallen gefunden hatte. Genüsslich besuchte er im Januar 1974 die volkstümliche Grüne Woche, nahm in der Sonderredaktion des SPD-nahen *Spandauer Volksblatts* Platz und berichtete dem Journalisten Hans-Rüdiger Bein stolz, von vielen Besuchern auf den Kreisel angesprochen worden zu sein. Biel gab sich bürgernah und zugleich preußisch: »Den Leuten ist der Sinn für Sparsamkeit und Sauberkeit noch nicht verloren gegangen.«

Hans-Rüdiger Bein hatte im »Aufmacher« des Gesprächs beschrieben, wie Biel »mit seiner Frau«, gemeint war Marion Yorck, in den Messehallen die »Leistungen der Berliner Gärtnereien und Kleintierzüchter« gelobt und auch Komplimente »für die farbenprächtige Blumenschau« und »seine Berliner« gefunden hatte. Hier inszenierte sich ein Politiker, der sich für höhere Aufgaben empfehlen wollte. Wer in der West-Berliner Politik etwas werden wollte, musste sich auf das kleinbürgerliche Milieu der Laubenpieper und Grüne-Woche-Besucher einlassen. Dazu passte, dass Biel im Abgeordnetenhaus die *Berliner Morgenpost* wie viele Berliner »Mottenpost« nannte, privat aber die *Neue Zürcher Zeitung* bevorzugte.

Gegenwind im Untersuchungsausschuss bekam Biel am 23. März 1974. Zunächst hatte er Rechtsanwalt Stiewe wegen angeblichen Durchstechens von Informationen Hausverbot erteilt, Kressmann-Zschach durfte sich aber immerhin doch mit ihrem Anwalt beraten. Danach ging sie zum Gegenangriff über und erklärte Biel für befangen. Er schone den ihm persönlich bekannten Jacques Rosenstein. Biel antwortete sparsam: »Ich habe den Mann noch nie gesehen.«

Kressmann-Zschach berief sich auf Informationen aus einem Telefonat mit Rosenstein, wonach dieser mehrfach Biel getroffen habe. Der Ausschuss beriet hinter verschlossenen Türen, dann wurde Biel selbst als Zeuge vereidigt. Er erklärte, auf seinen ausdrücklichen Wunsch unter Eid, keine persönlichen oder beruflichen Beziehungen zu Jacques Rosenstein unterhalten und mit ihm an »keinem Ort der Welt« zusammengearbeitet zu haben. Allerdings musste er einräumen, Rosenstein doch zu kennen. Im Januar 1974 hatte er mit ihm telefoniert, ob er als Zeuge für den Untersuchungsausschuss in Frage komme.

Der Konkurs über die Kreisel-Bauträgergesellschaft Avalon GmbH & Co. KG wurde am 14. Mai 1974 eröffnet. Die Opposition stellte Misstrauensanträge gegen Finanzsenator Striek und den gesamten Senat. Am 27. Juni 1974 konnte Biel den Schlussbericht des Untersuchungsausschusses vorlegen. Staatstragend lobte er »die Verwaltung des Landes Berlin« und dankte der Verwaltung des Abgeordnetenhauses für »gute Mitarbeit des Stenographischen Dienstes«; die Protokolle umfassten über 2.000 Seiten. Kollegial wies Biel auf die kurze Dauer der Tätigkeit des Ausschusses hin: »Im Vergleich mit den Monsterprozessen in der deutschen Justiz waren wir ganz bestimmt ein schnelles Kind.« Er betonte, dass alle Ausschussmitglieder »während der Beweisaufnahme die Parteibrille erkennbar zu Hause zurückgelassen« hätten, und stellte fest: »Der Untersuchungsausschuss ist der wahre Prüfstein für die Gewaltenteilung.«

Im Wesentlichen war sich der Ausschuss in der Bewertung der Vorgänge einig. Die SPD-Mitglieder sprachen sich lediglich gegen die Aufnahme des von Biel »Lobrede« genannten Grußwortes des Regierenden Bürgermeisters beim Richtfest des Kreisels in den Bericht aus. Biel im Plenum des Abgeordnetenhauses: »Die Streitfrage lässt sich weder aus der Entwicklungsgeschichte noch aus der Methodik des Gesetzes zufriedenstellend beantworten. Es geht vielmehr um die uralte philosophische Frage: Was ist Wirklichkeit? Schon bei den alten Griechen haben sich Sokrates, Plato und die Sophisten darüber die Köpfe wundgeredet.«

Regierung und Opposition sahen letztlich keine »Akte echter Korruption», dafür »höchst mangelhafte« Koordination in der Verwaltung. Biel fasste berlinisch-knapp zusammen: »Da war's zu spät. Das Unheil nahm seinen Lauf.«

Durch den Untersuchungsausschuss war Ulrich Biel bekannt geworden. In den Zeitungen war über ihn zu lesen, er »genieße Achtung, habe aber wenig Freunde«.

Der Statuspolitiker:
Alterspräsident des Berliner Abgeordnetenhauses

Für die Wahl zum Abgeordnetenhaus am 2. März 1975 hatte Biel einen sicheren Listenplatz erhalten, den er dem umtriebigen Weddinger CDU-Lokalmatador Dietrich Bahner verdankte. Durch den Kreisel-Untersuchungsausschuss hatte er sich in der letzten Legislaturperiode Wertschätzung auch außerhalb seiner eigenen Partei erworben. Mitten im Wahlkampf wurde am 27. Februar 1975 der CDU-Spitzenkandidat Peter Lorenz von Linksterroristen entführt und, wie sich später herausstellte, in einem Kellerverschlag in der Schenkendorfstraße 6 in Kreuzberg versteckt. In den parlamentarischen Krisensitzungen nach der Entführung bildete sich ein Vertrauensverhältnis zwischen Biel und dem damaligen SPD-Bundessenator Dietrich Stobbe heraus. Peter Lorenz wurde am 4. März im Austausch für fünf RAF-Terroristen freigelassen.

Die CDU wurde bei den Wahlen erstmals stärkste Partei in West-Berlin, die SPD konnte jedoch mit der FDP eine Koalition bilden. Biel war zu diesem Zeitpunkt fast 68 Jahre alt und das älteste Mitglied des Abgeordnetenhauses. Bei der ersten Sitzung am 24. April 1975 stand ihm daher das Amt des Alterspräsidenten zu. Biel genoss die Situation, befand er sich doch auf dem Höhepunkt seines Ansehens. Er hielt eine Rede zur Eröffnung der Legislaturperiode, in der er wieder das Bild vom Brandenburger Tor aufgreifen sollte: Die Berliner Mauer teile »nur den politischen Körper unserer Stadt, nicht ihr Herz«, das am Brandenburger Tor schlage. Auch auf die Entführung von Peter Lorenz ging er ein: »Das Crescendo der Parteien zum Finale fiel aus. In der Stadt herrschte politische Totenstille. Die Nerven der Menschen waren auf das Äußerste gespannt. Alle bangten und viele beteten für das Leben von Peter Lorenz.«

Die Rede stieß im Abgeordnetenhaus auf ungeteilten Beifall. Doch im offiziell dem linken SPD-Flügel nahestehenden *berliner extra-dienst*, dessen Finanzierung durch die Staatssicherheit der DDR damals niemandem bekannt war, bezeichnete der selbsternannte »Kleinschriftsteller« Horst Tomayer Biel wegen seiner Rede als einen »Brandenburger Tor« und »Berufsberliner«.

Im parlamentarischen Alltag blieb Biel seiner Rolle als antikommunistischer »Statuspolitiker« treu. Zuweilen kokettierte er dabei mit seinem Lebensalter: »Ich bin alt genug, um mich leider erinnern zu können, dass bereits die Weimarer Republik in einem missverstandenen formalistischen Liberalismus Staatsfeinde in die unmittelbare Nähe des Staatsapparates herangelassen hat.« Auch den Friedensnobelpreisträger des Jahres 1975, den sowjetischen Dissidenten Andrei Sacharow, führte er als Beispiel für die Unterdrückung im kommunistischen Ostblock an: »Wir wissen nicht, welchen Erfolg Männer wie Sacharow heute haben werden; aber es ist unsere Pflicht, diesen tapferen Männern in jeder Weise Unterstützung zuteilwerden zu lassen, weil wir gewiss sind, dass Millionen von Menschen in der Sowjetunion in naher Zukunft Sinn für seine Gedanken und diese Ideen haben werden.«

Zu Hochform in seiner Rolle als »Statuspolitiker« lief Biel auf, als er einen Missbilligungsantrag der CDU-Fraktion im Abgeordnetenhaus gegen Bundeskanzler Helmut Schmidt begründen durfte. Der Realpolitiker Schmidt hatte am 3. Oktober 1977 im Daimler-Benz-Werk in Marienfelde erklärt: »Berlin ist kein Bestandteil der Bundesrepublik, aber niemand kann die gewachsenen Bindungen leugnen.« Für Biel bedeutete das »in letzter Analyse«, dass »der Herr Bundeskanzler Berlin aus dem bundesstaatlichen Konnex der Bundesrepublik

Ulrich Biel an seinem Schreibtisch in seinem Haus in Dahlem, 7. Mai 1975; Porträtaufnahme von Wolfgang Albrecht

löst und die Beziehungen Berlins zum Bund stattdessen auf eine völkerrechtliche Ebene schiebt«.

In seiner Antragsbegründung holte Biel weit aus und verwies auf den Prozess Friedrichs des Großen gegen den Müller Arnold vor dem Kammergericht: »Gottlob haben wir noch ein Bundesverfassungsgericht in Karlsruhe.« Die »große Gefahr der Äußerung des Herrn Bundeskanzlers« läge darin, so Biel, dass er sich so »weitgehend der sowjetischen Auffassung« nähere. Biel hielt ein Kurzreferat zu den alliierten Genehmigungsschreiben zum Grundgesetz, argumentierte spitzfindig, dass man »nur an etwas beteiligt sein kann, zu dem man gehört«. Auch wenn die drei Schutzmächte »Träger der Souveränität« seien, ändere dies nichts »an unserer Mitgliedschaft im Bund«. Er machte anspruchsvolle historische Anspielungen auf die ostpreußischen Geburtsorte von Harry Ristock (Seemen, Kreis Osterode) und Dietrich Stobbe (Weepers, Kreis Mohrungen): »Angesichts der landsmannschaftlichen Abstammung des Herrn

Regierenden Bürgermeisters und des Herrn Senators Ristock ist es üblich, dass in diesem Hause auf Ostpreußen verwiesen wird.« Weiter verglich er den Staus von Berlin mit dem Königreich Preußen vor Friedrich dem Großen. Damals war »der König in Preußen Lehnsmann des Königs von Polen, soweit Ostpreußen in Frage kam«. »Diese Doppelbeziehung, dass es bei uns eine Souveränität der ausländischen Schutzmächte gibt und wir auch dem Bund angehören, und zwar als volles Mitglied, bei dem nur gewisse Rechte suspendiert worden sind, entspricht der Stellung Ostpreußens, das trotz polnischer Lehnsherrschaft zu Preußen gehörte.«

Und schließlich bemühte Biel noch Lord Palmerstons Bonmot zu der »schwierigen Stellung der Elb-Herzogtümer zwischen Dänemark und dem Deutschen Bund«, es gäbe überhaupt nur zwei Männer, die den Rechtstatus von Schleswig und Holstein verstünden, Palmerston selbst und einen Professor, der darüber verrückt geworden sei: »Ich fürchte, dass in unserem Fall der deutsche Bundeskanzler nicht zu den Erleuchteten gehört.«

Nur die wenigsten dürften diese Verweise auf Anhieb verstanden haben. Biel sprach aber auch plastisch von einem »Recht des deutschen Volkes«, dass sich »das Berliner Parlament in dieser Lage eindeutig« äußere. Ein deutschlandpolitischer Sonntagsredner war Biel nicht. Er sagte klar, dass nach seiner Meinung »eine Wiedervereinigung in naher Zukunft nicht zu erwarten« sei.

Der anspruchsvolle historische Exkurs über den Status von Berlin war etwas für Biel Typisches. Als zum Deutschen Sängerfest 1976 die Reichsbahn der DDR keine Sonderzüge zur Verfügung stellte, appellierte er beispielsweise an die liberalen Wurzeln der FDP im Vormärz. Waren schon die historischen Exkurse den meisten Kollegen zu viel, dürfte das für seine angelsächsische Ironie erst recht gegolten haben. Nach dem Befreiungsversuch des an der Lorenz-Entführung beteiligten Terroristen Till Meyer aus der JVA Moabit am 27. Mai 1978 kritisierte Biel als Vorsitzender des Justizausschusses den Justizsenator von der FDP, den Tübinger Strafrechtsprofessor Jürgen Baumann. An den FDP-Fraktionsvorsitzenden Horst Vetter richtete er mit Verweis auf den ebenfalls der FDP angehörenden Bundesinnenminister die Frage: »Was würden Sie von der Lösung halten, die Herren Maihofer und Baumann in ihren Positionen auszutauschen?« Vetter antwortete genervt: »Herr Dr. Biel, auf solche Fragen antworte ich gar nicht.« Das Thema sei zu ernst für »kabarettistische Einlagen«.

Eher mit Biels Art umgehen konnte der gleichfalls schlagfertige SPD-Linke Harry Ristock. Manche machten sich über Biel auch lustig. Als dieser ironisch eine Meinungsumfrage »über den historischen Rang von Willy Brandt, Egon Bahr und Konrad Adenauer« verlangte, ergänzte der SPD-Abgeordnete Gerhard Beier frech: »Und Dr. Biel!«

»Ihre Sorgen sind meine Sorgen«: Der Kontakt zu Axel Springer

Als Mitglied des Abgeordnetenhauses hatte Biel den Kontakt zu Axel Springer wieder intensiviert. Darauf hatte Springer 1971 an ihn geschrieben: »Ihre Sorgen um dieses Volk sind meine Sorgen. Wenn ich heute Kraft schöpfen will, dann fahre ich nach Israel. Dort ist noch alles weitgehend in Ordnung.«

Biel dankte mit einem Anruf in dessen Büro artig »für den Brief von Herrn Springer mit Friedensburg-Artikel und Habe-Buch« und machte den Vorschlag: »Am Wochenende 10./11. Juli werden Gräfin Yorck und Dr. Biel zusammen mit MP Kohl [Helmut Kohl, Ministerpräsident von Rheinland-Pfalz, M.O.] bei Herrn Prof. Gerstenmaier im Hunsrück sein. Dr. Biel fragt im Auftrage von Dr. Gerstenmaier, ob Herr Springer Zeit und Lust habe, an dem Zusammentreffen teilzunehmen.« Springer ließ allerdings durch seine Sekretärin Erika Rüschmann (»Rüschi«) absagen.

Im September 1971 war Biel mit Marion Yorck nach Washington gereist, um Karl Mautner zu besuchen. Springer hatte er zuvor Interesse an einer Begegnung mit Heinz Barth signalisiert, dem USA-Korrespondenten der *Welt*, den er »für den besten Mann der *Welt*« halte. Barth war ein unbedingter Befürworter einer Politik der Stärke gegenüber der Sowjetunion; an seiner journalistischen Karriere vor 1945, die damals bereits bekannt war, schien sich Biel nicht zu stören.

Seit 1974 hatte Springer mit dem Gedanken gespielt, die defizitäre *Welt* an die *Frankfurter Allgemeine Zeitung* zu verkaufen. Erste Verhandlungen waren im Spätherbst 1974 gescheitert. Auch mit Biel hatte Springer darüber gesprochen, der etwas undiplomatisch empfohlen hatte, die *Welt* besser gleich ganz einzustellen. Springer antwortete am 23. Dezember 1974 mit einem langen Brief:

Ulrich Biel im Gespräch mit Axel Springer und Elisabeth Ullstein (sitzend) am 4. Juli 1975 im Verlagshaus Axel Springer

»Lieber Herr Dr. Biel,

dass die *Welt* anders, besser, wirkungsvoller gemacht werden muss, ist auch für mich eine Tatsache. Aber Ihr Rat, sie schlechthin einzustellen, hat mich nachträglich doch erschreckt.

Letztlich ist die *Welt* die einzige gedruckte Stimme, die aus Berlin die wichtigeren Amtsstuben in Bonn erreicht. Oder glauben Sie, dass der *Tagesspiegel*, der *Abend*, oder das *Spandauer Volksblatt* diese Aufgabe übernehmen?

Ich kann natürlich auch alles hinschmeißen, wie mir Frau Marie Schlei aus dem Bundeskanzleramt empfahl. Leider aber erlauben mir das die Taxifahrer und andere geradeaus denkende Menschen in Berlin nicht.

Bei allen Fehlern der *Welt*: sie war es, die eine lange Zeit stellvertretend für die CDU eintrat. Eine Partei, die es sicherlich wegen der Zustimmung zu den Ostverträgen und des jetzt hervorragenden Araber-Diplomaten [der frühere Außenminister Gerhard Schröder, M.O.] nicht verdient hat. Die CDU hat es schließlich auch nicht erreicht, einen strahlenden Kandidaten für das so wichtige Berlin auf die Beine zu stellen. Ich komme mir schon etwas dämlich vor, immer wieder meinen freundschaftlichen Gefühlen Peter Lorenz gegenüber Ausdruck zu geben. Das aber hat alles mit Politik nichts zu tun. Und nun erzählen Sie mir an einem Sonntag, dass ich ein wichtiges Fähnchen einziehen soll.

Wir werden über diese Dinge sicherlich noch einmal in Ruhe und Freundschaft sprechen. Ich fühle mich immer besonders wohl bei der Gräfin und Ihnen in der Halde.

Mit aufrichtig guten Wünschen bin ich

Ihr Axel Springer«

Trotz aller Differenzen wandte sich Biel immer wieder gegen linke Angriffe auf den Axel Springer Verlag, zuweilen mit schwerem Geschütz. Als sich Harry Ristock im Juni 1975 mehrdeutig zum Verlag geäußert hatte, verglich Biel das im Abgeordnetenhaus ausgerechnet mit dem Eingreifen »einer linksradikalen Junta gegen eine freie Zeitung« während der Nelkenrevolution in Portugal; am 19. Mai 1975 hatten kommunistische Druckereiarbeiter die Redaktion der bürgerlichen Zeitung *República* in Lissabon besetzt, die Redakteure festgesetzt und die Umwandlung in eine kommunistische Tageszeitung erzwungen. Auch Klaus Schütz protestierte gegen den unglücklichen Exkurs.

Die Wertschätzung Biels im Axel Springer Verlag fand auch darin Ausdruck, dass er immer wieder zu Veranstaltungen im legendären Presseklub des Verlagshauses in der Kochstraße eingeladen wurde, so zum siebzigsten Geburtstag der Ullstein-Enkelin Elisabeth am 4. Juli 1975.

Politischer Abschied: Verzicht auf das Mandat

1977 war Biel anlässlich seines siebzigsten Geburtstags die Ernst-Reuter-Plakette verliehen worden, eine der höchsten Auszeichnungen des Landes Berlin. Die im Vorjahr ausgezeichnete Sozialdemokratin Barbara von Renthe-Fink hatte ihn als ihren »Freund« bezeichnet, der ihr den Weg nach West-Berlin gewiesen habe. Biel durfte zu diesem Anlass auch vor der von der SPD mit einer absoluten Mehrheit dominierten Bezirksverordnetensammlung Wedding sprechen. Er appellierte an alle, »davon überzeugt zu sein, dass ich ein sehr starkes Gefühl dafür habe, was der Wedding für Berlin bedeutet«.

Biel gab sich ganz als Politiker, dem der Wedding »stets in ganz besonderer Weise am Herzen« liege, auch wenn er selbst einräumen musste, dass er »gar nicht so häufig« dort sei. Er erwähnte ein Gespräch mit Bausenator Harry Ristock, dem er angesichts der Verkehrsplanung des Senats die Befürchtung mitgeteilt habe, dass »mein Wedding« ein bisschen zu kurz komme, »und zu meiner großen Überraschung hat er gesagt, hier haben Sie vollkommen recht und ich werde zusehen, dass das nicht passiert«. Mit seinem Einsatz für die »Interessen des Wedding« knüpfe er an eine Tradition an, die es in seiner Familie von jeher gegeben habe, »denn meine Familie ist durch drei Generationen mit den Rathenaus befreundet und verwandt gewesen und an der Gründung der AEG sind wir gar nicht so unbeteiligt gewesen«.

Als Biel allerdings 1978 von der *Forschungsgruppe Emigration* beim Münchner Institut für Zeitgeschichte höflich nach »weiterführenden Angaben« zu dem AEG-Direktor Hans Bielschowsky und einem weiteren Namensvetter gefragt wurde, antwortete er wortkarg: »Über meine beiden Namensvettern, nach denen Sie mich in Ihrem Brief vom 8. März 1978 gefragt haben, kann ich keine Auskünfte erteilen. Es handelt sich um entfernte Verwandte, die ich persönlich niemals kennengelernt habe.«

Als das amerikanische Aspen-Institut auf Schwanenwerder im November 1977 einen »Workshop on Comparative Criminal Justice Research« veranstaltete, war Biel als »Chairman Juridicary Committee Berlin Parliament« neben Justizsenator Jürgen Baumann, im Hauptberuf Ordinarius für Strafrecht, der einzige Politiker unter den Teilnehmern, doch an der Basis auf dem Wedding war so etwas weniger gefragt. Für die Abgeordnetenhauswahl am 18. März 1979 wurde Biel von der CDU nicht mehr aufgestellt; die Presse berichtete von »Rangkämpfen am Wedding«. In der Fraktion war er zunehmend isoliert. Seine historischen Aperçus, einmal wies er den Neuköllner Fraktionskollegen Wolfgang Hackel, Jahrgang 1942, auf die Bedeutung Neuköllns in der Berliner Politik der zwanziger Jahre hin, wurden von immer weniger seiner Zuhörer verstanden.

Am 28. April 1978 meldete die *Berliner Morgenpost*, dass »der Abgeordnete Dr. Ulrich Biel (70)« am Vorabend des CDU-Kreisparteitages auf eine neuerliche Nominierung verzichtet habe. Dass Biel 1982 in der *Berliner Morgenpost* eine Geburt auf dem Wedding angedichtet wurde, war allerdings eine ziemliche Schlamperei.

Empfang im Schloss Charlottenburg und Eintragung in das Goldene Buch von Berlin am 16. März 1977; zweiter von rechts Generalmajor Juvénal Habyarimana, Staatspräsident der Republik Ruanda, rechts Klaus Schütz, Regierender Bürgermeister von Berlin, zweiter von links Ulrich Biel

Der Vorsitzende der SPD-Bundestagsfraktion und ehemalige KPD-Funktionär Herbert Wehner war als Redner für den Staatsakt zum 20. Juli 1978 in der Gedenkstätte Stauffenbergstraße vorgesehen. Unter den Angehörigen des 20. Juli war dies umstritten. Franz Ludwig Schenk Graf von Stauffenberg, der dritte Sohn des Hitler-Attentäters Claus Schenk Graf von Stauffenberg und seiner Frau Nina, damals Bundestagsabgeordneter der CSU, hatte erklärt, dass »der Widerstand des 20. Juli in einer anderen geistigen Tradition und in einer anderen geschichtlichen Zielsetzung stand, als sie die Person und Geschichte Herbert Wehners verkörpere«. Das bezog sich auf die anarchistische und kommunistische Vergangenheit Wehners, besonders seine Zeit im Moskau der stalinistischen Schauprozesse mit vieltausendfachen Todesurteilen. Am 23. Juni 1978 hatte Ludwig von Hammerstein, seit 1974 Intendant des *RIAS* und zugleich Biels Nachbar im Falkenried, notiert: »Mal wieder mit Biel spazieren, er ist immer noch gegen Wehner in der Bendlerstr., in Plötzensee dürfe er aber!«

Auch die Familie Hammerstein hatte 1945 zu der von den Amerikanern misstrauisch betrachteten konservativen Gruppe von Angehörigen des Widerstands gehört. Am 20. Juli 1973 hatte Biel als Notar die Gründung der »Forschungsgemeinschaft 20. Juli« beurkundet und auch die Satzung geschrieben. Als es in der amerikanischen Kirchengemeinde Berlin zu einem Streit mit dem Pfarrer gekommen war, hatte Biel allerdings die opponierende Gruppe anwaltlich beraten, obwohl Pfarrer Ralph Zorn ein Schwager Hammersteins war. In den Gesprächen bei den häufigen Spaziergängen von Biel und Hammerstein spielte der deutsche Widerstand eine große Rolle.

Biel hatte aus seiner Ablehnung Wehners, der wenig später seine Rede zurückzog, kein Geheimnis gemacht. Ein anderer »Ritchie-Boy«, Axel Springers engster Mitarbeiter Ernst Cramer, ließ Biel eine »Hausmitteilung – Aktennotiz« des Axel Springer Verlages vom 23. Juli 1978 mit persönlicher Widmung und dem Vermerk »Vertraulich« zukommen. Darin hatte Cramer den »lieben Peter« – gemeint war *Bild*-Chefredakteur Peter Boenisch – scharf kritisiert, weil sich dieser für Wehner ausgesprochen hatte. Wehner sei »einer der ersten Totengräber der ersten deutschen Republik, wie es die Nazis waren«. Sicher habe auch Wehner Widerstand gegen die Nationalsozialisten geleistet, die Kommunisten drangsalierten, verfolgten und ermordeten. »Aber sein Ziel war nicht das Ziel derer, an die man am 20. Juli denkt.«

Vor dem United States Court for Berlin: Freispruch für eine Flugzeugentführerin

Am 30. August 1978 hatten zwei Bürger der DDR, der Kellner Detlef Tiede und die Kellnerin Ingrid Ruske, mit einer Spielzeugpistole eine Linienmaschine der polnischen Fluggesellschaft LOT von Danzig nach Berlin entführt und zu einer Landung auf dem Flughafen Tempelhof im amerikanischen Sektor von Berlin gezwungen. Beide wollten aus der DDR fliehen, sie übten keine Gewalt aus und ließen die Passagiere unmittelbar nach der Landung frei. Bei ihrer Verhaftung durch amerikanische Sicherheitskräfte in Tempelhof hatten sie keinen Widerstand geleistet, Tiede warf seine Spielzeugpistole unaufgefordert fort. Die USA waren aber verpflichtet, gegen jede Luftpiraterie vorzugehen. Aus diesem

Grund wurde von der amerikanischen Regierung eigens für das Verfahren ein United States Court for Berlin gebildet.

Dieser ganz besondere Gerichtshof tagte auf dem Flughafen Tempelhof, damit Tiede und Ruske ihn nicht verlassen mussten. Einziger Richter wurde der Bundesrichter Herbert J. Stern aus New York. Er hatte gegen die Militärstaatsanwaltschaft durchgesetzt, dass die wichtigsten Prozessgrundsätze der amerikanischen Verfassung Anwendung fanden, auch der Anspruch der Angeklagten auf einen Rechtsanwalt. Hier schlug die Stunde von Ulrich Biel, der zum deutschen Pflichtverteidiger von Ingrid Ruske bestellt wurde. Mit Flugzeugentführungen hatte Biel Erfahrung. Am 19. Oktober 1969 hatten zwei junge Ost-Berliner ebenfalls ein polnisches Flugzeug zur Landung auf dem Flughafen Tegel gezwungen. Die Entführer waren durch ein französisches Gericht im Quartier Napoléon am Kurt-Schumacher-Damm zu einer Haftstrafe verurteilt worden. Biel war bereits in diesem Verfahren einer der beiden Pflichtverteidiger gewesen.

Für das amerikanische Jury-Verfahren mussten zwölf Geschworene und ihre Stellvertreter aus allen volljährigen Deutschen mit Wohnsitz im amerikanischen Sektor von Berlin bestimmt werden, grundsätzlich kamen dafür auch Mitglieder der kommunistischen SEW in Frage. Dies wäre zwar äußerst unwahrscheinlich gewesen, hatte die SEW doch sehr wenige Mitglieder, gleichwohl wurde von amerikanischer Seite befürchtet, eventuell der SEW angehörende Schöffen könnten auf Weisung aus Ost-Berlin oder Moskau handeln und entscheiden. Biel sprach sich im Vorfeld des Prozesses unter Verweis auf die amerikanische Bill of Rights gegen den Ausschluss kommunistischer Geschworener aus; immerhin sei die »Kommunistische Partei«, also die SEW, am Gerichtsort zugelassen.

Biel war am ersten Verhandlungstag, dem 14. Mai 1979, der ohne Zuschauer, aber unter großer Aufmerksamkeit der Medien stattfand, mit 72 Jahren der älteste Verfahrensbeteiligte. Er sprach »englisch, zwar mit fremdem Akzent und bisweilen nicht ganz fehlerfrei, aber dennoch klar und verständlich«. Und er bemühte Pathos: »Präsident Kennedy hat 1963 in Berlin gesagt: ›Ich bin ein Berliner‹ Was heißt das? Das heißt, dass, was die Freiheit angeht, zwischen einem Menschen in Berlin und einem Einwohner von Washington D.C. nicht der geringste Unterschied besteht.«

Ulrich Biel und seine Mandantin Ingrid Ruske, angeklagt wegen Flugzeugentführung, nach deren Freilassung durch den United States Court for Berlin am 14. Mai 1979

Auf die Nachfrage des Richters, ob Kennedy mit der Selbstbezeichnung »Berliner« auf seine verfassungsmäßigen Rechte als Bürger der Vereinigten Staaten verzichtet habe, wurde Biel grundsätzlich: »Ich meine, Sir, dass er es für selbstverständlich ansah, dass jedermann in Berlin dieselben Freiheitsrechte genießt wie jedermann in den Vereinigten Staaten. […] Mit anderen Worten, dass Berlin in der Theorie eine besetzte Stadt sein mag, politisch und praktisch gesprochen aber unter Schutzherrschaft steht – es genießt den Schutz der Vereinigten Staaten.« Er griff auch das Bild von der Freiheitsstatue auf, die er selbst 1934 auf dem Weg in die Emigration passiert hatte: »Man sollte daher meiner Meinung nach auch bedenken, welche Erwartungen meine Mandantin in dieses Gericht setzt. Meine Mandantin kam aus einem Teil Deutschlands, der nicht nach Recht und Gesetz, sondern gegen Recht und Gesetz regiert wird. Und sie kam nach West-Berlin, in der Erwartung, im amerikanischen Sektor aller Freiheitsgarantien teilhaftig zu werden, was bedeutet, […] dass meine Mandantin entweder vor ein deutsches Gericht gestellt wird und von dort den vollen

Schutz des Grundgesetzes genießt [...] oder vor ein amerikanisches Gericht, das ihr den vollen Schutz der Verfassung der Vereinigten Staaten gewährt. Ganz offen gesagt, für meine Mandantin sind die sogenannten Westsektoren von Berlin nichts anderes als eine vom Hafeneingang von New York nach Mitteleuropa versetzte Freiheitsstatue.«

Stern erklärte am ersten Prozesstag, dass die nach ihrer Festnahme protokollierten Aussagen von Ingrid Ruske nicht verwendet werden dürften. Sie war während ihrer ersten Vernehmung durch einen amerikanischen Offizier nicht richtig belehrt worden, hatte zunächst keinen anwaltlichen Beistand, wusste auch nicht, dass gegen sie als Mitangeklagte ermittelt wurde. Darauf ließ die Staatsanwaltschaft die Anklage gegen Ruske fallen, Ulrich Biel erklärte sein Einverständnis. Nachdem Stern sich bei Biel für seine Mitarbeit bedankt hatte, antwortete dieser: »Ich bin Ihnen sehr dankbar, Euer Ehren, nicht nur für die Würdigung meiner Tätigkeit, sondern besonders für Ihre Entscheidung, das Verfahren einzustellen. Sie gehört zu der richtigen Entscheidung, die amerikanische Verfassung hier voll anzuwenden. Ich glaube, die ganze Bedeutung Ihrer Entscheidung wird sich erst in Zukunft erweisen, nämlich: Die Vereinigten Staaten stehen hier als Schutzmacht, und im amerikanischen Sektor von Berlin gilt jetzt und in Zukunft die Verfassung der Vereinigten Staaten.«

Ingrid Ruske konnte bereits am Ende des ersten Prozesstages den Gerichtssaal verlassen; es entstanden Pressefotos, die eine glückliche junge Frau neben ihrem Verteidiger Ulrich Biel, einem väterlichen älteren Herrn im grauen Anzug, zeigten. Biel lobte die Entscheidung des Gerichts öffentlich als »ideale Verbindung zwischen der Rechtsstaatlichkeit der Vereinigten Staaten und ihrer Position in Berlin als schützende Besatzungsmacht«. Gegen Detlef Tiede wurde das Verfahren fortgesetzt; er wurde zu einer Freiheitsstrafe von neun Monaten verurteilt, die aber durch die Untersuchungshaft bereits verbüßt war.

Elder Statesman und Anwalt: Die späten Jahre

Der Regierende Bürgermeister Dietrich Stobbe war 1981 wegen eines Bauskandals und einer fehlenden Mehrheit im Abgeordnetenhaus zurückgetreten. Dem Architekten Dietrich Garski waren von der landeseigenen *Berliner Bank* Kredite für Bauprojekte im Nahen Osten eingeräumt worden, für die das Land Berlin bürgte. Garski hatte Konkurs angemeldet und war mit unbekanntem Aufenthalt untergetaucht. Biel verfügte noch über genug Beziehungen, um Stobbe, den er persönlich und politisch immer geschätzt hatte, unaufgefordert über den Aufenthalt und andere Aktivitäten von Garski vertraulich in Kenntnis zu setzen. Der Architekt wurde jedoch erst 1983 verhaftet.

Besonders delikate Beziehungen zur Berliner Landespolitik besaß auch das Mandat, das Ludwig von Hammerstein, der Intendant des *RIAS,* Biel vermittelt hatte. Dettmar Cramer war seit 1981 Chefredakteur beim *RIAS* und Direktor für Politik und Zeitgeschehen. In der seit 1981 in Berlin regierenden CDU hatte Cramer Gegner, denn 1975 war er von der *Frankfurter Allgemeinen* zum *RIAS* gekommen, weil er zu den Anhängern der Ostpolitik von Willy Brandt und insbesondere Egon Bahr gehört hatte. Der seit 1984 amtierende *RIAS*-Intendant Peter Schiwy, Hammersteins Nachfolger, versuchte Cramer durch einen neuen stellvertretenden Chefredakteur zu schwächen, der ein »Alternativ-Programm« mit eigenem Etat bekommen sollte. Cramer hatte die Intrige durchschaut und sich an Hammerstein gewandt, der sofort Biel einschaltete. Der rief Cramer unverzüglich an und forderte ihn auf, die Pläne des *RIAS* auf keinen Fall hinzunehmen. Bei einer zufälligen Begegnung teilte Biel Schiwy beiläufig mit, Dettmar Cramer stehe unter seinem persönlichen Schutz. Im März 1985 verfasste Biel ein Anwaltsschreiben an Schiwy: »Durch Ihr Vorgehen ist bereits Unruhe bei den Mitarbeitern des RIAS entstanden, welche nicht zuletzt auch befürchten, dass durch die Ausschaltung meines Mandanten die politisch eindeutige Aussage des RIAS, einer besonders sensiblen und exponierten Rundfunkanstalt, gefährdet werden könnte. Daher bitte ich Sie, Ihre Überlegungen zu überdenken, und fordere Sie auf, von ihrem bisherigen Plan Abstand zu nehmen, denn er würde die Zuständigkeit und die damit verbundene Verantwortung meines Mandanten, als des für die Politik zuständigen Chefredakteurs, beeinträchtigen.«

Cramer wurde als über die DDR berichtender Journalist vom Ministerium für Staatssicherheit überwacht; auch Biels Anwaltsschreiben wanderte in den Vorgang. Über die gesamte Personalie war der DDR-Geheimdienst gut informiert, auch darüber, dass Biel im Ergebnis erfolgreich war. Am 28. September 1985 schrieb Cramer an Biel von einem »Friedensschluss«, die »Zusammenarbeit« funktioniere »seit unserem Streit im Frühjahr nahezu reibungslos«. Im

Sommer 1986 wechselte Cramer dann als Chefredakteur zum Deutschlandfunk nach Köln.

Die Wahrheit, das Organ der Sozialistischen Einheitspartei Westberlins, des SED-Ablegers im Westteil der Stadt, hatte in ihrer Ausgabe vom 13./14. Februar 1982 Ulrich Biel in einem großen Artikel als *Kanalarbeiter des Kalten Krieges* apostrophiert und süffisant darauf hingewiesen, dass in den westlichen Zeitungen zu seinem 75. Geburtstag kein Hinweis, geschweige denn eine Würdigung erschienen sei. Das war eine falsche Information in einem ansonsten keineswegs kenntnislosen Artikel. Biel hatte erst am 17. Mai Geburtstag und erhielt zu diesem Tag zahlreiche Glückwünsche. Als Senior und Kronanwalt würdigte Helmut Jaesrich, ein gemeinsamer Freund von Biel und Melvin Lasky seit der Zeit beim *Monat,* kenntnisreich, allerdings etwas abseitig auf den Berliner Lokalseiten der *Welt* Biel, der erst »im reifen Mannesalter« der CDU beigetreten sei:

»Er gehörte zum Stabe jenes schneidigen Stadtkommandanten Howley, der sich vor den Sowjets nicht zu fürchten pflegte; und er war unter dessen Mitarbeitern sicher derjenige mit den engsten Kontakten zu wichtigen Persönlichkeiten des politischen Lebens von Berlin, wobei seine Verbindung zum Kreis der Widerständler vom 20. Juli 1944 eine besondere Rolle spielte.

Während die meisten ›gewordenen‹ Amerikaner damals an ihrer Staatsangehörigkeit festhielten, scheute der Amerikaner Biel sich nicht, wieder Deutscher zu werden. Und auch zu Berlin gab er ein unerschrockenes Bekenntnis ab, indem er im Jahr der berüchtigten Chruschtschow-Note [1958, gemeint ist das Chruschtschow-Ultimatum, M.O.] in Dahlem den Grundstock seines Wohnhauses legte.

Seit mehr als dreieinhalb Jahrzehnten gehört Ulrich Biel mit wechselnden Aufgaben zum Bild Berlins, so dass es heute für ihn keiner besonderen Funktion mehr bedarf, zu mancher programmatischen Diskussion hinzugezogen zu werden. Da seine Zunge nicht weniger scharf ist als seine Intelligenz, wird er von manchen gefürchtet, die nicht wissen, dass seine präzise Einsicht in menschliche Schwächen durch ein ebenso tiefsitzendes Wohlwollen für seine Mitwelt aufgehoben wird.

Er stellt eine sehr berlinische Natur dar, und man kann wohl kaum etwas Hübscheres über ihn sagen, als dass Theodor Fontane ihn gern zu seinen Bekannten gezählt – oder womöglich erfunden hätte.«

Unmittelbar vor dem Geburtstag hatte Biel an Lasky geschrieben: »Am 17. Mai werde ich 75 – ich kann es selbst kaum glauben.« Im selben Brief thematisierte er auch Marion Yorcks Haltung zur sozialliberalen Koalition von Helmut Schmidt: »Sie glaubt, dass ich die aktuelle Bundesregierung überleben werde. Aber das interessiert mich nur am Rande. In Bonn sind alle so aufgeregt. *La force tranquille* von Herrn Mitterrand ist mehr nach meinem Geschmack.« Marion Yorck sollte im Übrigen recht behalten.

Am kulturellen Leben West-Berlins nahm Ulrich Biel weiter regen Anteil: »Diesen Abend gehen wir zu der Eröffnung der vier venezianischen Pferde des Lysippos von Olivettis Gnaden« – gemeint war die Ausstellung der Pferde von San Marco im Berliner Martin-Gropius-Bau.

Auf dem »Kurmärker Adelsball« kam es 1982 zu einer eigenartigen Begegnung mit Nicolaus Sombart, der gerade Fellow am Berliner Wissenschaftskolleg war. In seinem *Journal intime*, das 2003 erscheinen sollte, notierte Sombart: »Im Gartenhäuschen Thomalla und Gräfin Marion Yorck mit Begleiter, einem Berliner Rechtsanwalt Biehl, der mir merkwürdigerweise sehr österreichisch vorkommt. Will alles über das Kolleg wissen, ist aber eher missgünstig.«

1983 endete Biels Mandat als Landesparteitagsdelegierter der CDU für den Wedding, bis 1987 blieb er allerdings Vorsitzender des Wirtschaftsrats der Berliner CDU. 1985 gründete er gemeinsam mit dem Sozialdemokraten Achim Rheinländer die »Vereinigung ehemaliger Mitglieder des Abgeordnetenhauses von Berlin«, zu deren erstem Vorsitzenden er gewählt wurde. Zu diesem Anlass sollte er seine letzte politische Rede halten. Echte Freundschaften hatte er bereits als aktiver Politiker immer außerhalb der Politik gepflegt, etwa zu dem deutsch-russischen Nervenarzt und mystizistischen Buchautor Wladimir Lindenberg, der Chefarzt der Neurologie des Waldkrankenhauses Spandau war und in einer kleinen Waldhütte in Schulzendorf im Norden Berlins lebte. Die Freundschaft bezog auch Marion Yorck ein, die wiederholt mit Lindenberg als Gutachter in Strafprozessen zusammengearbeitet hatte. Häufig unternahmen Biel und Marion Yorck Reisen zu befreundeten Familien, etwa in das niederbayerische Ramerding, wo Lindenberg ein Ferienhaus besaß, oder in das westfälische Heeren, den Stammsitz eines Zweiges der Familie Plettenberg, zu der auch der Widerstandskämpfer Kurt von Plettenberg gehörte.

Anfang 1986 hatte der Regierende Bürgermeister Eberhard Diepgen von der CDU infolge des Korruptionsskandals um den Charlottenburger Baustadtrat Wolfgang Antes und andere Parteifreunde einen »Rat der Weisen« einberufen, der Richtlinien für den Umgang mit Parteispenden und großen Bauvorhaben entwerfen sollte. Die CDU sollte Ulrich Biel vertreten, die SPD der langjährige Berliner DGB-Chef Walter Sickert, ein überzeugter Antikommunist mit gutem Verhältnis zu Biel. Unter Sickerts Nachfolger als DGB-Landesvorsitzendem seit 1982, Michael Pagels, hatte sich jedoch die Politik der Gewerkschaften geändert, so wurden vom DGB auch taktische Bündnisse mit der SEW eingegangen. In der kommunistischen Tageszeitung *Die Wahrheit* wurde ein altes Interview zitiert, in dem Biel den traditionellen Gewerkschafter Sickert, der bis 1975 auch Präsident des Abgeordnetenhauses gewesen war, als »Freund« bezeichnet hatte – ein willkommener Schachzug, um Sickert vorzuführen und dem »Rat der Weisen« Kungelei vorzuwerfen. In einer seit einigen Jahren in komplizierten Flügelkämpfen hauptsächlich mit sich selbst beschäftigten Berliner SPD fielen solche Vorwürfe auf fruchtbaren Boden. Am 11. Februar 1986 wurden Biel und Sickert in der *Wahrheit* als Diepgens »Weißwasch-Experten« diffamiert und mit teilweise absurden Vorwürfen konfrontiert.

Am 15. März 1986 erschien in der *Wahrheit* als weiterer Artikel *Ulrich E. Biel – Eine Berliner Karriere*. Die Vorwürfe waren zum Teil eine Wiederholung bereits damals dubioser Behauptungen aus der Hochphase des Kalten Krieges. So war unter Verweis auf den »Prager Schriftsteller« Hans Adler Biel die Ausübung eines »wenig durchsichtigen Gewerbes« unterstellt worden. Das war entweder besonders dumm oder besonders dreist. Einen deutschböhmischen Schriftsteller Hans Adler hatte es zwar tatsächlich gegeben, doch die Journalisten, die offensichtlich ein Dossier des Ministeriums für Staatssicherheit über Biel benutzten, hatten aus dem 1959 erschienenen Buch *Berlin in jenen Tagen* zitiert, bei dem »Hans Adler« ein offenes Pseudonym von Eberhard Heinrich war, damals wie 1986 ein Journalist des *Neuen Deutschland*. Die *Wahrheit* wurde in West-Berlin zwar kaum gelesen, ganz ohne Einfluss war sie aber dennoch nicht. Tatsächlich geschadet hatten die Angriffe auf Biel vor allem Eberhard Diepgen, der düpiert war und dessen Hoffnung, die Skandale überparteilich beizulegen, sich zerschlagen hatte. Biel war dennoch in seiner Partei weiterhin als Ratgeber in Fragen der »compliance« gefordert. Dem CDU-Fraktionsvorsitzenden Dankward Buwitt, der auf Kosten des Steuerzahlers in seinem Haus eine Heizung einbauen ließ, hatte er etwa nahegelegt, das Geld zurückzuerstatten.

Zunehmend war Biel auch als historischer Gesprächspartner gefragt. Der erste Bericht über seine Rolle in der Geschichte Nachkriegs-Berlins war 1975 in der *Welt am Sonntag* erschienen. Danach hatten der Berliner Korrespondent der *Zeit*, Joachim Nawrocki, sowie der Rundfunkjournalist und ehemalige Leiter des Berliner *Spiegel*-Büros, Hans Zielinski, Biel für Radiofeatures befragt. Am 27. Juni 1976 war im *SFB* ein Feature von Nawrocki über *Die USA und Berlin – 30 Jahre Partnerschaft* gesendet worden, am 25. Juli 1982 im *SFB* Zielinskis Beitrag zur *Revue politischer Zeitfragen: 20. Juli 1932 – Kampflos geräumt. Vor 50 Jahren: Staatsstreich in Preußen*. Bernd C. Hesslein hatte Biel 1988 in seiner Sendereihe *Vor vierzig Jahren* im *Norddeutschen Rundfunk* zu Wort kommen lassen; er durfte einen Kommentar zu einer Wochenschau über den Marshallplan sprechen. Das Radiofeature des freien Journalisten Rainer G. Ott über Ulrich Biel, das am 28. März 1989 unter dem Titel *Die rechte Hand. Geschichten aus der Berliner Nachkriegsgeschichte* in der Sendereihe *Studio 3* des *SFB* ausgestrahlt wurde, gefiel Biel, auch wenn er danach anmerkte, er höre sich an »wie aus der Gruft«. Dass Ott den Journalisten der *Wahrheit*, die zuverlässig kritisch über Biel berichteten, nahestand, wusste Biel zum Zeitpunkt des 1988 geführten Interviews nicht. Nach dem Interview, das Tonband war schon abgestellt, war Biel gefragt worden, wie er denn zum Regierenden Bürgermeister Eberhard Diepgen stehe. Seine lakonische Antwort: »Man muss nehmen, was man kriegt.« Ein Jahr zuvor hatte Biel zu seinem 80. Geburtstag aus der Hand von Eberhard Diepgen das Bundesverdienstkreuz überreicht bekommen.

Nach dem Mauerfall: Letzte Mandate

Auch 1989 praktizierte Biel noch als Rechtsanwalt, suchte jeden Werktag sein Büro am Kurfürstendamm auf, las mittags die Tageszeitungen – aus Sparsamkeit – im nahen Journalisten-Club am Kurfürstendamm 224. Von einem Teil seiner militärischen Vergangenheit hatte er sich getrennt; seine Offizierswaffe, einen Colt, hatte er in die Havel geworfen.

Verleihung des Großen Bundesverdienstkreuzes mit Stern an Ulrich Biel durch den Regierenden Bürgermeister von Berlin Eberhard Diepgen am 17. Mai 1987

Wie die meisten Deutschen wurde auch Ulrich Biel, der seit 1976 gelegentlich Ost-Berlin hauptsächlich für Empfänge in der Ständigen Vertretung der Bundesrepublik besuchte, vom Fall der Mauer überrascht. Auch der Wahlsieg seiner Partei bei der ersten Volkskammerwahl am 18. März 1990 in den einstigen Hochburgen der deutschen Arbeiterbewegung erstaunte ihn.

Aktiv nahm Biel an der Politik nicht mehr teil, er besuchte aber Veranstaltungen wie einen Auftritt von Kurt Biedenkopf bei der *FAZ* am 1. November 1990 in Berlin. Doch als Biedenkopf Wahlversprechen Helmut Kohls wie den Verzicht auf Steuererhöhungen kritisierte, gefiel ihm das nicht. So verhalte man sich nicht im Wahlkampf. Die Bundestagswahl am 2. Dezember 1990, die von Kohl gewonnen wurde, war die erste, an der Biel teilnehmen durfte. Wäre es nach Ernst Reuter gegangen, hätten zumindest die West-Berliner bereits 1949 den Bundestag mitwählen dürfen. Aber bis 1990 untersagte das der Viermächtestatus der Stadt.

Als 1991 die Walther-Rathenau-Gesellschaft in Bad Freienwalde die Rathenau-Gedenkstätte im Schloss wiedereröffnete, war Biel aus alter Verbundenheit mit den Rathenaus dabei. Die Treuhandanstalt trat an Biel mit der Bitte heran, Aufsichtsratsvorsitzender des Kombinats *VEB Werk für Technisches Glas Ilmenau* zu werden. Eine undankbare Aufgabe für den branchenfremden Anwalt, denn in Thüringen gab es einen weiteren Standort der Glasproduktion: das größere und international bekanntere Jena, mit besseren Verbindungen zur Bonner Politik und auch in die westdeutsche Wirtschaft. Biel konnte zunächst nur Entlassungen begleiten, einmal ließ er sich nach Ilmenau fahren, um den Arbeitern die Situation klarzumachen. 1992 war sein Einsatz in Thüringen abgeschlossen, am 11. Dezember wurde Biel als Dank der offenbar extra für ihn erfundene Titel eines »Ehrenritters auf Veste Wachsenburg zu Holzhausen in Thüringen« verliehen. 1994 wurden die Ilmenauer Glaswerke von einem Investor aus Hamburg gekauft.

Sein letztes strafrechtliches Mandat sollte Biel 1994 annehmen. Der Unteroffizier der Bundeswehr Georg S. war in der Julius-Leber-Kaserne in Berlin verhaftet und in das Untersuchungsgefängnis Moabit gebracht worden. Gegen Georg S. war Anklage wegen versuchten Totschlags erhoben worden, ein Haftbefehl war ausgestellt. Als Angehöriger der Volksarmee hatte er im November 1969 an der innerdeutschen Grenze bei Walkenried im Südharz eine Gruppe Soldaten geführt und dabei Befehl erteilt, Flüchtlinge festzunehmen oder »unschädlich« zu machen. Seine Gruppe hatte drei Schüsse auf einen 21-jährigen Flüchtling abgegeben, der bereits am Boden lag. Georg S. hatte nicht selbst geschossen, im Gegenteil den verletzten Flüchtling versorgt. Der Mann überlebte. 1994 waren die beteiligten Soldaten aus den DDR-Akten ermittelt und gegen sie Anklage erhoben worden.

Der Berliner Standortkommandant Hasso von Uslar-Gleichen, zu dessen Stab Georg S. gehörte, kannte Ulrich Biel, denn auch er hatte zu den Gästen der »Sonntagsrunde« im Falkenried gehört. Biel ließ sich nicht lange bitten, noch am selben Tag besuchte er seinen neuen Mandanten in Moabit und konnte eine Entlassung aus der Untersuchungshaft erreichen, lud Georg S. sogar zu sich ins Falkenried ein. Biel stilisierte sich dabei ganz als der frü-

Letzte bekannte Aufnahme von Ulrich Biel (Mitte), 29. Oktober 1995 im Haus des Berliner Kunsthändlers Bernd Schultz in Berlin-Dahlem; links im Bild Richard von Weizsäcker

here Offizier, der er ja auch war, sprach mit S. »von Soldat zu Soldat« und betonte die Situation des Kalten Krieges. Wie meist in solchen Situationen gab er sich väterlich, nannte seinen Mandanten, einen gestandenen Mann von 52 Jahren, »mein Junge« oder »mein Mauerschütze«. Das waren nicht nur leere Worte; Biel nahm die Befindlichkeiten seines Mandanten ernst und ließ noch einmal seine Beziehungen zur Berliner Justiz spielen. Über den Fall entschied die Kammer von Richter Hansgeorg Bräutigam, ein früherer Referendar der Gräfin Yorck. Die mündliche Verhandlung fiel auf den 13. August 1995, den 34. Jahrestag des Mauerbaus, und konnte so gelegt werden, dass keine Presse zugegen war. Der Staatsanwalt hatte im 30. Mauerschützenprozess auf eine Bewährungsstrafe von 18 Monaten plädiert, Biel auf Freispruch. Georg S. wurde wegen Anstiftung zum Totschlag zu zehn Monaten Freiheitsstrafe auf Bewährung verurteilt; nur die *Neue Zürcher Zeitung* sollte eine kleine und anonyme Notiz der britischen Nachrichtenagentur *Reuters* über das Urteil bringen.

Mit 88 Jahren hatte Biel noch einmal vor Gericht plädiert. Im selben Jahr nahm er auch noch einmal an einer Wahl zum Abgeordnetenhaus teil. Er erlebte Weihnachten und den Jahreswechsel. Am Nachmittag des 9. Januar 1996 um

16 Uhr starb er in seinem Haus im Falkenried. Am 22. Januar fand der evangelische Trauergottesdienst in der St.-Annen-Kirche in Dahlem statt. Die Trauergemeinde versammelte viele »alte« West-Berliner, unter ihnen die 1912 geborene FDP-Politikerin Ella Barowsky. Der Mauerschütze Georg S. war ebenfalls unter den zahlreichen Trauergästen. Marion Yorck hatte in ihrer Todesanzeige Biel als »geliebten Freund und das wiedergewonnene Glück meines Lebens« bezeichnet. Das Standesamt Zehlendorf beurkundete in der Sterbeurkunde den Todesfall des »Dr. jur. Ulrich Eduard Bielschowsky, der nach dem Recht der Vereinigten Staaten von Amerika den Namen Biel führt«. »Ritchie Boy« Ernst Cramer würdigte in der *Welt am Sonntag* »einen der Stillen«, der »von der Weltbühne« abgetreten sei: »Ulrich Biel gehörte zu der aus naheliegenden Gründen kleinen Schar derer, die, von den Nazis verjagt, nach 1945 wieder zurückkehrten. Er verkörperte die Tugenden des alten Preußen, die früher für viele jüdische Menschen selbstverständlich waren. Er war blitzgescheit, hatte ein phänomenales Gedächtnis und liebte Berlin und die Mark – und natürlich Theodor Fontane.«

Ulrich Biel wurde auf dem kleinen Kirchhof an der Dahlemer Dorfkirche beigesetzt. Auf dem Grabstein steht ein falsches Sterbedatum, statt dem 9. Januar der 8. Januar 1996, und die Inschrift der alten Familiengruft der Moltkes auf Gut Kreisau nach Römerbrief 13, 10:

»Die Liebe ist des Gesetzes Erfüllung.«

Marion Gräfin Yorck von Wartenburg starb im Alter von 102 Jahren, elf Jahre nach ihm, am 13. April 2007. Sie wurde neben Ulrich Biel in Dahlem begraben.

Und im Herzen tiefe Müdigkeit,
Alles sagt mir: Es ist Zeit …

Epilog

Ein Leben in und für Berlin

Ulrich Biel wurde fast 89 Jahre alt. Er verfügte über eine erstaunliche Konstitution, war nie ernsthaft krank und bis zuletzt geistig rege. Nicht nur seinen Lebensabend konnte er als wohlhabender Mann in seiner Heimatstadt auf eigenem Grund und Boden an der Seite der von ihm geliebten Frau verbringen. In diesem Zusammenhang sprach er sogar von persönlichem Glück: »Also ich habe, wenn ich einmal davon absehe, dass ich in Dahlem wohne und für den Wedding lange CDU-Abgeordneter war, habe ich das in unserer Zeit gar nicht so selbstverständliche Glück, mein Alter in derselben Ecke zu verbringen wie die Jugend, wo ich geboren bin und wo ich die ersten Lebensjahre verbracht habe.«

Die ganze Wahrheit ist das aber nicht. Zu Biels Leben gehörten auch der frühe Verlust des bewunderten Vaters, eine gescheiterte Ehe und fehlende Nachkommen. Nicht nur seine Mutter, auch zahlreiche weitere Verwandte und Freunde waren im Holocaust ermordet worden. Er selbst konnte 1934 sein Leben nur durch den Verlust seiner Heimat und die Flucht in ein fernes Land mit fremder Sprache und Kultur retten. Alle Pläne für ein neues Leben in der Emigration sollten sich schnell zerschlagen. Der Kontrast zwischen dem großbürgerlichen Berliner Westen mit Hauspersonal und Pferdestall und den einfachen Wohnverhältnissen in New York war erheblich. Über die ersten Jahre im Exil, seine »Vorkriegspleite«, hat sich Biel nur sehr sparsam geäußert. Er hatte sich im deutschsprachigen Exilmilieu bewegt und dort seine Frau Kadidja kennengelernt. Es gab einen Freundeskreis, zu dem auch Klaus Mann und Hans Wallenberg gehörten. Über diese Freundschaften, die noch nach seiner Einberufung in die Armee andauerten, verlor Biel später kaum Worte. Und es ist auch über seine glücklichen Jahre vor 1933 nur wenig bekannt. Biel hat später häufig betont, sich früh für Politik interessiert zu haben. Der junge Ulrich Bielschowsky war im linksliberalen Spektrum beheimatet, bei der *Vossischen Zeitung*, den Verlagen Rowohlt und Ullstein; ein linksliberaler Intellektueller mit künstlerischen Interessen. Auch seine Faszination für den Staatsrechtler Carl Schmitt, die in seinem letzten Artikel für die *Vossische Zeitung* erkennbar ist, war von diesem Standpunkt aus zu sehen.

Völlig ohne Beziehungen war Biel in den USA auch vor Eintritt in die Armee nicht. Immerhin war ihm 1940, im gleichen Jahr wie dem international angesehenen Physiker und Hochschullehrer Albert Einstein, der Erwerb der amerikanischen Staatsangehörigkeit gelungen. Dem Nobelpreisträger war er einmal begegnet, hatte ihn jedoch eher als enttäuschend in Erinnerung behalten. So bewegend Biels Leben bis 1942 war, es ist aus der Perspektive des Historikers kein Einzelfall. Wäre Biel 1941, kurz nach seiner Hochzeit, beispielsweise durch einen Autounfall in New York verstorben, sein Leben wäre heute nur aus einer mikrohistorischen Perspektive interessant, als ein postumer Schwiegersohn von Frank Wedekind, der einmal in der *Vossischen Zeitung* geschrieben hatte.

Hypothesen in der Geschichte, eine kontrafaktische Geschichtsschreibung, sind im deutschen Sprachraum nicht so beliebt wie im angelsächsischen. Will man allerdings historische Größe im Sinne von Jacob Burckhardt definieren, ist man auf kontrafaktische Fragestellungen angewiesen. Wäre Hitler nie Reichskanzler geworden, hätte Ulrich Bielschowsky wohl eine erfolgreiche Rechtsanwaltskanzlei in Berlin geführt und seine literarischen Neigungen gepflegt, denn in dieser Stadt wollte er immer sein Leben verbringen. Die Frage, was ohne Hitler aus seinem Leben geworden wäre, stellte sich Biel sogar einmal real. Gegenüber dem Entschädigungsamt Berlin errechnete er 1951: »[W]äre ich in Berlin unter normalen Verhältnissen Anwalt geworden, so hätte ich nach vorsichtiger Schätzung mit einem Jahreseinkommen von mindestens 12.000 RM rechnen können.«

In Ulrich Biels Fall wird die individuelle Biographie jedoch von der Weltgeschichte überlagert. Unter diesen »normalen Verhältnissen« hätte es weder einen Holocaust noch einen Zweiten Weltkrieg gegeben und keine deutsche Teilung, vielleicht auch keinen Kalten Krieg. Wäre Ulrich Bielschowsky allerdings nicht in die USA emigriert, wäre er mit ziemlicher Sicherheit wie seine Mutter und Tante ermordet worden. Wäre der amerikanische Staatsbürger Ulrich Biel kein Soldat geworden, wäre er möglicherweise in New York geblieben und auch die Rückkehr in seine Heimatstadt fraglich gewesen. Biels »Eintritt in die Geschichte« beginnt mit der Landung der Alliierten in der Normandie und den weiteren Etappen seiner Rückkehr nach Deutschland. Hätte Ulrich Bielschowsky allerdings nicht in Bonn studiert, dadurch ein uneingeschränkt positives Bild von Westdeutschland und dem politischen Katholizismus gewonnen, wäre Captain Biel vielleicht 1945 in Frankreich geblieben und erst viel später in ein ganz anderes Berlin zurückgekehrt, wenn überhaupt.

Das erste Treffen mit Konrad Adenauer war für ihn wichtig, und tatsächlich ist das »Interview« mit dem dazu gehörigen Memorandum ein bemerkenswertes Dokument der deutschen Nachkriegsgeschichte. Aber hat Biel die Karriere von Adenauer wirklich beeinflusst? Anfangs wurden seine Vorstellungen nicht Realität. Adenauer konzentrierte sich 1945 zunächst einmal auf Köln, wofür ihn Biel »too big« hielt, bis er von den Briten im Oktober 1945 unter entwürdigenden Begleitumständen abgesetzt wurde, weil er mit Hilfe des Schweizer Konsuls Franz-Rudolf von Weiss zu eng mit einer anderen Besatzungsmacht, den Franzosen, kooperiert hatte. Die Absetzung sollte Adenauer den Briten nie vergessen, auch wenn er später sagte, seine Absetzung als Kanzler sei noch schlimmer gewesen. Seine weitere politische Laufbahn hatte ihren Ort zunächst in der britischen Zone. Um Adenauers Rolle in der CDU, im Parlamentarischen Rat und auch seine Wahl zum Bundeskanzler zu beeinflussen, fehlten Biel die Machtmittel; auf einige Begleitumstände von Adenauers Weg zum Kanzleramt hatten selbst die Alliierten kaum Einfluss. Dass es zur Gründung eines Weststaates kommen sollte, war im April 1945 nicht absehbar, erst recht nicht, dass eine CDU, die es im April 1945 noch nicht einmal im Ansatz gab, in diesem den ersten Regierungschef stellen würde. Als sich später die Gründung der Bundesrepublik abzeichnete, war lange die SPD mit Kurt Schumacher der Favorit für die ersten Wahlen und Adenauers Wahlsieg 1949 für viele überraschend.

Biel zum Entdecker Adenauers zu stilisieren, ist zwar ein schöner Gedanke, sicher wäre Adenauer aber auch ohne die Begegnung vom April 1945 ein wichtiger Politiker der Bundesrepublik geworden. Anders aber verhält es sich mit der Rolle von Biel in Berlin. Als er 1945 die Stadt erreichte, hatte die Sowjetische Militäradministration bereits vollendete Tatsachen geschaffen, Schlüsselposi-

Empfang im Goldenen Saal des Rathauses Schöneberg anlässlich des 80. Geburtstag von Ulrich Biel, links Marion Gräfin Yorck von Wartenburg

tionen mit KPD-Funktionären besetzt und Parteien zugelassen. Gleichzeitig betrieb sie die Vereinigung von KPD und SPD. Nicht ganz ohne Berechtigung hoffte sie darauf, dass die so entstandene SED auch bei freien Wahlen eine deutliche Mehrheit in Berlin erzielen würde. Die meisten alliierten Offiziere verstanden die Vereinigung von SPD und KPD als eine innerdeutsche Angelegenheit, aus der sie sich heraushielten. Was genau eine sozialdemokratische Partei ist, wussten sie nicht, denn in ihren Heimatländern war so etwas unbekannt; weder die in mehreren Parteien organisierten, zerstrittenen französischen Sozialisten, die viel gewerkschaftsnähere britische Labour Party mit einem sehr starken linken Flügel und erst recht nicht die amerikanischen Demokraten waren annähernd vergleichbar, zudem schien die Vereinigung der Arbeiterparteien der ehrlichen Intention vieler antifaschistischer Deutscher zu entsprechen. Ulrich Biel hat mit großem persönlichen Einsatz dazu beigetragen, dass überhaupt eine Urabstimmung über den Zusammenschluss in den Westsektoren stattfinden konnte. Sicherlich war er gerade wegen seiner eigenmächtigen Aktionen umstritten, hatte in Frank Howley aber einen Vorgesetzten, der sein politisches Talent erkannte und ihm die nötige Rückendeckung gab. Ohne die Urabstimmung hätte keine SPD an der ersten Berliner Wahl 1946 teilnehmen können. Der Wahlsieg der Sozialdemokraten war sicher nicht Biels Verdienst, aber dass die SPD in West-Berlin 1946 als eigenständige Partei bestehen blieb und überlebte, daran kann sein Anteil nicht hoch genug eingeschätzt werden.

Zuweilen war Ulrich Biel in der Wahl seiner Mittel nicht pingelig. Wer ihn darob verdammen will, der tue es. Indem er sich 1975 erstmals zum »Entdecker« von Konrad Adenauer stilisierte (oder dazu stilisiert wurde), gerieten die Politiker in den Hintergrund, die er viel aktiver unterstützt hatte. Nicht Adenauer, sondern Kurt Schumacher übernachtete 1946 in Biels Dienstvilla, und aus Biels Sicht war dies nur folgerichtig, denn in der prinzipiellen Ablehnung der Kommunisten waren sich beide einig. Am 22. August 1952 wählte Biel in einem Kondolenzschreiben zum Tode Schumachers, gerichtet an den Berliner SPD-Landesvorsitzenden Franz Neumann, seine Worte sorgfältig: »Ich werde die Erinnerung an meine Gespräche mit Kurt Schumacher als kostbaren Schatz bewahren.« Ernst Reuter schließlich wäre ohne Biels Zutun kaum der wichtigste Politiker West-Berlins geworden. Ohne Biel wäre Otto Ostrowski nicht von seiner Partei entmachtet und gestürzt worden, und damit endeten auch sowjetische Pläne, mit dem ungeschickten und überforderten Ostrowski die Verschmelzung von SPD und KPD in West-Berlin zu erreichen, die 1946 misslungen war. Eine hypothetische Geschichtsschreibung ohne Biel würde ein Berlin ohne SPD und Ernst Reuter bedeuten. Dieses Berlin gab es tatsächlich real – im Ostteil der Stadt. Sicher hat Ulrich Biel eine Spaltung der Stadt in Kauf genommen, er sah wohl auch keine Alternative zu ihr. Realistische Möglichkeiten für ein Zusammenhalten der Stadthälften nach westlichen Spielregeln gab es seiner Meinung nach nicht. Die Entscheidung zur Teilung war aus seiner Sicht aber bereits am 12. September 1944 in London gefallen, als das politische Zentrum Berlins dem sowjetischen Sektor zugeschlagen wurde und eine echte Viermächteverwaltung wie in dem ebenfalls von einer sowjetischen Zone umgebenen Wien verhindert wurde.

Ohne die enge Anbindung der Westsektoren an die Bundesrepublik, auf die Ernst Reuter offen und Ulrich Biel im Hintergrund tatkräftig hingearbeitet hatten, hätte die Zeit oder die Macht des Faktischen für SBZ und DDR gearbeitet. Eine DDR mit einem von ihr kontrollierten geeinten Berlin in ihrer Mitte hätte auch international anders auftreten können, und ein solches, unter den Kommunisten geeintes Berlin hätte nicht mehr an die offene deutsche Frage erinnert. Ohne Ulrich Biel hätte es eine Berliner SPD, einen Bürgermeister Ernst Reuter und ein demokratisches West-Berlin, das bis 1989/90 die Offenheit der deutschen Frage anmahnte, nicht gegeben. Ohne Ernst Reuters Auftritt auf der Niederwaldkonferenz wäre die Gründung des von Adenauer und Biel bereits 1945 angedachten Weststaates wesentlich schwieriger geworden. Damit war nicht nur West-Berlin, sondern in einem gewissen Rahmen ebenso die Bundesrepublik auch das Werk von Biel. Und an diesem Punkt muss tatsächlich seine Bedeutung für die Berliner und sogar die deutsche Geschichte positiv herausgestellt werden.

Dies beantwortet zugleich die Frage, warum Ulrich Biel in der gesamten Berliner Erinnerungskultur eine so geringe Rolle spielt. Wer zu Mauerzeiten den Einfluss eines amerikanischen Offiziers auf die Personalentscheidungen der West-Berliner Parteien oder das Zustandekommen politischer Mehrheiten hervorhob, lief Gefahr, bestimmte West-Berliner Meistererzählungen zu revidieren oder gar einer parteiischen und in der DDR herrschenden Geschichtsschreibung in die Hände zu spielen, die Biels Rolle tatsächlich viel stärker – und dabei negativ akzentuiert – herausgestellt hat. Eine kommunistische Geschichtsschreibung hatte ironischerweise weniger Schwierigkeiten, die Frage nach der Ersetzbarkeit Biels und damit die Voraussetzung für Größe (aus ihrer Sicht allerdings negative Größe) im Sinne von Burckhardt zu bejahen. Das Interview, das Biel 1988 dem *SFB* gegeben hat, ist ein Dokument dieses Zuerkennens von historischer Größe durch den politischen Gegner. Alles, was Biel ab 1949 politisch in Angriff nahm, stand im Schatten der Jahre von 1945 bis 1949. Wäre Biel nicht nach Hannover gegangen, wäre die niedersächsische Geschichte kaum anders verlaufen. Wäre Biel länger im amerikanischen Staatsdienst geblieben, wie er es ursprünglich vorhatte, ist stark davon auszugehen, dass er dennoch längerfristig in irgendeiner Funktion nach Berlin zurückgekehrt wäre. Und Biel war in Berlin weiter für die Amerikaner tätig, auch als deutscher Rechtsanwalt. Dass er in Zeitungsmeldungen als »Freund« von Willy Brandt bezeichnet wurde, war eine haltlose Übertreibung, doch ein Verhältnis von Nähe bestand sicher. Dass der Aufstieg von Willy Brandt zum Regierenden Bürgermeister nicht nur von

Von links: Ulrich Biel, Shepard Stone (Direktor des Aspen Instituts Berlin), Werner Knopp (Präsident der Stiftung Preußischer Kulturbesitz) und Stephan Waetzoldt (Generaldirektor der Staatlichen Museen Preußischer Kulturbesitz) bei einem Empfang für Senatoren und Abgeordnete des Kongresses der USA am 8. April 1980 im Hotel Schweizerhof Berlin

Klaus Schütz meisterlich koordiniert, sondern auch von amerikanischer Seite tatkräftig unterstützt wurde, ist kein Geheimnis mehr.

Biels Engagement in der Wirtschaft ist dagegen schwer zu quantifizieren. Allenfalls wenn Hermann Krages bei BMW reüssiert hätte, wäre Biel möglicherweise ein erfolgreicher Manager der deutschen Automobilindustrie geworden. Aber seine historische Bedeutung ist davon nicht abhängig und auch hier überlagert die Geschichte eines anderen die von Biel.

Ulrich Biels »Alterskarriere« als »reifer Mann« in der CDU? Nüchtern betrachtet, hatte sie fast etwas Komisches. Der Mann, der in den ersten Nachkriegsjahren von allen Berliner Politikern respektiert und zuweilen gefürchtet worden war, musste ausgerechnet bei dem von ihm zuweilen herablassend behandelten Ernst Lemmer um die Aufnahme in eine Partei betteln, die Anlass zu Misstrauen gegen ihn hatte. Und er ließ sich in die Parteidiaspora, auf den Wedding, abschieben, um acht Jahre auf den harten Bänken der Opposition

Platz zu nehmen, zunächst sogar auf der Hinterbank. Biel hat wohl einen Untersuchungsausschuss souverän geleitet und gute Reden gehalten, aber eine herausragende Rolle in der Politik war das nicht. In den Parteien gaben jetzt andere Politikertypen als in den Nachkriegsjahren den Ton an. Die Motive für seinen Parteibeitritt waren ehrlich. Biel war von Willy Brandt und seinen engen Mitarbeitern Egon Bahr und Heinrich Albertz, den er aus Hannover als sehr nationalen Sozialdemokraten kannte, enttäuscht und befürchtete von der Entspannungspolitik einen neuen deutschen Nationalismus, »German blunders«, wodurch Deutschland wieder von feindlichen Mächten eingekreist werden würde. Das war letztlich eine Fehleinschätzung.

Es mag sein, dass Biel seine Möglichkeiten als Landespolitiker überschätzt hat. Seine Anfänge in der Landespolitik, insbesondere sein Auftritt gegen Wissenschaftssenator Stein, legten eine Zukunft als über den Parteien stehender Gentleman-Politiker nicht unbedingt nahe. Im Grunde war Biel für eine politische Karriere zu spät zur CDU gekommen, denn in seiner zweiten Wahlperiode war er bereits das älteste Mitglied des Abgeordnetenhauses. Politische Hoffnungsträger, ob berechtigt oder unberechtigt, sehen anders aus. Dabei dürfte sich Biel von der Politik mehr erhofft haben. Nicht in materieller Hinsicht, finanziell war er immer unabhängig von der Politik gewesen und hatte darauf auch Wert gelegt. Aber in einem Pressegespräch auf der Grünen Woche hatte er fast landesväterlich von »meinen Berlinern« gesprochen, und bei einem Wahlsieg der CDU 1975 oder einem Wechsel von Peter Lorenz 1976 nach Bonn, beides im Bereich des Möglichen, hätte sich das Personalkarussell vielleicht doch noch zu seinen Gunsten gedreht und ihm die Chance auf eine herausgehobenere Position eröffnet. Aber auch wenn Biel Senator oder Präsident des Abgeordnetenhauses geworden wäre, es hätte allenfalls das Ende seiner Karriere als Landespolitiker etwas glanzvoller markiert. Die Voraussetzungen für dieses West-Berlin, in dem er keine führende Rolle mehr einnehmen sollte, hatte Biel aber selbst geschaffen.

Wer die Leistungen von Ulrich Biel bilanziert, kommt zu dem Ergebnis, dass er einen Teil der Stadt vor dem Zugriff der Sowjetunion bewahrt, damit aus östlicher Sicht die Teilung der Stadt befördert hat. Diese Entwicklung war 1948 weitgehend abgeschlossen. Die Berliner Luftbrücke entsprach bereits nicht mehr seiner Politik, sie hätte auch ohne sein maßgebliches Zutun stattgefun-

Der »Schattenmann«

den. Seine Positionierung zugunsten eines militärischen Angriffs auf die Sowjetunion anstelle der Luftbrücke 1975 sollte in ihrer Bedeutung nicht überschätzt
werden. Eine Entscheidung über Krieg und Frieden lag nie in seiner Kompetenz
und ein militärischer Stratege war er, obwohl er gerne taktische Überlegungen
mitteilte, nicht. Bei vielen Ereignissen der Berliner Geschichte nach 1949 spielte
Biel auch als »Schattenmann« keine herausragende Rolle: Weder im Zusammenhang mit dem 17. Juni 1953 noch mit dem Mauerbau muss sein Name
genannt werden. Um das Chruschtschow-Ultimatum 1958 fiel er allenfalls auf
durch persönliche Resilienz, den Erwerb eines Eigenheimes in der gelähmten
Teilstadt – eine mutige und weitsichtige Entscheidung, aber eben keine Politik.
Auch bei den Besuchen amerikanischer Präsidenten in West-Berlin war Biel nie
in vorderster Linie zugegen. Dies entsprach zwar seiner eigenen Stilisierung als
»Schattenmann«, aber ganz freiwillig war diese Zurückhaltung nicht. Tatsächlich hatten ihn die Amerikaner 1953 »fallenlassen«, wie Adenauers Staatssekretär Otto Lenz richtig bemerkte.

Hätte sich Ulrich Biel also aus der historischen Perspektive betrachtet,
genauso gut einen Wunsch aus dem Jahr 1947 erfüllen und seinen Lebensabend

»in Florida mit meiner Frau im Sonnenschein orange juice« trinkend verbringen können? Abgesehen davon, dass dies kaum zu ihm gepasst hätte (und seine Ehe 1947 bereits auf ihre Auflösung zusteuerte), muss diese Möglichkeit auch sonst entschieden verneint werden. Ohne Ulrich Biel wäre West-Berlin eine andere Teilstadt gewesen, denn dieser »Schattenmann«, den jeder irgendwie kannte, aber doch nur wenige genauer, lebte den Berlin-Status, ohne den es eben kein West-Berlin mit allen Konsequenzen gegeben hätte. Der Einfluss von Ulrich Biel nach 1949 ist heute nicht mehr so einfach zu quantifizieren wie in den ersten Nachkriegsjahren, aber er bestand fort.

An der Rolle des »Schattenmanns« mit der »geheimnisvollen Gloriole«, so ein Bonmot von Egon Bahr, schien er allerdings zunehmend Gefallen gefunden zu haben. Einige der Gerüchte, die etwa in der CDU über Biel lange kursierten, sind bezeichnend: Für die Bundesversammlung 1979 sei Biel nicht aufgestellt worden, weil befürchtet wurde, er würde den späteren Bundespräsidenten Karl Carstens wegen seiner allgemein bekannten früheren NSDAP-Mitgliedschaft nicht wählen. Allerdings hatten CDU und CSU damals eine so stabile Mehrheit, dass es auf seine Stimme kaum angekommen wäre. Bei der Bundestagswahl 1994 hätte Biel im Wahlkreis Berlin-Mitte noch einmal antreten wollen, gegen den von der PDS aufgestellten Schriftsteller Stefan Heym, um anstelle von diesem Alterspräsident des Bundestages zu werden – wenn er denn gewählt worden wäre. Biel hatte aber parteiintern nicht kandidiert, und ob er sich die Strapazen eines Wahlkampfes im hart umkämpften Wahlkreis Mitte, der tatsächlich von der PDS gewonnen wurde, zumuten wollte, darf bezweifelt werden. Er war sichtlich vom Alter gezeichnet, sprach selbst von seinem Gesicht als »Totenkopf«, und er wusste, dass er schon als erheblich jüngerer Mann nie einen Wahlkreis direkt gewonnen hatte. Zudem waren auch positive Äußerungen von ihm über den »Ritchie Boy« Stefan Heym bekannt, trotz aller Differenzen ein Schicksalsgenosse in Emigration und Remigration.

Vielleicht waren die Gerüchte nur gut erfunden, im Kern allerdings nicht ganz falsch. Biel war zudem ein durchaus eigensinniger Politiker, der sich nie als Parteisoldat verstand und Nationalsozialismus wie Kommunismus mit ganzer Leidenschaft ablehnte und bekämpfte. Es gab auch Gerüchte, die Biel Homosexualität nachsagten. Im Kern sind diese haltlosen wie homophoben Unterstellungen, die in den siebziger Jahren noch gefährlicher für eine politische

Karriere waren, als sie heute sein können, darauf zurückzuführen, dass Marion Yorck als Strafrichterin auch für Verfahren nach dem damals noch geltenden § 175 StGB zuständig war und grundsätzlich als streng galt. Der Jurist Biel dagegen war einmal einem offen homosexuell lebenden Nachbarn bei einer Erwachsenenadoption, dem damals einzigen Weg zur rechtlichen Absicherung einer homosexuellen Paarbeziehung, behilflich gewesen.

Nicht ganz ohne eigenes Zutun wurde Biel oft auf den konservativen Antikommunisten und Amerikafreund reduziert, der er sicher war. Auch als Mitglied des Abgeordnetenhauses hat er tatkräftig an diesem Bild gearbeitet. Aber das ist eben nur die halbe Wahrheit. Die Kehrseite seines Antikommunismus war ein ebenso entschiedener Kampf gegen den Nationalsozialismus. Das brauchte Biel nie zu betonen: Er hatte durch den Nationalsozialismus seine Heimat, seinen Beruf und seine Familie verloren und gegen die Wehrmacht – und nicht etwa gegen die Rote Armee – mit der Waffe in der Hand gekämpft. Wie sich Biel nie um eine Anerkennung als »Verfolgter des Nationalsozialismus« bemühte, so äußerte er diese Seite seiner politischen Grundüberzeugung nur sehr diskret. Etwa in einem Brief an »Ochsensepp« Josef Müller, in dem er nachdrücklich betonte, dass es Hoch- oder Landesverrat »gegenüber dem Dritten Reich« nicht geben könne. Er hoffe, dass sein Freund gegen solche Vorwürfe nicht »mit einer kläglichen formaljuristischen Defensive« vorgehen werde.

Als Biel 1952 im *Börsenblatt des deutschen Buchhandels* eine Anzeige für das heute zu Recht vergessene Buch *Adolf Hitler – mein Frieden* entdeckt hatte, eine satirische Science-Fiction-Geschichte des österreichischen Drehbuchautors Hanns Kurth unter dem Pseudonym »Edwin E. Moeller«, erregte die *Mein Kampf* nachempfundene Einbandgestaltung einschließlich eines Hitler-Porträts von Heinrich Hoffmann derart sein Missfallen, dass er Melvin Lasky, Freya von Moltke und Karl Heinz Henssel zu einem Protest beim Börsenverein des deutschen Buchhandels motivierte, der letztlich folgenlos blieb. Biel hätte das Buch gerne verboten gesehen. Als Carlo Schmid, damals sozialdemokratischer Vizepräsident des Bundestages, im November 1961 eine gerichtliche Auseinandersetzung mit dem rechtsradikalen Publizisten Kurt Ziesel hatte, holte er dabei auch den rechtlichen Rat von Ulrich Biel ein. Der Volksgerichtshof, der Marion Yorcks Ehemann zum Tode verurteilt hatte, beschäftigte Biel sein Leben lang, viel stärker als er es sich anmerken ließ. 1980 drehte sich der sporadische Kontakt von Biel und Axel Springer um die Frage, ob und weshalb Helmut Schmidt als junger Offizier in offiziellem Auftrag als Zuschauer zum Volksgerichtshof abkommandiert war (»Es konzentriert sich ja jetzt alles auf die Frage: gibt es einen Bericht von dem Herrn an seine damalige Behörde oder nicht?«), und mögliche Ermittlungen gegen überlebende Richter des Volksgerichtshofs wegen Rechtsbeugung. Biel blieb seinen liberalen Wurzeln im Sinne seines Freundes Melvin Lasky letztlich immer treu. Schon 1933 hatte er Bonn gelobt: »Viele rein konservative Menschen aus den altpreußischen Provinzen wurden hier für eine mehr westliche und urbane Gesinnung gewonnen.«

Westlich und urban, das war ein konstantes Lebensmotto von Ulrich Biel. Im letzten Sommer seines Lebens, 1995, sah er noch den verhüllten Reichstag der Verpackungskünstler Christo und Jeanne-Claude. Biel hatte dieses Vorhaben lange bekämpft, wenn auch der amerikanische Publizist Michael S. Cullen, der wichtigste Berliner Unterstützer und Ideengeber Christos, betont, dass Biel, anders als viele Gegner der Aktion, in seiner Argumentation immer fair gewesen sei. Nachdem Biel den verhüllten Reichstag in Augenschein genommen hatte, wollte er auf seine einstige Ablehnung nicht mehr angesprochen werden: Man dürfe doch seine Meinung ändern.

Bei Ulrich Biel waren geistige Beweglichkeit und feste Grundsätze zwei Seiten einer Medaille. In einem Brief an Axel Springer vom 8. Juni 1971 hat er eher nebenbei ein kleines politisches Credo hinterlassen, als Reaktion auf die Israelschwärmerei Springers, mit der Biel bei aller Sympathie für Israel wenig anfangen konnte: An den Israelis schätze er, dass sie bei ihrem »tapferen Einsatz keinen Heldenkult« trieben, den »Feind« nicht hassten und »überhaupt das Augenmaß für das Vernünftige bewahren«. Biel schloss mit der Klage, dass »unserem armen Volk gerade der Wille zum Einsatz und der Sinn für die rechten Proportionen fehlt«. Sinn für rechte Proportionen hatte Ulrich Biel im April 1945 bei Konrad Adenauer und später bei Ernst Reuter gefunden – und bei sich selbst.

Anhang

Ausgewählte Texte von Ulrich Biel

Bildnisse deutscher Universitäten: Bonn

Bonn lässt sich schwer auf eine Formel bringen. Es ist weder eine moderne Großstadt-Universität noch eine romantische Kleinstadt-Universität. Wenn man Berlin und Marburg als einander entgegengesetzte Pole deutschen Universitätslebens betrachtet, so steht es gerade in der Mitte. In der Großstadt pflegt die Universität nur eines der Lebenszentren zu sein; ein Lebenszentrum, das sein Dasein jener modernen Gesellschaftsentwicklung verdankt, deren eigenes Werk auch gerade die Großstadt selbst ist. In der Kleinstadt pflegt umgekehrt die Universität den Gesamtcharakter der Stadt zu bestimmen. Die ganze Stadt ist Hinterland der *Alma mater*. Es ist die natürliche Folge dieses Verhältnisses von Stadt und Universität, dass die Kleinstadt-Universität mehr um des Geistes selbst willen da ist, die Universität mehr *universitas litterarum* darstellt als in der Großstadt, wo die Fachausbildung tüchtiger Spezialisten in den Vordergrund rückt. Auch hier steht Bonn in der Mitte.

Es wird nicht wie in Marburg oder Heidelberg Philosophie oder Soziologie um ihrer selbst willen getrieben; der soziologische oder philosophische Charakter der Fachausbildung aber ist stärker als an vielen Großstadt-Universitäten. Strafrechtler wie der Liszt-Schüler Graf Dohna[1] und Grünhut[2], der Theoretiker des Strafvollzuges (der Kunsthistoriker Worringer[3], der Bonn leider allzu früh verließ), der Historiker des Mittelalters und der jüngsten Tagesgeschichte Fritz

1 Alexander Graf zu Dohna[-Schlodien] (1876–1944), seit 1926 Professor für Strafrecht in Bonn; Schüler des ebenfalls erwähnten liberalen Strafrechtlers Franz von Liszt (1851–1919).
2 Max Grünhut (1893–1964), seit 1928 Professor für Strafrecht in Bonn.
3 Wilhelm Worringer (1881–1965), 1925–1928 apl. Professor für Kunstgeschichte in Bonn, 1928 Ordinariat in Königsberg.

Kern[4] – gerade den vielen Lesern dieser Zeitung nicht unbekannt – sind soziologischer eingestellt als manche Männer vom Fach. Die Studenten der ersten Semester pflegen hier nicht wie in Heidelberg durch die Hörsäle aller Fakultäten zu schwärmen; doch gerade die Fakultäten zeigen sich bemüht, die trennenden Mauern abzutragen. So wurde hier eine Arbeitsgemeinschaft zwischen dem Philosophen Rothacker[5], dem Romanisten Ernst Robert Curtius[6], Schumpeter[7], dem Nationalökonomen, und Fritz Kern begründet. In einem kleinen Hörsaal erblickte sie das Licht der Welt. Sie wurde beständig und wanderte in stets größere Räume. Auch Sobottas[8] Anleitung zur Anatomie und zur anatomischen Zeichnung verführt zu allem anderen als dem von Morgenstern gebrandmarkten Studium der »wichtigen Spezialpapiere[9].«

Es ist weder Kleinstadtluft, noch Großstadtluft, die durch Bonn weht; das heißt genau genommen: Bonn ist schon eine Kleinstadt; aber mit jener Aufgeschlossenheit für alles, was in Westeuropa geschieht, die sich bei einer Stadt, die am Rhein liegt, wie von selbst versteht. Die Stadt kann sich nicht in sich selbst wie in ein Schneckenhaus zurückziehen. Denn sie liegt in einem Stromtal, das Europas Geschichte bestimmt, Völker, Kulturen und Wirtschaften miteinander verbindet. Sie liegt dort am Rhein, wo die Berge, die den Rhein bisher begleiteten, zurücktreten, nachdem Drachenfels rechts und Rolandsbogen links den Strom in das niederdeutsche Flachland entließen. So liegt Bonn auch landschaftlich in der Mitte; nicht mehr in den Bergen, aber auch noch nicht in der Ebene wie Köln. Berge und Ebene stoßen nicht jäh aufeinander, sondern finden sich zur natürlichen Einheit. Dieselbe Ausgeglichenheit scheinbarer Gegensätze trifft man bei der Bevölkerung. Ausgelassene Lebensfreude und ernstes

4   Fritz Kern (1884–1950), 1922–1947 Professor für Geschichte in Bonn.

5   Erich Rothacker (1888–1965), seit 1928 Professor für Philosophie und Psychologie in Bonn; u.a. Doktorvater von Jürgen Habermas.

6   Ernst Robert Curtius (1886–1956), 1919 und wieder ab 1929 Professor für Romanische Philologie in Bonn.

7   Joseph Schumpeter (1883–1950), bedeutender österreichischer Nationalökonom, 1925–1932 Professor für wirtschaftliche Staatswissenschaft in Bonn, ab 1932 in Harvard.

8   Johannes Sobotta (1869–1945), 1919–1935 Professor für Anatomie in Bonn.

9   Zitat aus dem Gedicht »Die Wissenschaft« (1910) von Christian Morgenstern (1871–1914): »Doch die Wissenschaft, man weiß es,/achtet nicht des Laienfleißes [...]/beugt sich wieder dann auf ihre/wichtigen Spezialpapiere.«

Arbeitsstreben, Heimatverbundenheit und Weltaufgeschlossenheit zeugen den einzigartigen rheinischen Menschenschlag.

So ist die Universität Bonn rheinisch, deutsch und westeuropäisch zugleich. Hier lehrte Crome[10], Deutschlands berühmtester Lehrer des französischen Rechts. Und der Name Curtius allein verbürgt schon hinreichend den Dreiklang: rheinisch, deutsch, westeuropäisch.

Neben der Landschaft bestimmt das Gesicht der Universität seine Geschichte. Die Universität war nach den Freiheitskriegen das Geschenk Preußens an die neuerworbene Rheinprovinz. Dann erfreute sie sich stets der besonderen Gunst des Staates. Das protestantische Preußen tat alles, um dem Ruhme des »erzkatholischen« Köln Abbruch zu tun. Ernst Moritz Arndt lehrte hier die wenigen Jahre bis zu der Demagogenverfolgung. Zu Ehren der neuen Universität entsandte der Gründer seinen Sohn, den späteren König Friedrich Wilhelm IV., dorthin (übrigens fast zur selben Zeit, als Karl Marx dort studierte).[11] Es wurde zu einer für Bonn wie Universität gleich bedeutungsvollen Tradition, dass die Thronfolger der Hohenzollern hierher kamen. Ihnen folgte der beste preußische Adel. Ihre Schöpfung war Deutschlands berühmtestes Korps, die Borussen.[12] Ihr Einfluss in der politischen Geschichte – auch zu unserer Zeit – ist bekannt. Viele rein konservative Menschen aus den altpreußischen Landesteilen wurden hier für eine mehr westliche und urbane Gesinnung gewonnen. Bonn war und ist der westeuropäische Beitrag zum Preußentum. Die Urbanität entartete hier niemals wie in der Großstadt zur rein formalen Betrachtungsweise. Dafür steht der katholische Charakter des Landes ein. Die politische Mission des rheinischen Katholizismus bei der Entwicklung Deutschlands zur Demokratie in den letzten achtzig Jahren brachte es, nachdem man Köln bewusst ausschaltete und das Preußentum hier bewusst nach Westdeutschland vordrang, nicht zufällig mit sich, dass die katholischen Verbindungen Heimstätten des besten politischen Denkens wurden. Von hier kommt Brüning, von hier Adenauer und

10 Carl Crome (1859–1931), seit 1899 Professor für Bürgerliches Recht in Bonn, zahlreiche Arbeiten zum französischen Recht.
11 Gründer: Friedrich Wilhelm III. von Preußen. Karl Marx studierte 1835 in Bonn. Arndt war von 1818–1820 Professor für Geschichte in Bonn, erneut 1840–1854.
12 Corps Borussia Bonn (Eigenbezeichnung der Mitglieder »Preußen«), 1821 gegründete Studentenverbindung mit zahlreichen adeligen Mitgliedern, darunter auch der spätere Kaiser Wilhelm II. und der spätere Widerstandskämpfer Peter Graf Yorck von Wartenburg.

Marx[13]. Professor Lauscher[14] ist in charakteristischer Verbindung zugleich Universitätsprofessor und der Kulturpolitiker des preußischen Zentrums im Landtag. Bei den starken studentischen Traditionen vermochte der Radikalismus nicht so laute Erfolge zu erzielen wie an anderen Universitäten.

Außer der preußischen und katholischen Tradition wurde bedeutungsvoll die Beziehung zum Ruhrgebiet. Gerade in den ersten Jahrzehnten der wirtschaftlichen Entwicklung des Ruhrgebiets, als man dort noch geistige Anregung an Stätten außerhalb des eigenen Bezirkes suchte, war Bonn der geeignete Vorort. Hierher werden noch heute die Söhne entsandt; hier entstand jene Ideologie der Unternehmerpersönlichkeit, wie sie nur in der Nähe eines zentralen Wirtschaftsgebiets entstehen konnte. Der Nationalökonom Schumpeter ist ihr Vertreter, der jetzt nach Amerika geht. Außer ihm wirkten in dieser Fakultät vor allem noch Beckerath[15] und Spiethoff[16], der sich um die Krisentheorie besondere Verdienste erworben hat.

Auch die juristische Fakultät zeigt die Wirtschaftsverbundenheit. Es besteht ein besonderes Institut für Wirtschaftsrecht unter Leitung von Göppert[17], dem früheren Berliner Börsenkommissar. Überragend ist die Pflege des öffentlichen Rechts. Nach Bonn kam aus Heidelberg der aufrechte Demokrat Thoma[18], von hier gingen nach Berlin Carl Schmitt (der inzwischen reumütig in das rheini-

---

13 Wilhelm Marx (1863–1946), Jurist, 1923–1924 und 1926–1928 Reichskanzler, 1925 erfolglose Kandidatur gegen Hindenburg als Reichspräsident. Gehörte wie Adenauer und Brüning der katholischen Studentenverbindung Arminia Bonn an.

14 Albert Lauscher (1872–1944), katholischer Priester, ab 1917 Professor für Moraltheologie in Bonn, 1919–1933 MdL Preußen (Zentrum), 1933 Fraktionsvorsitzender; 1920–1924 auch MdR; Bildungspolitiker, gegenüber SPD und DDP konsensorientiert.

15 Herbert von Beckerath (1886–1966), 1925–1934 Professor für Staatswissenschaften in Bonn.

16 Arthur Spiethoff (1873–1957), 1918–1939 Professor der wirtschaftlichen Staatswissenschaften in Bonn; sollte 1934 als Dekan der Rechts- und Staatswissenschaftlichen Fakultät eine wichtige Rolle bei Bielschowskys Promotion spielen.

17 Heinrich Göppert (1867–1937), 1909–1914 Staatskommissar der Berliner Börse, Unterstaatssekretär, 1919–1935 Professor für Handels-, Arbeits- und Wirtschaftsverwaltungsrecht in Bonn.

18 Richard Thoma (1874–1957), 1928–1945 Professor für Öffentliches Recht und Staatslehre in Bonn; galt wie Alexander Graf zu Dohna als einer der wenigen überzeugten Republikaner unter den juristischen Hochschullehrern.

sche Köln zurückgekehrt ist)[19], Rudolf Smend[20], Erich Kaufmann[21] – Bonn ist also die Geburtsstätte der antipositivistischen und politischen [so im Original; gemeint ist wohl »positivistischen«, M. O.] Staatsrechtslehre. Auch auf anderen juristischen Gebieten ist Bonn das Sprungbrett für Berlin. Fast die halbe Berliner Fakultät kommt von dort. Die juristische Pädagogik, an fast allen Universitäten ein Erzeugnis des letzten Jahrzehnts, besitzt hier Traditionen. Bereits um die Jahrhundertwende schuf Zitelmann[22] die ersten praktischen Übungen für Studenten.

Besonders viele Nichtfakultätsangehörige findet man stets bei dem Literaturhistoriker Oskar Walzel[23] und bei dem Geheimrat Clemen[24], dem Kunsthistoriker und verdienstvollen Konservator der Rheinprovinz. Rothacker und Dyroff[25] haben die beiden Ordinariate für Philosophie inne. Sie haben gute Nachbarschaft mit den beiden theologischen Fakultäten.

Die medizinische Fakultät pflegt jene von dem streitbaren Pflüger[26] einst vertretene physiologische Chemie. Garrès[27] Name schuf dem Lehrstuhl für Chirurgie einen besonderen Ruf. Besonders eignet sich die Fakultät für die ersten Semester wegen der hervorragenden Pflege der Anatomie. Gerichtsmedizin und Psychiatrie spielen eine gewichtige Rolle. In der Zahnheilkunde

---

19 Carl Schmitt (1888–1985), 1922–1928 Professor für Öffentliches Recht in Bonn, 1928–1933 Handelshochschule Berlin, 1933 (worauf in falscher Einschätzung Schmitts angespielt wird) in Köln; 1933–1945 wieder Berlin.

20 Rudolf Smend (1882–1975), 1915–1922 Professor für Öffentliches Recht in Bonn, 1922–1935 Berlin, ab 1935 Göttingen; einflussreiche Schule in der Bundesrepublik.

21 Erich Kaufmann (1880–1972), 1920–1927 Professor für Öffentliches Recht in Bonn, 1927–1934 Berlin; galt in der Weimarer Republik als besonders konservativ, 1933 als »Nichtarier« verfolgt. 1946 Berater der Verteidigung Ernst von Weizsäckers in Nürnberg; nach 1950 völkerrechtlicher Berater von Konrad Adenauer.

22 Ernst Zitelmann (1852–1923), 1884–1921 Professor für Römisches Recht in Bonn; stadtbekannter Bonner Professor.

23 Oskar Walzel (1864–1944), österreichischer Literaturwissenschaftler, 1921–1933 Professor in Bonn.

24 Carl Clemen (1866–1947), 1893 Provinzialkonservator der Rheinprovinz, 1894–1936 Professor für Kunstgeschichte in Bonn.

25 Adolf Dyroff (1866–1934), 1903–1934 Professor für katholische Philosophie Bonn.

26 Eduard Pflüger (1829–1910), ab 1859 Professor für Physiologie in Bonn; Ehrenbürger der Stadt.

27 Carl Garrè (1857–1928), Schweizer Chirurg, 1907–1926 Professor für Chirurgie in Bonn.

wirkt der scharf umkämpfte Kantorowitz[28] bahnbrechend auf dem Gebiet der Schulzahnpflege. Durch besondere Beliebtheit bei den Studenten zeichnet sich der als Rektor vor wenigen Jahren sehr verehrte Physiker Konen[29] aus, ein hervorragender Organsiator im wissenschaftlichen Leben Deutschlands. Die Geburtsstadt Lennés beherbergt einen schönen botanischen Garten unter Leitung Fittings[30] im Poppelsdorfer Schlossgarten, räumlich nahe der landwirtschaftlichen Hochschule.

Der Musikliebhaber kommt wie sonst nur in der Großstadt an dieser Stätte alter Beethoventradition durch die jährlichen Beethoven-Konzerte auf seine Kosten. Außerhalb der Universität gibt es das literarisch wie philosophisch interessante Zentrum der »Kuppel«, in der führende Geister aus ganz Deutschland zu Worte kommen. Der Kunsthistoriker findet Aufklärung bis zurück zu den Römerfunden in dem Rheinischen Provinzial-Museum. Die Umgebung der Stadt gibt ihm besonders viel. Er wird sein Leben lang Erinnerungen behalten an den romantischen Doppelbau der Kirche zu Schwarzrheindorf, an Balthasar Neumanns Schöpfung in Brühl, an die Ruine von Heisterbach und an das weltabgelegene Benediktiner-Kloster Maria Laach. Jedes Nebental des Rheins, jede der kleinen Rheinstädte, das Siebengebirge und die Eifel fordern zum Besuch auf. Köln ist in einer halben Stunde erreichbar; neben der Staatsbahn verbindet die Rheinuferbahn und die modernste Autostraße Deutschlands beide Städte. Godesberg, Stadt der Lindenwirtin[31] und der Mädchenpensionate, Königswinter mit seinem Drachenfels, sind fast Vororte Bonns.

Seinen Höhepunkt erreicht das Leben in der Karnevalszeit, wo alles Schwere abfällt, ohne dass das Maß des Geziemenden überschritten wird. Dem Studenten, der an einem Karnevalsmorgen nach Hause geht, erscheint der mächtige Turm des Münsters noch mächtiger, die winkligen Gassen der Altstadt noch winkliger, und er wird willig jene architektonischen Bemühungen übersehen,

---

28 Alfred Kantorowicz (1880–1962), 1918–1933 Professor für Zahnheilkunde in Bonn; Kommunalpolitiker der SPD.

29 Heinrich Konen (1874–1948), 1920–1934 Professor für Physik in Bonn; 1946/47 Kultusminister Nordrhein-Westfalens (CDU).

30 Johannes Fitting (1877–1970), 1912–1945 Professor für Botanik in Bonn, gleichzeitig Direktor des Botanischen Gartens.

31 D.i. Aennchen Schumacher (1860–1935), seit 1878 Schankwirtin in Godesberg, 1891–1919 Gasthaus »Zur Lindenwirtin« Godesberg; auch später beliebtes Studentenlokal.

mit denen eine spätere Zeit das freundliche Barock der Stadt nicht verschönt hat. Aus der Stadt wird er gemächlich heimfinden in den Villengürtel, der das Zentrum umgibt, Sitz und Wohnstätte einer Rentnerschicht, denen die letzte Zeit übel mitspielte. Gegen Mittag wird er, noch etwas verkatert, die Poppelsdorfer Allee und den weiten Hofgarten überqueren und angesichts der Universität den Entschluss fassen, seinem Sohn dereinst den Rat zu geben, er möge trotz der Dichterwarnung[32] an den Rhein ziehen; nach Bonn, an diese Universität, deren so gut geglückter Ausbau einer kleinen kurfürstlichen Residenz zu einer großen modernen Hochschule ein freundliches Symbol dafür ist für den Geist, der Altes und Neues zu verbinden vermag.

Erschienen unter dem Namen Ulrich Bielschowsky in: Vossische Zeitung, Ausgabe vom 21. Januar 1933 (Nr. 36; Sonnabend), Unterhaltungsblatt Nr. 21, S. 5–6.

---

32 »An den Rhein, an den Rhein, zieh' nicht an den Rhein,/mein Sohn, ich rate dir gut:/da geht dir das Leben zu lieblich ein,/da blüht dir zu freudig der Mut.« »Warnung vor dem Rhein« (1839), 1885 vertontes Gedicht von Karl Simrock.

23 April 1945

MEMORANDUM TO: Colonel D. P. Page.

SUBJECT: Dr. Konrad Adenauer.

1. Pursuant to your instructions, I interviewed Mr. Adenauer on 16 and 17 April 1945 at his present home in Honnef on the Rhine. The term "interview" as generally applied in the relationship between American Army personnel and Germans is not quite correct in this case because Dr. Adenauer went out of his way to be as co-operative and informative as one has any right to expect from a man with such an important past and potential future.

2. Personal History.

a. Dr. Adenauer was Lord Mayor of Cologne from 1917 to 1933, President of the Prussian Staatrat (a kind of first chamber for all the provinces of the former state of Prussia), and a man who twice during the period of the Weimar Republic had the opportunity to become Chancellor of the Reich but refused in both cases mainly on account of his close attachment to the Rhineland.

b. He was arrested by the Nazis four times and spent considerable time in prison. This seems only to have increased his reputation. He is referred to as a kind of uncrowned king of the Rhineland, and this reputation is not limited only to the Rhineland. The newly appointed Burgermeister of the city of Frankfurt referred to him in about the same fashion. As a matter of fact, when the Burgermeister was asked whom he considered as the possible non-Nazi representatives for the whole of western Germany today, he mentioned immediately, and only, the name of Dr. Adenauer.

c. The former Lord Mayor is about 67 or 68, seemingly in full possession of his mental capacities, and slightly lacking in the vigor one would expect from a political leader. He is apologetic because he does not know how to speak English, and refers to the fact that his most pleasant relationship with General Allen and others during the first occupation of the Rhineland was never impeded by linguistic difficulties.

d. Military Government contemplated appointing him Mayor of Cologne, but he preferred to stay anonymous for the time being, because he at that time had three sons in the German army and was fearful of reprisals. Consequently, Lt. Colonel Patterson appointed as Burgermeister a man proposed by Dr. Adenauer. Dr. Adenauer informally advises Lt. Colonel Patterson, and in order to confer with him, once or twice a week drives to Cologne in a car which Lt. Colonel Patterson sends for him. However, at the moment, Dr. Adenauer seems to be more interested in national and regional qualities than in the city of Cologne.

Memorandum des Gesprächs mit Konrad Adenauer am 16. und 17. April 1945 in Rhöndorf

Headquarters 12th Army Camp
APO 655[1]

23 April 1945

Memorandum to: Colonel D. P. Page[2]

Subject: Dr. Konrad Adenauer.

1. Pursuant to your instruction, I interviewed Dr. Adenauer on 16 and 17 April 1945 at his present home in Honnef on the Rhine. The term "interview" as generally applied in the relationship between American Army personal and Germans is not quite correct in this case because Dr. Adenauer went out of his way to be as cooperative and informative as one has any right to expect from a man with such an important past and potential future.

2. <u>Personal History.</u>

a. Dr. Adenauer was Lord Mayor of Cologne from 1917 to 1933, President of the Prussian Staatsrat (a kind of first chamber for all the provinces of the former state of Prussia), and a man who twice during the period of the Weimar Republic had the opportunity to become Chancellor of the Reich but refused in both cases mainly on recount his close attachment to the Rhineland.

b. He was arrested by the Nazis four times and spent considerable time in prison. This seems only to have increased his reputation. He is referred to as a kind of uncrowned king of the Rhineland, and his reputation is not limited only to the Rhineland. The newly appointed Bürgermeister of the

---

1 Abkürzung für »Army Post Office« (Feldpostamt), das APO 655 hatte 1945 seinen Sitz in Verdun.

2 Offensichtlicher Schreibfehler, gemeint ist Douglas Jenkins Page (1894–1977), Offizier (Infanterie, Kavallerie, Artillerie) mit Kampfeinsätzen in beiden Weltkriegen, 1945 Kommandant Artilleriebrigade »5th Armored Division«. Näherer Bezug zu Ulrich Biel ist nicht ersichtlich.

city of Frankfurt referred to him in about the same fashion. As a matter of fact, when the Bürgermeister was asked whom he considered as the possible non-Nazi representative for the whole of western Germany today, he mentioned immediately, and only, the name of Dr. Adenauer.

c. The former Lord Mayor is about 67 or 68, seemingly in full possession of his mental capacities, and slightly lacking in the vigor one would expect from a political leader. He is apologetic because he does not know how to speak English, and refers to the fact that his most pleasant relationship with General Allen and others during the first occupation of the Rhineland was never impeded by linguistic difficulties.

d. Military Government contemplated appointing him Mayor of Cologne, but he preferred to stay anonymous for the time being, because he at this time had three sons in the German army and was fearful of reprisals. Consequently, Lt. Colonel Patterson appointed as Bürgermeister a man proposed by Dr. Adenauer. Dr Adenauer informally advises Lt. Colonel Patterson, and in order to confirm with him, once or twice a week drives to Cologne in a car which Lt. Colonel Patterson sends for him. However, at the moment, Dr Adenauer means to be more interested in national and regional politics than in the city of Cologne.

3. <u>Interview.</u>

a. I was at this home twice. Conversations lasted to the extent of almost six hours and covered, more or less, the political and administrative overall picture of Germany, with particular emphasis on western Germany.

b. I am emitting from this report all sidelights like, for instance his relations with, and his evaluations of, the present Pope, whom he knows most intimately; his evaluation of the potentialities of "Nationalbolsheviks", his reaction to the Seydlitz Committee in Moscow; his ideas about the future of trade unions in Germany and the reduction of the industrial standards of Germany; his faith in the managerial abilities of German industrial leaders, etc., limiting myself to questions of more immediate concern to Military Government.

c. <u>Major Points Discussed.</u>

(1) Dr. Adenauer believes that our Military Government is not satisfactorily

coordinated between the different administrative units. He is sorry not to observe as yet a unifying influence in regional administration. As example, he pointed out the lack of uniformity in respect to different fields such as food, education and mainly our policy of denazification.

(a) He is all in favor of the Cologne policy kicking out all party members and objects to the practice in other districts, e.g. Siegkreis, of not only not removing Nazis, but even of appointing to office people of an obnoxious political character. On this matter, he made himself the spokesman of the people, who, as he says, are vitally in favor of denazification and bewildered by different practices in different areas.

(b) It seems that with all the lack of transportation poor travels, People are better informed about Military Government practices than is generally supposed. They feel that the burden of denazification rests on us, and unfortunately not on them, because Military Government does not permit any political activity by the German people. There is great fear that with the German people not permitted to act politically, and many Military Government Detachments not politically minded, the Nazi situation may, as he puts it, freeze in.

(2) He believes that our policy of eliminating active Nazis and ardent sympathizers does not go far enough.

(a) To include all members of affiliated, etc. organisations he considers, naturally, as absolutely impossible.

(b) We have to eliminate, in his opinion, all party members for the time being, whatever their excuses may be (figures: of the total population 9 %; of the lawyers, 90 %; of the judges: 95 %; of journalists: 15 %; of teachers, varying figures but more on the higher levels of education than in primary schools) and most definitely all non-Nazis and non-ardent-sympathisers who profited economically since 1933.

(c) He was most emphatic about many leading personalities in the industrial and banking fields who were smart enough never to have joined the Nazi Party and are more conservative than any other element.

(d) He is well aware that our security service cannot furnish all the information for denazificaton and sees good points in the idea of having responsible

Germans in some kind of security capacity. (By the way, the Frankfurt Detachment has a kind of advisory, almost representative, both for this purpose.)

(3) Centralization and Decentralization

(a) Dr. Adenauer is vitally interested in strengthening all influences in Germany, which were, so to speak, against Berlin. He has his own plan of a future German Bundesstaat, which is of no interest here.

(b) He hopes, with Lord Vansittart, that no central Allied administration will be in Berlin and that Americans will do all the spade work in their own zone so that this area may continue as an administrative German entity.

(c) He hopes that regional administration will be strengthened as much as possible and that, for instance, inside of a given region, the influence of such intermediate levels as the Regierungsbezirk, which historically were always too apart of the centralized Berlin administration and directed, somehow, against an independent provincial life, will be lessened. He referred in that connection to the administrative reform which was planned in Prussia before 1933.

(d) He believes that our administrative starting point must be the administrative structure as it was known in Germany before 1933 but that we should eliminate in Prussia one level and bring the rural and city counties directly under the provinces which in their turn should be under a centralized zone administration.

(4) Dr. Adenauer urged most emphatically that we stress the moral affects of our administration just as much as the practical administration, e. g. by giving publicity to all the atrocities which occurred during the last decade and which, in his opinion, are still not believed by a great part of the German people.

(5) He is rather enlightened about each over-simplifying contrivances as soft peace and hard peace, underwriting more or less the theory of the London economist of no harder peace than you can stick to.

4. Recommendations

a. This rather informal report could be easily continued for pages and pages. However, I hoped to convey the idea that Dr. Adenauer is a man of potentially greatest use to us.

b. Personally, I believe that Dr. Adenauer himself is too big a man to act as a kind of advisor on a regional level, and that he would be most useful in proposing the proper persons for advisory capacity, let me say, with Fifteenth US Army area as a starting point. The real value of the man for us rests either in his possible advisory capacity or in our bringing him into the picture of some kind of contemplated zone or national government.

c. It is proposed that we introduce Dr. Adenauer, as a first step in making use of him, to Mr. Robert Murphy in his capacity as political advisor to the Supreme Commander

U. E. BIEL
1st Lt. CA[3]

---

3 CA, Abkürzung für »Civil Affairs« (wörtlich Zivilangelegenheiten), Hinweis auf Biels Verwendung in den »Civil Affairs«-Abteilungen der Armee mit vielfältigen Aufgaben außerhalb der eigentlichen militärischen.

Deutsche Übersetzung des Autors:

Hauptquartier der 12. Heeresgruppe[4]
APO 655

23. April 1945

Denkschrift an: Oberst D. P. Page

Gegenstand: Dr. Konrad Adenauer.

1. Entsprechend Ihrer Anweisung befragte ich Herrn Dr. Adenauer am 16. und 17. April 1945 an seinem gegenwärtigen Wohnort Honnef am Rhein[5]. Der Ausdruck »Befragung«, wie er allgemein in solchen Angelegenheiten zwischen den amerikanischen Streitkräften und den Deutschen gebraucht wird, ist in diesem Fall nicht ganz richtig, denn Herr Dr. Adenauer war von Anfang an bemüht, so entgegenkommend und mitteilsam zu sein, wie man es von einem Mann mit einer so bedeutenden Vergangenheit und einer so vielversprechenden Zukunft mit Recht erwarten kann.

2. <u>Persönliches.</u>
a. Herr Dr. Adenauer war von 1917 bis 1933 Oberbürgermeister von Köln, Präsident des Preußischen Staatsrates[6] (eine Art Erste Kammer für die Provinzen des früheren[7] Bundeslandes Preußen), und ein Mann, der in der Weimarer Republik zweimal[8] die Möglichkeit hatte, Reichskanzler zu wer-

---

4   Das Hauptquartier der bereits am 12. Juli 1945 aufgelösten »12th Army Group«, aufgestellt am 14. Juli 1944 in London und durchgängig von General Omar Bradley kommandiert, befand sich im April 1945 in Verdun.

5   Rhöndorf, postalisch noch zu Königswinter, war 1945 bereits lange Stadtteil von Honnef (ab 1960 Bad Honnef).

6   »Zur Vertretung der Provinzen bei der Gesetzgebung und Verwaltung des Staates wird ein Staatsrat gebildet.« (Artikel 31 Verfassung des Freistaats Preußen vom 30. November 1920). Adenauer war von 1921 bis 1933 (einziger) Präsident des Staatsrates.

7   Preußen wurde formal erst durch das Kontrollratsgesetz vom 25. Februar 1947 aufgelöst.

8   Tatsächlich war Adenauer sogar dreimal (1921, 1926, 1928) als Reichskanzler im Gespräch. Biel spielt auf die spektakulärste Designation 1926 an.

den, es aber in beiden Fällen wegen seiner engen Bindung an das Rheinland ablehnte.

b. Er wurde von den Nazis viermal verhaftet[9] und verbrachte längere Zeit[10] im Gefängnis. Dies scheint seinem hohen Ansehen noch zuträglich gewesen zu sein. Er wird als ungekrönter König des Rheinlands bezeichnet, und sein Ansehen ist nicht auf das Rheinland beschränkt. Der kürzlich ernannte »Bürgermeister« von Frankfurt[11] sprach von ihm genauso. Tatsächlich nannte der »Bürgermeister« auf die Frage, wen er für einen möglichen nicht nationalsozialistisch belasteten Repräsentanten Westdeutschlands halte, sofort, und ausschließlich, den Namen Dr. Adenauer.

c. Der frühere Oberbürgermeister ist 67 oder 68 Jahre alt[12], ganz offenkundig im Vollbesitz seiner geistigen Kräfte, und es fehlt ihm sicherlich nicht die Härte, wie man sie von einem politischen Führer auch erwartet. Er entschuldigt sich, weil er nicht Englisch spreche, und erinnert daran, dass während der ersten Rheinlandbesetzung[13] seine besonders vertrauensvolle Beziehung zu General Allen[14] und anderen nie durch linguistische Schwierigkeiten getrübt wurde.

d. Die Militärregierung hatte erwogen, ihn zum Bürgermeister von Köln zu ernennen, aber er zog es vor, in diesem Zeitraum noch nicht namentlich hervorzutreten, weil gleichzeitig drei seiner Söhne[15] in der Wehrmacht dienten und er für diese sonst Nachteile befürchtete. Infolgedessen ernannte OTL Patterson[16] einen von Herrn Dr. Adenauer empfohlenen Mann[17] zum »Bür-

9   Dokumentiert sind eine Verhaftung 1934 (nach dem »Röhm-Putsch«) und zwei 1944 (»Aktion Gitter«).

10   Vom 23. August 1944 mit Unterbrechung (Flucht) bis 26. November 1944 (Messelager Köln und Gestapogefängnis Brauweiler).

11   Wilhelm Hollbach (1893–1962), vom 28. März 1945 bis zum 4. Juli 1945 »amtierender Bürgermeister« von Frankfurt am Main; vor 1933 Stadtverordneter der DDP in Köln.

12   Tatsächlich war Adenauer seit dem 5. Januar 1945 sogar 69 Jahre alt.

13   Alliierte Rheinlandbesetzung von 1918 bis 1930.

14   Henry Tureman Allen (1859–1930), amerikanischer Offizier, zuletzt Generalmajor, von 1919 bis 1923 Kommandierender General »American Forces in Germany« mit Sitz in Koblenz.

15   Die Söhne Konrad (geboren 1906), Max (geboren 1910) und Paul (geboren 1923).

16   John Knox Patterson (1900-1990), 1945 amerikanischer Stadtkommandant von Köln.

17   Am 16. März 1945 ernannten die Amerikaner Adenauers Schwager Willi Suth (1881–1956), bis 1933 Beigeordneter in Köln, zum Bürgermeister.

germeister.« Herr Dr. Adenauer berät OTL Patterson jetzt informell, einmal oder zweimal die Woche fährt er, um sich abzusprechen, in einem Auto nach Köln, das ihm OTL Patterson zur Verfügung stellt. Allerdings scheint sich Herr Dr. Adenauer augenblicklich mehr für nationale oder regionale Politik zu interessieren als für die Stadt Köln.

3. Befragung.

a. Ich war zweimal bei ihm zuhause. Das ausgedehnte Gespräch dauerte insgesamt nahezu sechs Stunden und umfasste, mehr oder weniger, einen Gesamteindruck von Politik und Verwaltung in Deutschland, mit einem besonderen Schwerpunkt auf Westdeutschland.

b. Ich habe in diesen Bericht alle Ausflüge auf Nebenschauplätze nicht aufgenommen, zum Beispiel seine Beziehung und seine Meinung zum gegenwärtigen Papst[18], mit dem er besonders vertrauensvollen Umgang pflegt; sein Urteil über die Möglichkeiten der »Nationalbolschewisten«, seine Reaktion auf die Seydlitz-Truppen in Moskau[19]; seine Ideen über die Zukunft der deutschen Gewerkschaften[20] und das Absinken des Niveaus der deutschen Industrie; sein Glaube an die fachlichen Fähigkeiten der deutschen Wirtschaftsführer, usw., indem ich mich auf Fragen von unmittelbarem Bezug zur Militärregierung beschränkte.

c. Schwerpunkte des Gesprächs.

(1) Herr Dr. Adenauer glaubt, dass unsere Militärregierung zwischen den ein-

18 Pius XII. (1876–1958), eigentlich Eugenio Pacelli, von 1939 bis 1958 Papst; 1917 bis 1929 als päpstlicher Nuntius im Deutschen Reich (München und Berlin), worauf Biel anspielt; dienstliche Begegnungen zwischen Adenauer und dem fließend Deutsch sprechenden Pacelli gab es, doch hat Biel hier übertrieben.

19 Bezieht sich beides auf Walther von Seydlitz-Kurzbach (1888-1976), Generaloberst der Wehrmacht, am 31. Januar 1943 nach der Schlacht von Stalingrad endgültig in sowjetische Kriegsgefangenschaft geraten, September 1943 Gründer und Sprecher des mit der Sowjetunion zusammenarbeitenden »Bundes deutscher Offiziere« (BDO); ab 1944 Pläne für eine mit der Roten Armee kämpfende »Seydlitz-Armee«, auf die Biel hier anspielt; die Armee existierte nur in Planungen, auf amerikanischer Seite bestanden offenbar Gerüchte über mit Stalin kollaborierende deutsche Offiziere, die es im »Nationalkomitee Freies Deutschland«, dem 1943 gegründeten Nachfolger des BDO, auch tatsächlich gab.

20 Adenauer bevorzugte eine »Einheitsgewerkschaft« im Gegensatz zu den nach Konfession und Weltanschauung differenzierenden Gewerkschaften der Weimarer Republik; auf dieser Linie lag dann auch die Gründung des DGB 1949.

zelnen Verwaltungsstellen nicht zufriedenstellend koordiniert wird. Er bedauert, keinen vereinheitlichenden Einfluss auf die regionale Verwaltung zu bemerken. Als Beispiel nannte er den Mangel an Einheitlichkeit auf so unterschiedlichen Gebieten wie Ernährung, Erziehung und insbesondere unserer Politik der Entnazifizierung.

(a) Er bevorzugt die Kölner Politik, alle Parteimitglieder und Angehörige rauzuschmeißen, gegenüber der Praxis in anderen Landkreisen, z. B. dem Siegkreis[21], wo nicht nur Nazis nicht entfernt, sondern auch Personen von unausstehlicher politischer Gesinnung neu ernannt werden. Diesbezüglich sah er sich als Sprecher derjenigen, die, wie er sagt, lebhaft an einer Entnazifizierung interessiert sind und von unterschiedlichen Praktiken in unterschiedlichen Gebieten abgestoßen werden.

(b) Es scheint wegen des ganzen Mangels an Transportmöglichkeiten nur schwer voranzukommen. Die Leute sind besser über die Militärregierung informiert als allgemein angenommen wird. Sie empfinden, dass auf uns die Last der Entnazifizierung liegt, und unglücklicherweise nicht auf ihnen, weil die Militärregierung den Deutschen keine politische Tätigkeit erlaubt. Es besteht eine große Angst, dass, wenn die Deutschen nicht politisch handeln dürfen, zudem viele Abteilungen der Militärregierung nicht politisch denken, die Nazi-Situation, wie er sich ausdrückt, eingefroren werden könnte.

(2) Er glaubt, dass unsere Politik, aktive Nazis und begeisterte Mitläufer auszuschalten, nicht weit genug geht.

(a) Diese auf die Mitglieder sämtlicher parteinahen und Vorfeldorganisationen usw. auszudehnen hält er, selbstverständlich, für völlig unmöglich.

(b) Wir müssen, seiner Meinung nach, zum jetzigen Zeitpunkt alle ehemaligen Parteimitglieder ausschalten, was immer sie auch zur Entschuldigung vortragen mögen (jeweiliger Anteil: von der Gesamtbevölkerung: 9 %; von den Rechtsanwälten: 90 %; von den Richtern: 95 %; von den Journalisten: 15 %; von den Lehrern, unterschiedliche Anteile, aber mehr an den höheren Schulen als an den Volksschulen) und nicht zuletzt auch alle Nicht-

---

21 Siegkreis, 1816 bis 1969 bestehender Landkreis mit Sitz in Siegburg, grenzte u.a. an Bonn und den Kreis Köln; auch Rhöndorf lag im Siegkreis.

Nazis und nicht begeisterten Mitläufer, die seit 1933 wirtschaftlich profitierten.

(c) Er zeigte sich besonders empfindlich gegenüber vielen Führungskräften in der Industrie und den Banken, die schlau genug waren, nie der Nazi-Partei beizutreten und viel konservativer sind als jede andere Gruppe.

(d) Er ist sich sehr bewusst, dass unsere Dienste sich nicht alle Informationen für die Entnazifizierung verschaffen können und sieht einen guten Ansatz, zur besseren Absicherung auch verantwortliche Deutsche zu benennen. (Hier wäre anzumerken, dass die Frankfurter Abteilung[22] eine Art [deutschen, M.O.] Beraterstab hat, mehr repräsentativ, aber aus diesem Grund.)

(3) Zentralisierung und Dezentralisierung

(a) Herr Dr. Adenauer hat ein lebhaftes Interesse, alle deutschen Strömungen, die, nennen wir es einmal so, gegen Berlin gerichtet sind, zu stärken. Er hat seine eigenen Vorstellungen von einem künftigen deutschen »Bundesstaat«, die hier nicht zu interessieren brauchen.

(b) Er hofft, wie auch Lord Vansittart[23], dass keine alliierten Zentralbehörden in Berlin[24] errichtet werden, und dass die Amerikaner in ihrer Zone die Vorarbeiten soweit erledigen, dass dieses Gebiet als eine deutsche Verwaltungseinheit fortbestehen kann.

(c) Er hofft, dass die untere Verwaltungsebene so weit es nur geht gestärkt wird und dass, zum Beispiel, innerhalb eines bestimmten Gebietes der Einfluss bestimmter Mittelebenen wie der »Regierungsbezirke« geschwächt wird. Diese waren historisch immer viel zu weit von der zentralen Berliner Verwaltung entfernt und irgendwie immer gegen die Eigenständigkeit der

---

22 Das amerikanische „Detachment F2D2" unter Oberstleutnant Howard D. Criswell (1925–2011), der auch Hollbach zum Bürgermeister ernannte; die von Biel beschriebene Praxis scheiterte allerdings, wie auch der Bürgermeister.

23 Robert Gilbert Vansittart, Baron (nicht Lord) Vansittart (1881–1957), britischer Diplomat, ab 1940 antideutscher Publizist, konsequenter Vertreter einer Kollektivschuld.

24 Tatsächlich richtete die Sowjetunion Zentralbehörden ihrer Zone in Berlin ein.

Provinzen[25] gerichtet. Er bezog sich in diesem Zusammenhang auf eine Verwaltungsreform, wie sie in Preußen vor 1933 geplant war.[26]

(d) Er glaubt, dass der Ausgangspunkt unserer Verwaltung die Verwaltungsstruktur sein sollte, wie sie in Deutschland vor 1933 bestand, aber wir sollten in Preußen eine Ebene fortfallen lassen und die Land- und Stadtkreise direkt den Provinzen unterstellen, denen im Gegenzug nur eine zentrale Zonenverwaltung übergeordnet sein soll.[27]

(4) Herr Dr. Adenauer forderte mit größtem Nachdruck, dass wir die moralische Seite unserer Verwaltung mindestens ebenso betonen sollten wie die praktische Verwaltungsarbeit, z. B. indem wir die Grausamkeiten der letzten zehn Jahre an die Öffentlichkeit bringen, zumal, seiner Meinung nach, ein großer Teil des deutschen Volkes an diese immer noch nicht glaubt.

(5) Er ist eher abgeklärt gegenüber zu sehr vereinfachenden Wortschöpfungen wie »harter Frieden« oder »weicher Frieden«, und stellte sich so mehr oder weniger hinter die Theorie dieses Volkswirts aus London[28], nur so harte Friedensbedingungen, wie sie durchgesetzt werden können.

4. Empfehlungen

a. Dieser eher informelle Bericht könnte ohne weiteres mehrere Seiten fortgesetzt werden. Ich glaube allerdings, bereits genug zur Bekräftigung des Gedankens, Herr Dr. Adenauer wäre ein Mann von möglicherweise größtem Nutzen für uns, beigetragen zu haben.

25 Preußen bestand in der Weimarer Republik aus zwölf Provinzen (Verwaltungschef: Oberpräsident) von unterschiedlicher Größe, Bevölkerung und Leistungskraft, dazu kamen Berlin und die formal zur Rheinprovinz gehörenden »Hohenzollernschen Lande« (Regierungsbezirk Sigmaringen). Darunter bestanden 34 uneinheitlich verteilte Regierungsbezirke. Die Struktur des Königreichs Preußen wurde vom Freistaat Preußen bis 1933 fast unverändert übernommen.

26 Seit 1919 wurde in Preußen von verschiedenen Seiten, auch aus der Verwaltung, der Wegfall der Regierungspräsidien und eine einheitliche Provinzialverwaltung unter den jeweiligen Oberpräsidenten gefordert, 1930 auch vom Landtag.

27 Adenauer geht offenbar noch von einem Fortbestand Preußens aus, faktisch entsprechen seine Vorstellungen der späteren Gliederung des Bundesgebiets; zur Abschaffung der Regierungsbezirke kam es nicht.

28 Bezieht sich auf John Maynard Keynes (1883-1946), britischer Volkswirt und Politiker, Begründer des »Keynesianismus«; 1919 verfasste er »The Economic Consequences of the Peace«, eine Kritik des Versailler Vertrags.

b. Persönlich bin ich der Meinung, dass Herr Dr. Adenauer ein zu bedeutender Mann ist, um nur auf lokaler Ebene als Berater eingesetzt zu werden, und dass er am nützlichsten wäre, als Berater geeignete Personen vorzuschlagen, sagen wir einmal, für den Anfang auf dem von der 15. Armee kontrollierten Gebiet.[29] Der tatsächliche Wert dieses Mannes besteht für uns entweder in seiner Kompetenz als möglicher Berater oder darin, dass wir ihn in irgendeine Form von Zonen- oder nationaler Verwaltung einbringen.

c. Ich schlage vor, dass wir Herrn Dr. Adenauer, als erster Schritt ihn für unsere Sache einzusetzen, mit Herrn Robert Murphy[30] in seiner Eigenschaft als politischer Berater des Oberbefehlshabers[31] bekanntmachen.

U. E. BIEL
Olt. Zivilangelegenheiten

---

29 Das Gebiet der 15. Armee (berühmtester Kommandant: George Patton) umfasste 1945 (endgültige Grenzen gab es nicht) weite Teile der heutigen Bundesländer Rheinland-Pfalz, Nordrhein-Westfalen, Saarland und Hessen; Sitz des Hauptquartiers waren Bad Neuenahr und Bad Nauheim.

30 Robert Daniel Murphy (1894–1978), amerikanischer Diplomat, ab 1944 politischer Berater von General Eisenhower (siehe unten), ab 1948 auch von General Lucius Dubignon Clay.

31 »Supreme Commander, Allied Expeditional Force (SHAEF)«, nämlich General Dwight David Eisenhower (1890–1969); Sitz Reims (Frankreich).

Rede als Alterspräsident vor dem Abgeordnetenhaus von Berlin
Erste Sitzung der 7. Legislaturperiode am 24. April 1975

Meine Damen und Herren! Gemäß der Verfassung von Berlin eröffne ich als Alterspräsident die erste Sitzung des zu seiner siebten Legislaturperiode neugewählten Abgeordnetenhauses. Ich bin am 17. Mai 1907 hier in Berlin geboren und frage der guten Ordnung halber, ob einer von Ihnen älter ist als ich. – Dies scheint nicht der Fall zu sein.

In das vorläufige Präsidium berufe ich als Beisitzer die vier jüngsten Mitglieder des Hauses: Es sind dies Frau Gabriele Wiechatzek, Herr Reinhard Führer, Herr Walter Momper, Herr Dr. Gero Pfennig. Bitte nehmen Sie neben mir Platz.

Wir pflegen der Arbeit des Hauses ein Mahnwort zur Wiedervereinigung voranzusetzen. – Es ist nicht zu verkennen, dass das während der letzten Legislaturperiode abgeschlossene Viermächteabkommen über Berlin der Stadt praktische Erleichterungen gebracht hat. Die völkerrechtliche und staatsrechtliche Stellung Berlins bleibt aber zwischen den vier Vertragsparteien weiterhin strittig. Die derzeitige Europäische Konferenz für Sicherheit und Zusammenarbeit[1] wird unsere Sorgen um Berlin nicht zerstreuen. Die Konferenz wird bestimmt auch nicht die deutsche Frage lösen. Wir hoffen aber, dass das Tor für eine friedliche Regelung der deutschen Frage offenbleibt. In diesem Sinne bekunden wir auch heute unseren unbeugsamen Willen, dass die Mauer fallen und dass Deutschland mit seiner Hauptstadt Berlin in Frieden und Freiheit wiedervereinigt werden muss.

---

1 Vom 18. September 1973 bis zum 21. Juli 1975 fanden in Genf Verhandlungen zu der KSZE-
   Schlussakte (unterzeichnet am 1. August 1975 in Helsinki) statt.

Ich begrüße Sie, meine Kolleginnen und Kollegen, und beglückwünsche Sie zu Ihrer Wahl, 166 Jahre, nachdem in unserer Stadt die erste Stadtverordnetenversammlung gewählt wurde.[2]

Die Wahl am 2. März erfolgte unter dramatischen Umständen. Der Führer der Opposition war drei Tage vorher[3] entführt worden. Die Parteien beschlossen zu Recht, den Wahlkampf abzubrechen und die Wahl termingerecht stattfinden zu lassen. Das Crescendo der Parteien am Finale fiel aus. In der Stadt herrschte politische Totenstille. Die Nerven der Menschen waren auf das Äußerste gespannt. Alle bangten und viele beteten für das Leben von Peter Lorenz. Die Gefühle der Menschen unterschieden sich dort, wo er in Berlin geboren wurde[4], nur wenig von den Gefühlen in unserem Teil der Stadt. Die Berliner sind die gleichen Menschen östlich und westlich der Mauer. Die Mauer teilt nur den politischen Körper der Stadt, aber nicht ihr Herz. Das Herz steht nicht am Brandenburger Tor still.

Allen unseren Bürgern danke ich für die guten Nerven, den klaren Kopf und die starken Empfindungen, die sie in diesen kritischen Tagen bewiesen haben – und nicht nur in diesen kritischen Tagen. Gleiches galt angesichts der Ermordung des obersten Richters unserer Stadt, Günter von Drenkmann, dreieinhalb Monate vor der Wahl.[5]

Bei dem Dank an unsere Mitbürger lasse ich es nicht bewenden. Sie verdienen, dass ihnen klar und deutlich Lob gespendet wird. Seit dreißig Jahren zeigen sie allen äußeren Anfeindungen zum Trotz einen kräftigen freiheitlichen Sinn. Deswegen der Ausspruch des Präsidenten Kennedy: »Ich bin ein Berliner!«

Die Wahrheit gebietet auch festzuhalten, dass in den vorausgegangenen zwölf Jahren des Wahnsinns bis 1945 Männer und Frauen Berlins vielen Verfolgten geholfen und tapfere Beweise des Widerstandes geliefert haben. Der grausame Fanatismus der Nazis hatte trotz Terror und trotz Propaganda die meisten Berliner nicht für sich gewonnen. Denn die sind ihrer Natur nach hilfs-

---

2   Die erste Berliner Stadtverordnetenversammlung wurde vom 18. bis zum 22. April 1809 gewählt.

3   Der CDU-Politiker Peter Lorenz wurde am 27. Februar 1975 entführt.

4   Peter Lorenz wurde am 22. Dezember 1922 in der Grünstraße (heute nicht mehr existent) auf der Fischerinsel im Bezirk Mitte geboren.

5   Der Präsident des Kammergerichts Günter von Drenkmann wurde am 10. November 1974 ermordet.

bereit und tolerant, zu ihrem Schaden oft zu tolerant – mitunter selbst gegen die, welche ihren Mitmenschen nach dem Leben trachten.

Im August 1914 begann die Selbstzerfleischung Europas. Heute noch ist Berlin der allergischste Punkt in Europa. In diesen vielen Jahrzehnten hat »unser Völkchen« – um Johann Wolfgang von Goethe zu zitieren – »viel Selbstvertrauen«[6] gezeigt, und – um bei den klassischen Dichtern zu verweilen – Friedrich Schiller schreibt rühmend von der »großen persönlichen Freiheit und Ungezwungenheit im bürgerlichen Leben«[7] unserer Stadt.

Wir, die Abgeordneten von Berlin, haben die Pflicht, uns der Bürger, die diese Tugenden besitzen und die uns gewählt haben, würdig zu erweisen. Achten Sie auf die Stimme des Volkes, aber verwechseln Sie diese Aufmerksamkeit nicht damit, in Wahrheit nur auf die nächste Wahl zu schielen! Bedenken Sie, dass nicht zuletzt dank der Massenmedien das Interesse und der unmittelbare Einfluss der Bürger auf unsere Politik sich in letzter Zeit erkennbar verstärkt haben. Die Wählerinitiativen sind ein Beweis.[8] Sogar im Mutterland des Parlaments, in Großbritannien, findet in kurzer Zeit ein Referendum des Volkes statt[9], also fast ein Stück Bevormundung der Volksvertretung.

Das Wichtigste für unsere Arbeit wird stets sein, dass alle Abgeordneten innerlich freie Menschen sind; frei gegenüber den Vereinigungen und Verbänden, welche Mosaiksteine im Pluralismus unseres sozialen Rechtsstaats bilden und denen viele von Ihnen als einflussreiche Mitglieder angehören, loyal, aber nicht unkritisch gegenüber der eigenen politischen Partei, der Sie Ihr Mandat

---

6 »Das Völkchen besitzt viel Selbstvertrauen, ist mit Witz und Ironie gesegnet und nicht sparsam mit diesen Gaben«: Goethe Mitte Juli 1820 im Gespräch mit Johann Christian Lobe über die Berliner; enthalten in der Sammlung »Goethes Gespräche« von Woldemar von Biedermann (1889–1896).

7 »Berlin gefällt mir und meiner Frau besser, als wir erwarteten. Es ist dort eine große persönliche Freiheit, und eine Ungezwungenheit im bürgerlichen Leben.« Schiller an Gottfried Körner, 28. Mai 1804. Ein Zitat entnahm Biel wahrscheinlich dem Berlin-Heft des Reisemagazins »Merian« (Ausgabe 1/1970).

8 Bei den Wahlen am 2. März 1975 hatte im Bezirk Zehlendorf, in dem Biel wohnte, mit der »Wählergemeinschaft unabhängiger Bürger« (WUB) erstmals in Berlin eine Wählergemeinschaft kandidiert und war mit 12,9 % der Stimmen in die Bezirksverordnetenversammlung Zehlendorf eingezogen.

9 Am 5. Juni 1975 fand mit dem »United Kingdom European Communities membership referendum« über den Beitritt Großbritanniens zur Europäischen Gemeinschaft des erste britische Referendum statt.

verdanken. Denn die Bürger unserer Stadt haben niemals nur wegen eines spezifischen Interesses einer Partei ihre Stimme gegeben, sondern stets angesichts der ganzen Vielfalt und Fülle des Lebens; und oft haben unsere Mitbürger eine Partei nicht so sehr deswegen gewählt, weil sie ihnen am meisten zusagte, sondern weil sie ihnen am wenigsten missfiel.

Schließlich, meine Damen und Herren, noch ein kurzes Rezept: Die politische Auseinandersetzung soll ruhig hart sein, aber die vorgetragenen Tatsachen müssen stimmen und die Argumente müssen vernünftig sein. Alles Persönliche, ganz bestimmt alles Verleumderische, hat unter den Tisch zu fallen – erst recht unter das Rednerpult –, aber jener Schuss gepfefferten, jedoch eher gutmütigen als bösartigen Berliner Witzes sollte nicht fehlen, für den wir überall in der Welt, wo Deutsch gesprochen wird, berühmt, wenn nicht sogar berüchtigt sind.

Ich danke Ihnen.

(Allgemeiner Beifall).

Wir beginnen jetzt mit unserer Arbeit.

(Heiterkeit).

(Plenarprotokolle des Abgeordnetenhauses von Berlin, 7. Wahlperiode, Bd. 1, 2–3.)

Lebensdaten Ulrich Biel

17. Mai 1907	geboren in Berlin-Charlottenburg (Rankestraße 25); Vater: Dr. Richard Bielschowsky, Rechtsanwalt, Justizrat; Mutter: Mathilde (»Tilly«) Bielschowsky, geborene Simon
8. Februar 1920	Tod des Vaters
März 1926 (Ostern)	Abitur am Joachim-Friedrich-Gymnasium im Berlin
1926–1929	Studium der Rechtswissenschaften in Genf, Bonn und Berlin
Dezember 1929	Referendarexamen in Berlin
16. Januar 1930	preußischer Gerichtsreferendar im Kammergerichtsbezirk; freie Mitarbeit »Vossische Zeitung« (Ullstein)
14. August 1933	aus dem Referendariat wegen »nichtarischer Herkunft« entlassen (eine Woche vor Zulassung zur »Großen juristischen Staatsprüfung«); bereits seit März 1933 »beurlaubt«
14. Februar 1934	Promotion zum Dr. iur. in Bonn (Doktorvater: Adolf Zycha)
8. März 1934	Emigration in die USA (New York); Ankunft 21. März 1934
1934–1937	»Foreign Trade Broker« (Außenhandelsmakler), New York (teilweise selbstständig, teilweise »Frank, von Knopp & Co.«)
1937–1940	»Stock Broker« (Börsenmakler), New York (teilweise selbstständig, teilweise »Hammershlag, Borg & Co.«)
April 1940	amerikanischer Staatsbürger; Namensänderung in »Biel«
10. Mai 1941	Heirat mit Kadidja Wedekind in New York
1. September 1941	»Foreign Representative« (Reedereikaufmann), New York (»General Atlantic Steamship Company«); Ende der Tätigkeit Dezember 1941 wegen Kriegseintritt USA
1. Juli 1942	Soldat der US Armee, zunächst Grundausbildung und »Engineer School« Fort Belvior (Virginia), ab März 1943 »Military Intelligence Center«, Camp Ritchie (Maryland)
5. September 1942	Deportation der Mutter (zusammen mit deren Schwester Rosalie Knopf) vom Güterbahnhof Moabit nach Riga; dort am 8. September 1942 im Ghetto Riga ermordet
1. Mai 1943	»Second Lieutenant« (Leutnant): »Instructor« »Military Intelligence Center«, Camp Ritchie (bis August 1943)
1. September 1943	»First Lieutenant« (Oberleutnant); »Officer in Charge« IPW [Interrogation Prisoners of War] – Team European Theatre of Operations (ETOUSA), London
13. Dezember 1943	Großmutter Rosalie Simon stirbt im KZ Theresienstadt

Januar 1944	»Instructor« (»German language and German governmental structures«) Civil Affairs Center/American School Center, Shrivenham, Oxfordshire, England; Beginn der Zusammenarbeit mit Frank L. Howley
Juni 1944	»Governmental Affairs Officer«, Einsatz insbesondere in Frankreich ab dem 11. Juni 1944 (Normandie und Bretagne)
September 1944	»Assistant to Chief« Legal Branch 12th US Army Group (Verdun); erster Deutschlandaufenthalt seit 1934 (Aachen-Kornelimünster)
Dezember 1944	Tante Dorothea Landau, geborene Simon, letzte Überlende der Generation der Eltern Biels, in Auschwitz ermordet
1. Januar 1945	»Captain« (Hauptmann) »Political and Governmental Affairs Intelligence Officer« 12th US Army Group
16./17. April 1945	Treffen mit Konrad Adenauer in Rhöndorf
8. Mai 1945	Kapitulation der Wehrmacht
1. Juli 1945	Rückkehr nach Berlin mit Colonel (Oberst) Frank L. Howley
11. August 1945	»Legal Advisor Officer« Civil Administrations Division OMGUS, Berlin, später auch »Election Affairs Officer«
März 1946	erste Begegnung mit Marion Gräfin Yorck von Wartenburg
31. März 1946	Urabstimmung der Berliner SPD
10. April 1946	Kurt Schumacher bei Ulrich Biel in Berlin
1. Mai 1946	Wechsel von Armee zu OMGUS; »Chief Political Affairs Section«(»Political Affairs Officer«)
20. Oktober 1946	Wahlen zur Stadtverordnetenversammlung von Berlin
5. Dezember 1946	Otto Ostrowski zum Oberbürgermeister von Berlin gewählt
17. April 1947	Rücktritt Ostrowskis
24. Juni 1947	Wahl Ernst Reuters zum Oberbürgermeister; kein Amtsantritt wegen sowjetischen Vetos
19./20. August 1947	Teilnahme von Biel am ersten Treffen der »Gesellschaft Imshausen«
23. Juni 1948	Währungsreform in den Westsektoren von Berlin
24. Juni 1948	Beginn der Berliner Blockade
26. Juni 1948	Beginn der Berliner Luftbrücke
6. September 1948	Spaltung der SStadtverordnetenversammlung von Berlin; Auszug der nichtkommunistischen Stadtverordneten
5. Dezember 1948	Wahlen in den Westsektoren; SPD Wahlsieger
7. Dezember 1948	Ernst Reuter Oberbürgermeister von West-Berlin

12. Mai 1949	Ende der Berliner Blockade
15. September 1949	Adenauer Bundeskanzler
30. September 1949	Ende der Berliner Luftbrücke
19. November 1949	»Land Observer Lower Saxony« Hannover (bis 31. Dezember 1951)
1. Januar 1952	Amerikanische Hochkommission (»Foreign Service Class I«), Bad Godesberg
5. Juni 1952	Ausscheiden aus dem amerikanischen Staatsdienst
21. November 1952	Zweites Staatsexamen Justizprüfungsamt Berlin
Januar 1953	Zulassung als Rechtsanwalt durch den Senator für Justiz, Berlin; Scheidung der Ehe mit Kadidja Wedekind in Hannover
17. September 1954	Wiedererwerb der deutschen Staatsangehörigkeit; Einbürgerung durch den Polizeipräsidenten in Berlin
1957	Vorstandsmitglied »Bank für Wirtschaft und Arbeit AG«, Berlin (bis 31. Januar 1959)
30. Dezember 1957	Mitglied Aufsichtsrat »Bayerische Motorenwerke« (BMW), München (bis 20. Oktober 1961)
1958	Einzug Haus Falkenried 21, Berlin-Dahlem
21. März 1960	Observation von Biel durch die Staatssicherheit der DDR (bis 4. Mai 1960; ohne Ergebnis)
13. August 1961	Mauerbau
1.–6. September 1961	Treffen mit Pandit Nehru (auf Wunsch von Willy Brandt) und George F. Kennan in Belgrad
1964	Interessenvertreter »Kongress für kulturelle Freiheit« bei »Der Monat« (bis 1971)
Juni 1965	Beitritt zur CDU
12. März 1967	Erste Kandidatur für das Abgeordnetenhaus von Berlin (nicht gewählt)
14. Oktober 1971	Mitglied Abgeordnetenhaus von Berlin (Bezirksliste Wedding)
8. November 1973	Vorsitzender »Untersuchungsausschuss Steglitzer Kreisel« (Schlussbericht 27. Juni 1974)
2. März 1975	Wiederwahl in das Abgeordnetenhaus (Bezirksliste Wedding); Alterspräsident; Vorsitzender Justizausschuss; mit Ende der Legislaturperiode 1979 Ausscheiden aus der aktiven Politik
17. Mai 1977	Ernst-Reuter-Plakette
14. Mai 1979	Verteidiger Ingrid Ruske, United States Court of Berlin
28. Januar 1985	Mitbegründer und erster Vorsitzender »Vereinigung ehemaliger Mitglieder des Abgeordnetenhauses von Berlin« (bis 1995)

6. März 1986	Abschlussbericht »Rat der Weisen« (Empfehlungen für Strukturreformen im Bauwesen und zur Spendenpraxis)
17. Mai 1987	Großes Bundesverdienstkreuz mit Stern
28. März 1989	Radiofeature »Die rechte Hand« im Sender Freies Berlin
1991	Aufsichtsratsvorsitzender »VEB Technisches Glas Ilmenau« (bis 1992)
13. August 1995	letztes Plädoyer vor dem Landgericht Berlin (Strafsache gegen den »Mauerschützen« Georg S.)
9. Januar 1996	gestorben in Berlin (Falkenried 21); 22. Januar Trauerfeier in der Dorfkirche Dahlem, anschließend Beisetzung auf dem evangelischen St. Annen-Friedhof Dahlem
13. April 2007	Marion Gräfin Yorck von Wartenburg stirbt in Berlin (Falkenried 21); Beisetzung neben Ulrich Biel

Quellen und Literatur

Benutzte Archive

Alliierten Museum, Berlin
Archiv für Christlich-Demokratische Politik, St. Augustin
Archiv für Christlich-Soziale Politik, München
Archiv der sozialen Demokratie, Bonn
Axel Springer SE – Unternehmensarchiv, Berlin
Der Bundesbeauftragte für die Unterlagen des Staatssicherheitsdienstes der ehemaligen DDR, Berlin
Bayerische Motoren Werke AG – Archiv, München
Brandenburgisches Landeshauptarchiv, Potsdam
Bundesarchiv, Berlin und Koblenz
Deutsche Bank AG – Historisches Institut, Frankfurt am Main
Deutsche Provinz der Jesuiten – Archiv, München
Deutsches Rundfunkarchiv, Wiesbaden
Harvard University Archives, Cambridge, Massachusetts, USA
Humboldt-Universität zu Berlin – Universitätsarchiv, Berlin
Institut für Zeitgeschichte, München
Landesarchiv Berlin
Lasky Center for Transatlantic Studies, Ludwig-Maximilians-Universität, München
Monacensia – Literaturarchiv und Bibliothek, München
The National Archives, Kew, Richmond, London, UK
National Archives and Records Administration, Washington (DC), USA

The New York Public Library - The Irma and Paul Milstein Division of United States History, Local History and Genealogy
Rundfunk Archiv Berlin-Brandenburg, Berlin und Potsdam
Schweizerisches Literaturarchiv, Bern, Schweiz
Siemens AG – Siemens-Archiv, München
Staatsbibliothek Preußischer Kulturbesitz – Handschriftenabteilung, Berlin
Universitätsarchiv Bonn
U.S. Army Center of Military History, Washington (DC), USA

Privatsammlungen

Nachlass Ulrich Biel, mit Nachlass Marion Gräfin Yorck von Wartenburg – über Vera und Friedrich von Moltke, Berlin
Archiv Dettmar Cramer, Dresden
Sammlung Bernd Schultz, Berlin

Literatur

Konrad Adenauer, Erinnerungen 1945–1953, Stuttgart 1965
Konrad Adenauer, Briefe 1947–1949, bearbeitet von Hans Peter Mensing, Berlin 1983
Hans Adler [d.i. Eberhard Heinrich], Berlin in jenen Tagen. Berichte aus der Zeit von 1945–1948, Berlin 1959
Ralf Ahrens, Die Dresdner Bank 1945–1957. Konsequenzen und Kontinuitäten nach dem Ende des NS-Regimes, München 2007
Mark Altten [d. i. Peter Niggl], Mr. Biel und der West-Berliner Sumpf, Berlin 2008
David E. Barclay, Schaut auf diese Stadt. Der unbekannte Ernst Reuter, Berlin 2000
Gottfried Benn, Briefe an Tilly Wedekind 1930–1955, Stuttgart 1986
Ulrich E. Biel, Rede am 28. Januar 1985, in: Zwanzig Jahre Vereinigung ehemaliger Mitglieder des Abgeordnetenhauses von Berlin e.V., Berlin 2005, S. 34–36
Ulrich Bielschowsky, Bildnisse deutscher Universitäten: Bonn, in: Vossische Zeitung, Ausgabe vom 21. Januar 1933
Ulrich Bielschowsky, Übertragung und Belastung von allen Erbteilen einer Erbschaft zu Gunsten eines Dritten. Ein Beitrag zur Lehre von der gesamten Hand, Würzburg 1934
Biographisches Handbuch der deutschsprachigen Emigration nach 1933 (Bd. I: Politik, Wirtschaft, Öffentliches Leben), München u. a. 1980
Wilhelm Bornheim genannt Schilling, Der rheinische Phoenix. Konrad Adenauer 1945 – Erinnerungen eines Weggefährten, in: Die politische Meinung 27 (1982), S. 44–58 und 104–119.
Werner Breunig, Verfassungsgebung in Berlin 1945–1950, Berlin 1990
Werner Breunig/Andreas Herbst (Hrsg.), Biografisches Handbuch der Berliner Abgeordneten 1963–1995 und Stadtverordneten 1990/91, Berlin 2016
Heinrich Brüning, Briefe 1946–1960, herausgegeben von Claire Nix unter Mitarbeit von Reginald Phelps und George Pettee, Stuttgart 1974
Willy Cohn, Kein Recht, nirgends. Tagebuch vom Untergang des Breslauer Judentums 1933–1941 (Bd. 1), Köln u. a. 2007

Ralf Dahrendorf, Über Grenzen. Lebenserinnerungen, München 2002

Amit Das Gupta, Handel, Hilfe, Hallstein-Doktrin. Die deutsche Südasienpolitik unter Adenauer und Erhard 1949 bis 1966, Husum 2004

Beverley Driver Eddy, Ritchie Boys Secrets. How a Force of Immigrants and Refugees Helped Win World War II, Guilford (Connecticut) 2021.

Michaela Ellmann, Hans Lukaschek im Kreisauer Kreis. Verfassungsrechtliche und verfassungspolitische Beiträge zu den Plänen des Kreisauer Kreises für einen Neuaufbau Deutschlands, Paderborn u. a. 2000

Kurt Finker, Graf Moltke und der Kreisauer Kreis, Berlin 1993

Mark-Arnold Forster, The Siege of Berlin, London 1979

Ferdinand Friedensburg, Es ging um Deutschlands Einheit. Rückschau eines Berliners auf die Jahre nach 1945, Berlin 1971

Joachim Fuhrmann, Nachruf auf Dr. Ulrich E. Biel, in: Berliner Anwaltsblatt 1996,

Günther Gereke, Ich war königlich-preußischer Landrat, Berlin 1970

Karl J. Germer, Von Grotewohl bis Brandt. Ein dokumentarischer Bericht über die SPD in den ersten Nachkriegsjahren, Augsburg 1974

Erich W. Gniffke, Jahre mit Ulbricht, Köln 1966

William Glenn Gray, Germany's Cold War. The Global Campaign to Isolate East Germany. 1949–1969, Chapel Hill and London 2003

Lutz Heuer, Fritz Schreiber (1905–1994). Einblicke in ein bewegtes Leben, Berlin 2008

Theodor Heuss, Erzieher zur Demokratie. Briefe 1945–1949, herausgegeben von Ernst Wolfgang Becker, München 2007

Michael Hochgeschwender, Freiheit in der Offensive? Der Kongreß für kulturelle Freiheit und die Deutschen, München 1998

Harold Hurwitz, Demokratie und Antikommunismus in Berlin nach 1945, Bd. 1: Die politische Kultur der Bevölkerung und der Neubeginn konservativer Politik, Köln 1983; Bd. 4: Die Anfänge des Widerstandes, Teil 2: Zwischen Selbsttäuschung und Zivilcourage: Der Fusionskampf, Köln 1990.

Paulus van Husen, 1891–1971. Erinnerungen eines Juristen vom Kaiserreich bis zur Bundesrepublik Deutschland, bearbeitet und eingeleitet von Karl-Josef Hummel unter Mitarbeit von Bernhard Frings, Paderborn u. a. 2010

Edgar N. Johnson, Fünf Monate in Berlin. Briefe von Edgar N. Johnson aus dem Jahre 1946, herausgegeben von Werner Breunig und Jürgen Weitzel, München 2014

Die Kabinettsprotokolle der Hannoverschen und der Niedersächsischen Landesregierung 1946 bis 1951 (Teilband I), eingeleitet und bearbeitet von Teresa Nentwig, Hannover 2012

Gerhard Keiderling, Um Deutschlands Einheit. Ferdinand Friedensburg und der Kalte Krieg in Berlin 1945–1952, Köln u. a. 2009

Helge Kleifeld, Deutschland als Passion. Dokumentation der gesamtdeutschen Tagungen des Coburger Convents und der Deutschen Sängerschaft von 1956 bis 1991, Würzburg 1998

Henning Köhler, Adenauer. Eine politische Biographie, Frankfurt a. M. und Berlin 1994

Ingo Köhler, Die »Arisierung« der Privatbanken im Dritten Reich. Verdrängung, Ausschaltung und die Frage der Wiedergutmachung, München 2005

Daniel Koerfer, Kampf ums Kanzleramt. Erhard und Adenauer. Erweiterte, aktualisierte und korrigierte Fassung der Originalausgabe 1987, Wels bei Salzburg 2020

Heinrich Krone, Tagebücher. Erster Band: 1945–1961, bearbeitet von Hans-Otto Kleinmann, Düsseldorf 1995; Zweiter Band: 1961–1966, bearbeitet von Hans-Otto Kleinmann, Düsseldorf 2003

Michael Kubina, Von Utopie, Widerstand und kaltem Krieg. Das unzeitgemäße Leben des Berliner Rätekommunisten Alfred Weiland (1906–1978), Münster (W.) u. a. 2001

Wilhelm Külz, Ein Liberaler zwischen Ost und West. Aufzeichnungen 1947–1948, herausgegeben von Hildegard Robel, München 1989

Ernst Lemmer, Manches war doch anders. Erinnerungen eines deutschen Demokraten, Frankfurt am Main 1968

Otto Lenz, Im Zentrum der Macht. Das Tagebuch von Staatssekretär Lenz 1951–1953, bearbeitet von Klaus Gotto, Hans-Otto Kleinmann und Reinhard Schneider, Düsseldorf 1989

Erik Lindner (Hrsg.), Presse- und Verlagsgeschichte im Zeichen der Eule. 125 Jahre Ullstein, Berlin 2002

Wilhelm Lohrenz, Hinter den Kulissen der SPD-Führung. Ein Tatsachenbericht, Berlin o. J. [d. i. 1949]

Frank Müller, Die »Brüning Papers«. Der letzte Zentrumspolitiker im Spiegel seiner Selbstzeugnisse, Frankfurt am Main 1993

Ernst Niekisch, Erinnerungen eines deutschen Revolutionärs, Bd. 2: Gegen den Strom 1945–1967, Köln 1974

OMGUS-Handbuch. Die amerikanische Militärregierung in Deutschland 1945–1949, herausgegeben von Christoph Weisz, München 1994

Martin Otto, Ulrich Biel (1907–1996) – graue Eminenz der (West-)Berliner Politik. Eine erste biographische Annäherung, in: Berlin in Geschichte und Gegenwart. Jahrbuch des Landesarchivs Berlin 2011, S. 285–304

Martin Otto, »Ein stiller Diplomat.« Ulrich E. Biel im Gespräch über die Berliner Nachkriegspolitik, Berlin 2017

Norbert Podewin, Otto Ostrowski: Der gelöschte Oberbürgermeister. Ein Schicksal im Berlin des Kalten Krieges, Berlin 2004

Andreas Pretzel, »Zu weich darf man nicht sein« – Marion Gräfin Yorck von Wartenburg. Widerstandskämpferin und Strafrichterin, in: Invertito – Jahrbuch für die Geschichte der Homosexualität 7 (2005), S. 104–109

Till van Rahden, Juden und andere Breslauer. Die Beziehungen zwischen Juden, Protestanten und Katholiken in einer deutschen Großstadt von 1860 bis 1925, Göttingen 2000

Anatol Regnier, Du auf deinem höchsten Dach. Tilly Wedekind und ihre Töchter. Eine Familienbiographie, München 2003

Hans J. Reichhardt (Hrsg.), Die Entstehung der Verfassung von Berlin. Eine Dokumentation (Bd. I), Berlin und New York 1990

Barbara von Renthe-Fink So alt wie das Jahrhundert. Lebensbericht einer Berliner Ärztin, Frankfurt am Main 1982

Frances Stonor Saunders, Wer die Zeche zahlt … Der CIA und die Kultur im Kalten Krieg, Berlin 1999

Frank Schindler, Paulus van Husen im Kreisauer Kreis. Verfassungsrechtliche und verfassungspolitische Beiträge zu den Plänen der Kreisauer für einen Neuaufbau Deutschlands, Paderborn u. a. 1996

Heinz Schindler, Berlin und seine Kommanditisten. Authentisches und Satirisches aus Liebe zu Berlin über Abschreibungsirrsinn zwischen Europa-Center und Steglitzer Kreisel – Horst Mahler – Kempinski und anderes Erstaunliche, o. O. [d. i. Saterland] 1978

Arthur Schlegelmilch, Hauptstadt in Zonendeutschland. Die Entstehung der Berliner Nachkriegsdemokratie 1945–1949, Berlin 1993

Felicitas von Schönborn, Marcus Bierich. Im Spiegel seiner Familie, Freunde und Weggefährten, Frankfurt am Main 2010

Klaus Schütz, Berlin am 6. September des Jahres 1948, in: Der Präsident des Abgeordnetenhauses von Berlin (Hrsg.), 60. Jahrestag der Teilung der Stadtverordnetenversammlung von Groß-Berlin am 6. September 1948, Berlin 2008

Wolfgang Matthias Schwiedrzik, Träume der ersten Stunde. Die Gesellschaft Imshausen, Berlin 1991

Kurt L. Shell, Bedrohung und Bewährung. Führung und Bevölkerung in der Berlin-Krise, Köln u. a. 1965

Nicolaus Sombart, Journal intime 1982/83. Rückkehr nach Berlin, Berlin 2003

Harold J. Stern, Ein Richter für Berlin, München 1985

Ernst C. Stiefel/Frank Mecklenburg, Deutsche Juristen im amerikanischen Exil (1933 – 1950), Tübingen 1991

William Stivers/Donald A. Carter, The City Becomes a Symbol. The U. S. Army in the Occupation of Berlin 1945–1949, Washington (DC) 2017

Bernd Stöver, Zuflucht DDR. Spione und andere Übersiedler, München 2009

Levin von Trott zu Solz, Hans Peters und der Kreisauer Kreis. Staatslehre im Widerstand, Paderborn u. a. 1997

Friedrich Winterhager, Günther Gereke. Ein Minister im Spanungsfeld des Kalten Krieges. Biographischer Essay, Ludwigsfelde 2002

Marion Yorck von Wartenburg, Die Stärke der Stille. Erinnerungen an ein Leben im Widerstand (aufgezeichnet von Claudia Schmölders), Köln 1987

Personenregister

Abs, Hermann Josef 119, 123, 126, 129
Abusch, Alexander 97
Adenauer, Auguste »Gussie« 12f.
Adenauer, Konrad 7f., 11-24, 26-28, 30-36, 39, 43, 62, 70, 74-76, 93, 103f., 107, 112f., 115f., 118, 120, 131, 135, 141f., 157, 177, 179f., 183, 186, 189, 191, 195-206, 212f.
Adenauer, Lilli 19
Adler, Hans siehe Heinrich, Eberhard
Albertz, Heinrich 115, 142f., 182
Albrecht, Wolfgang 32, 155
Allen, Henry Tureman 19, 196, 201
Amrehn, Franz 136f., 143
Annan, Kofi 8
Antes, Wolfgang 169
Arndt, Ernst Moritz 189
Arnold, Müller 155
Babcock, William 45f.
Bach, Otto 118
Bahner, Dietrich 153
Bahners, Patrick 8
Bahr, Egon 137, 157, 166, 182, 184
Baring, Arnulf 138
Barlog, Boleslaw 119f.
Barowsky, Ella 174
Barth, Heinz 157
Barzel, Rainer 70
Bauer, Alfred 148
Baumann, Jürgen 156, 160

Becher, Johannes R. 97
Beckerath, Herbert von 190
Beethoven, Ludwig van 192
Beier, Gerhard 157
Bein, Hans-Rüdiger 151f.
Benn, Gottfried 72-74, 92
Berggruen, Heinz 8f.
Bernhard, Eva 14
Bernhard, Georg 14, 61
Biedenkopf, Kurt 171
Bielschowsky, Albert 59
Bielschowsky, Alfred 59
Bielschowsky, Eduard 59
Bielschowsky, Hans 160
Bielschowsky, Mathilde »Tilly«, geb. Simon 54, 61, 63f., 67, 69, 115f., 175-177, 211
Bielschowsky, Max 59
Bielschowsky, Richard 59-62, 175, 211
Bierich, Marcus 131
Bölke, Joachim 132, 142
Böll, Heinrich 16
Boenisch, Peter 162
Bolkovac, Paul 123
Bonhoeffer, Dietrich 122
Borkenau, Franz 97
Boveri, Margret 131f.
Bracher, Karl Dietrich 138
Bradley, Omar 13
Bräutigam, Hansgeorg 173
Brandt, Heinz 109
Brandt, Willy 32, 35f., 54f., 70, 99, 118, 121, 130f., 135-139, 142f., 149, 157, 166, 180-182
Brausewetter, Hans 130

Brost, Erich 83
Bruch, Walter 123f.
Brückmann, Ingrid 147
Brüning, Heinrich 14f., 23, 42, 62, 74-76, 79, 86, 91, 99, 189
Brzezinski, Zbigniew 130
Bullard, Peter C. 85
Burckhardt, Jacob 57, 176, 180
Buschke, Albrecht 63
Buschmann, Hugo 94
Buwitt, Dankward 170
Calhoun, John A. 137f.
Carstens, Karl 184
Cassirer, Bruno 63
Christo 186
Chruschtschow, Nikita 130, 135, 137f., 140, 167, 183
Churchill, Winston 132
Clay, Lucius D. 7, 28, 41f., 46, 49, 87-89, 91, 99f., 102, 106f., 114
Clemen, Carl 191
Courbet, Gustave 69
Cramer, Ernst 10, 162, 166f., 174
Crome, Carl 189
Crossman, Richard H. S. 118
Cullen, Michael S. 186
Curtius, Ernst Robert 188f.
Dahrendorf, Gustav 77
Davidson, Alice 29
De Gaulle, Charles 27, 141
De Lisle, Rik 49
Delp, Alfred 123
Diepgen, Eberhard 145f., 169-171

Bildnachweis

AlliiertenMuseum, Berlin: S. 30 (Foto: Carl F. McDaniel), 33 (Foto: U.S. Army Photograph), 45, 47 (Foto: Armand Eve), 49 (Foto: Edmond Perrot), 53 (Foto: Armand Eve), 69 (Foto: U.S. Army Photograph), 88 (Slg. Howley/Foto: U.S. Army Signal Corps), 108 (Slg. Howley/Foto: U.S. Army Signal Corps)

Archiv der sozialen Demokratie, Bonn: S. 37 (Sammlung Telegraf, 6/FOTA040872, Bildrechte ehemals Magistratsbildstelle Berlin), 81 (Sammlung Telegraf, 6/FOTA020312, Picture-alliance/AP-Images), 83 (FA8095881)

Archiv Wolfgang Albrecht, Berlin: S. 155

Axel Springer SE, Berlin, Unternehmenskommunikation, Unternehmensarchiv Springer: S. 158, 164

Gottfried-Benn-Gesellschaft e. V.: S. 73 (Foto: Erhard Hürsch)

Hanns-Seidel-Stiftung / Archiv für Christlich-Soziale Politik: S. 121

Harzburg-Stiftung / Bildarchiv Wilhelm Ahrens: S. 17 (Foto: Wilhelm Ahrens)

Landesarchiv Berlin: S. 117 (F Rep. 290 [04] 12_0143643), 141 (F Rep. 290 [06] 0176380 / 0176393), 145 (F Rep. 290 [06] 0176395), 161 (F Rep. 290 [07] 0197739), 171 (F Rep. 290 [04] 0285341), 178 (F Rep. 290 [04] 0285335), 181 (F Rep. 290 [07] 0224427)

Library of Congress, Washington, D. C. / Prints and Photographs Division / New York World-Telegram and the Sun Newspaper Photograph Collection: S. 75 (Foto: Dick De Marsico)

Münchner Stadtbibliothek / Monacensia-Literaturarchiv, Nachlass Kadidja Wedekind, KW B 5.: S. 29 oben, 67, 91, 183

National Archives, Washington D. C.: S. 25 (U.S. Army)

The New York Public Library – The Irma and Paul Milstein Division of United States History, Local History and Genealogy: S. 29 unten

Privatbesitz Ingeborg Hildebrandt-Buschmann, Berlin: S. 94 (Foto: Rowland M. Myers [OMGUS], angedruckt mit freundlicher Erlaubnis von Ingeborg Hildebrandt-Buschmann und Wolfgang M. Schwiedrzik, Purbach am Neusiedler See)

Privatbesitz Angela Krages: S. 129

Privatbesitz Vera von Moltke, Berlin: S. 71

Privatbesitz Berndt Schultz, Berlin: S. 173

Der Regierende Bürgermeister von Berlin – Senatskanzlei: S. 194

Schlesisches Museum zu Görlitz: S. 60

Schmidt-Kunstauktionen, Dresden: S. 66 (© VG Bild-Kunst, Bonn)

Schweizerisches Literaturarchiv (SLA), Bern / Nachlass Otto Frei: S. 131

Stiftung Bundeskanzler-Adenauer-Haus, Rhöndorf: S. 12, 23

Universitätsarchiv Bonn: S. 65 (SBS-154, Foto: Alex Keller)

U. S. Army Center of Military History, Fort McNair, Washington, D. C.: S. 101 (Foto: Malcolm Quint, 69th U.S. Army Signal Corps)

Der Autor

Martin Otto, geboren 1974, Studium der Rechtswissenschaft und Promotion bei Prof. Dr. Michael Stolleis in Frankfurt am Main. Akademischer Rat an der Fernuniversität Hagen sowie Habilitand und Lehrbeauftragter an der Universität Bayreuth. Zahlreiche Veröffentlichungen zur Rechts- und Zeitgeschichte. Freier Mitarbeiter »Frankfurter Allgemeine Zeitung«.